高等院校经济管理类专业本科系列教材

跨专业企业运营管理
综合实训教程

KUA ZHUANYE QIYE YUNYING GUANLI
ZONGHE SHIXUN JIAOCHENG

主　审　张子林　徐　强

主　编　朱　娜　王　莉　王　琴

副主编　姚　斌　邓莲花　邓　锦

参　编　廖海霞

重庆大学出版社

内容提要

跨专业企业运营管理综合实训通过对不同形态组织典型特征的抽取,营造一个虚拟的商业社会环境,让参训学生在虚拟的市场环境、商务环境、政务环境和公共服务环境中,根据现实岗位中的工作内容、管理流程、业务单据,结合与教学目标适配的业务规则,将经营模拟与现实工作接轨,进行仿真经营和业务运作,可进行宏观与微观管理、多人协同模拟经营,是一个可以满足多专业学生学习与实践一体的综合实训。

本书完整地再现了 VBSE 跨专业综合实训从业务描述、业务流程到业务单据的整个环节,并对系统推送的每项业务进行详细的阐述。本书可以作为应用型本科或者高职院校 VBSE 跨专业综合实训的指导书,也可以作为社会相关人员的培训用书。为了方便教学,本书另配有 VBSE 跨专业综合实训票据,参训师生可以根据实训需要扫码下载使用。

图书在版编目(CIP)数据

跨专业企业运营管理综合实训教程 / 朱娜,王莉,
王琴主编. -- 重庆:重庆大学出版社,2024.8(2025.2 重印).
(高等院校经济管理类专业本科系列教材). -- ISBN
978-7-5689-4731-2

Ⅰ. F273
中国国家版本馆 CIP 数据核字第 2024DU5701 号

高等院校经济管理类专业本科系列教材

跨专业企业运营管理综合实训教程

主　审　张子林　徐　强
主　编　朱　娜　王　莉　王　琴
副主编　姚　斌　邓莲花　邓　锦
参　编　廖海霞

责任编辑:顾丽萍　　版式设计:顾丽萍
责任校对:关德强　　责任印制:张　策

*

重庆大学出版社出版发行
出版人:陈晓阳
社址:重庆市沙坪坝区大学城西路 21 号
邮编:401331
电话:(023) 88617190　88617185(中小学)
传真:(023) 88617186　88617166
网址:http://www.cqup.com.cn
邮箱:fxk@ cqup.com.cn(营销中心)
全国新华书店经销
重庆市远大印务有限公司印刷

*

开本:787mm×1092mm　1/16　印张:19.25　字数:471 千
2024 年 8 月第 1 版　　2025 年 2 月第 2 次印刷
印数:3 001—5 000
ISBN 978-7-5689-4731-2　定价:55.00 元

前　言

本书基于新道 VBSE 跨专业综合实训平台(V3.6)进行编写,立足提升"职场胜任力"的课程核心目标,通过营造模拟的商业社会环境,将仿真融入实训各个环节中。参训者在仿真实践过程中通过协同模拟经营和企业间对抗竞争,提高学生职场熟悉度、协同能力、沟通能力、岗位操作能力和战略规划能力等。

本书以提升职场胜任力、缩短职场适应期、培养应用型人才为根本目的,在写作中更注重实用性和操作性,具备强调业务流程、仿真单据填写和注重知识拓展等鲜明的特色。

本书由张子林、徐强担任主审,朱娜、王莉、王琴担任主编,姚斌、邓莲花、邓锦担任副主编,廖海霞(新道科技股份有限公司)担任参编。张子林、徐强共同负责审核全书的框架及内容;朱娜、王莉和王琴三位主编共同设计全书框架,并负责主要章节的撰写和全书的定稿工作。各章节的编写分工如下:朱娜编写了第 1 章第 1—2 节、第 2 章第 1—3 节、第 3 章第 1—2 节、第 4 章第 1—2 节和第 5 章第 1—2 节;王莉编写了第 2 章第 4—5 节、第 4 章第 3 节和第 5 章第 3—4 节;王琴编写了第 2 章第 6 节、第 4 章第 4 节和第 5 章第 5 节;姚斌和邓莲花共同编写了第 4 章第 5—6 节;邓锦编写了第 1 章第 3 节和第 6 章;廖海霞编写了第 3 章第 3—4 节。本书在编写过程中,得到了邓丽纯副教授、谢丹副教授与张俊杰教授的帮助,也得到了学校领导与新道科技股份有限公司的大力支持,在此一并致谢。

由于编者学识有限,书中难免存在一定疏漏与不足,敬请各位专家和广大读者批评指正。

编者
2024 年 5 月

目 录

第1章

跨专业企业运营管理综合实训概述

1.1　课程简介

1.1.1　课程介绍

跨专业企业运营管理综合实训依托于新道科技股份有限公司的虚拟跨专业综合实践教学平台(V3.6),通过对不同形态组织典型特征的抽取,营造一个虚拟的商业社会环境,让受训者在虚拟的市场环境、商务环境、政务环境和公共服务环境中,根据现实岗位工作内容、管理流程、业务单据,结合与教学目标适配的业务规则,将经营模拟与现实工作接轨,进行仿真经营和业务运作,可进行宏观与微观管理、多人协同模拟经营,是一个可以满足多专业学生学习与实践一体的综合实训。

跨专业企业运营管理综合实训以提升学生职业胜任力为落脚点,为参训者提供企业运营模拟实训的引导系统和相关教学环境,让参训者在自主选择的工作岗位上通过完成相关工作任务,学会基于岗位的基本业务处理方法,体验基于岗位的业务决策,理解岗位绩效与组织绩效之间的关系;真实感受企业三流之间(物流、信息流、资金流)起承转合的过程,全面认知企业经营管理活动和主要业务流程,体验企业职能部门间协作关系,以及政企合作等外围相关经济组织与管理部门之间的业务关联,如图1.1所示。参训者通过教学反复练习,形成符合现实经济活动要求的行为方式、智力活动方式和职业行为能力,达到全面认知企业体验岗位的要求,最终培养学生从事经营管理所需的综合执行能力、综合决策能力和创新能力,使其具备全局意识和综合职业素养。

图 1.1　跨专业企业运营管理综合实训虚拟环境

1.1.2　课程目标

跨专业企业运营管理综合实训以提升参训者(主要为大三、大四学生)职业胜任力,培养高潜质、有全局观的应用型岗位人员为基础目标。具体培养目标如下。

①实训内容通过逐级递进的概念进行设计实现。能够根据业务岗位的要求,填报与完成业务流程相对应的单据、表格,熟悉该岗位日常工作要求与常用表单的逻辑关系。理解岗位业务动作,处理上下游部门合作关系,以及对其他业务可能造成的影响。

②理论结合实际,加深院校教学对企业实践和企业业务的认知,了解真实企业中的典型岗位和业务流程,体验和感受企业思考方法和业务培训方法,提升未来职场的职业胜任力。

③了解当前毕业生与企业用人之间的能力差距,能够针对较为前沿的管理目标,提出对业务的优化建议,培养高潜质、有全局观的实务型人才。

1.1.3　课程内容(CEO 模块、业务模块、财务模块)

跨专业企业运营管理综合实训分为经营准备、固定经营和自主经营三大运营阶段,课程内容包括 CEO 模块、业务模块和财务模块,一般情况由三位指导教师根据专业属性进行分模块指导。

1)经营准备阶段和固定经营阶段的内容与考核目标

经营准备阶段和固定经营阶段(一般只有两个虚拟日:自 2020 年 1 月 5 日到 2020 年 1 月 25 日),主讲教师根据业务流程,通过 VBSE 系统推送任务的方式,再现各企业包括销售、生产、采购、库存管理等供应链工作,以及以制造业企业为核心开展的一系列社会组织活动,如企业间商务洽谈、银行转账、五险一金缴纳、企业增值税代缴和物流运输等业务,展现出企业与其赖以生存的社会组织的关系。

经营准备阶段和固定经营阶段对学生的考核目标以认知业务岗位的知识、掌握业务流程和企业间的社会组织关系为主,在设定考核指标时以出勤情况、培训考核与过程表现为主。

2)自主经营阶段的内容与考核目标

自主经营阶段虚拟日的设定要根据参训时间和参训者的学情等情况而定,如目前在重庆城市科技学院 8 天实训时间中,一般系统设置自主经营虚拟日期为 8 个,即自 2021 年 1 月 5 日到 2021 年 4 月 25 日。(注:虽然系统为固定时间 2021 年,但在实训中的各种细则如财务、海关等条款按实际情况执行。)本阶段的任务就不再由主讲教师推送,而是将任务开展的主动权交给参训者,由参训者根据企业经营战略和业务经营需要自行发起。自主经营阶段将更注重对学生的自主学习意识、专业知识的应用能力、团队协作能力、战略意识和管理能力的培养等。在设定考核指标上以实训的最终结果和团队整体表现为主要参考依据。

3)VBSE 系统任务

系统推送的任务是按照业务发展阶段顺序并结合各企业的代码进行排序,固定经营阶段由主讲教师根据业务发展的时间顺序向参训者依次推送,自主经营阶段则需要参训者根据企业战略、业务发展实际需要及发展顺序自行发起。任务类型分为学习型任务、考核型任务和操作型任务。具体任务操作将在本书第 4 章详细展开阐述。由于每个阶段具体任务繁多,本节只展现各个阶段任务的大致内容,见表 1.1 和表 1.2。

表 1.1　上岗交接和经营准备阶段的任务内容

上岗交接任务	经营准备阶段任务
了解各岗位职责	办理个人银行卡
熟悉企业规则	借款
分发办公用品	发放薪酬
查看办公用品清单	申报个人所得税
工作交接	申报企业增值税
收集各企业基本存款账户和银行预留签章	申请和办理市场开拓(经销商)
学习公司注册流程	申请和办理 ISO 9000 认证(制造业)
AR 制造企业认知一:参观制造企业环境	AR 采购主题一:学习采购主题情境
AR 制造企业认知二:熟悉制造企业布局	AR 采购主题二:相关场景单据匹配
AR 制造企业认知三:核查制造企业资产	AR 采购主题三:采购主题情境练习
虚拟商业社会行政管理制度编制(市监局)	AR 销售主题一:学习销售主题情境
虚拟商业社会保障制度编制(人社局)	AR 销售主题二:相关场景单据匹配
税务知识讲解(税务局)	AR 销售主题三:销售主题情境练习
第一次阶段考核	签订购销合同
	签订运输合同
	整理销售需求
	编制主生产计划
	编制物料净需求计划
	签订代发工资协议

续表

上岗交接任务	经营准备阶段任务
	签订社保公积金同城委托收款协议
	签订税务同城委托收款协议
	商标制作及注册
	行政管理检查(市监局)
	下达社保稽查通知书(人社局)
	就业指导-职业规划(人社局)
	税务检查制度和奖惩机制的制定(税务局)

表 1.2　月初经营和月末经营阶段的任务内容

月初经营阶段	月末经营阶段
AR 生产主题一:学习生产主题情境	机加完工入库(半成品)
AR 生产主题二:相关场景单据匹配	车架完工入库 AR 模拟操作
AR 生产主题三:生产主题情境练习	组装完工入库(产成品)
车架生产领料(原材料)	童车完工入库 AR 模拟操作
车架生产领料 AR 模拟操作	整理销售需求
童车生产领料(半成品)	编制主生产计划
童车生产领料 AR 模拟操作	编制物料净需求计划
组织经销商竞单	派工领料
库存产品销售出库(产成品)	支付运输费
库存产品销售出库 AR 模拟操作	制造业、商贸企业(也称经销商)到货并办理入库
工贸企业收货入库	制造业原材料采购入库 AR 模拟操作
扣缴五险一金	认证增值税抵扣联
缴纳个人所得税	报送车间电费
缴纳企业增值税	支付车间电费
行政管理检查(市监局)	核算薪酬
企业年度报告公示	计提折旧
社保稽查(人社局)	销售成本核算
行政处罚(人社局)	存货核算
就业指导-简历制作(人社局)	成本核算
税务稽查(税务局)	期末账务处理
制造企业生产执行 AR 模拟操作	编制资产负债表
	编制利润表
	行政管理检查(市监局)
	就业指导-面试技巧(人社局)
	第二次阶段考核

1.2 课程实施

1.2.1 课程教学安排

实训课程按照各个学校的课程制度及学生所在专业的特性进行课程的时间和内容的安排,教材采用 8 天,每天 8 课时,共计 64 课时的课程安排。(注:各个学校可以根据实际情况对课时安排做适当的调整。)实训的 8 天中,参训学生要完成实习动员、CEO 竞选、CEO 及人事发布招聘需求、现场招聘、团队组建、期初建账、第一阶段测试、固定经营阶段企业见习、自主经营阶段顶岗实习及分享经营经验等 10 个环节的具体任务。其中实习动员、CEO 竞选、CEO 及人事发布招聘需求需在开课前完成,如图 1.2 所示。

图 1.2 实训课程内容

1.2.2 课程安排

1)课程内容安排

根据实训课程安排,教材采用 64 课时 8 天课程,包括 3 个阶段的具体任务安排,具体分为经营准备阶段、固定经营阶段(自 2020 年 1 月 5 日至 2020 年 1 月 25 日)、月末经营阶段(自 2021 年 1 月 5 日至 2021 年 4 月 25 日),见表 1.3。

表 1.3 跨专业企业运营管理综合实训课程 64 课时安排表

日期	时间	培训安排	培训内容	专题活动
开课前1周		准备工作	招聘和选取 CEO 并进行培训	团队破冰活动实施，建立分培训群
第一天	上午	实习动员	动员讲解、课程介绍、CEO 聘任仪式	仪式感、着装
		企业组建-招聘上岗	全体学员完成招聘并系统上岗，布置并分配招聘区域	模拟面试、招聘咨询
	下午	第一阶段分岗集中培训	软件操作、工作任务、业务要求、作业要求	
		公司会议、团队建设	第一次大会、布置工位、团队建设、检查全部上岗	破冰活动
		领取单据并分发	行政助理领取并负责分发，制作分发管理表格	综合服务办制定奖惩制度并发布
		期初建账	工作交接，建建交函(可选)，建账，建单据	综合办完成稽查表单，随机稽查
		制定内部管理制度	可以安排行政人员制定管理制度	综合服务大厅人员可安排其每日至少抽查 1 次
		制定人事制度	可以安排人力资源人员制定考勤等人事制度	
		完成工作交接内容		
		公司工作总结会	今日工作总结及明日工作安排	
第二天	早上	CEO 晨会	点评会议纪要、学习学生手册、掌握思维导图工具	新闻中心设计广告大赛
	晨会	各公司晨会	CEO 传达任务	招投标公司完成注册
	上午	企业经营—固定经营	分岗指导	
	上午	企业经营—固定经营	推送公司借款任务及经营准备	
	下午	企业经营—固定经营	月初经营	文化墙设计，流程演绎
	下午	CEO 例会/公司晚会	今日工作总结及明日工作安排	

续表

日期	时间	培训安排	培训内容	专题活动
第三天	早上	CEO 晨会	答疑及今日任务布置	广告大赛评选、新闻中心设计方案评选
	上午	企业经营—固定经营	月初经营	
	下午	企业经营—固定经营	月末经营及经营总结	
	下午	CEO 例会	答疑及明天任务布置	
	下午	公司晚会	今日工作总结及明日工作安排	
第四天	早上	CEO 晨会	答疑及今日任务布置	文化墙设计评选、新闻中心设计方案评选
	下午	企业经营—自主经营	自主经营(1 月 5 日)	
	下午	CEO 例会	答疑及明天任务布置	
	下午	公司晚会	今日工作总结及明日工作安排	
第五天	早上	CEO 晨会	答疑及今日任务布置	流程演绎讲解、新闻中心设计方案评选
	上午	企业经营—自主经营	自主经营(1 月 25 日)	
	下午	企业经营—自主经营	自主经营(2 月 5 日)	
	下午	CEO 例会	答疑及明天任务布置	
	下午	公司晚会	今日工作总结及明日工作安排	
第六天	早上	CEO 晨会	答疑及今日任务布置	营销策划案评比实施(表格、点评人、CEO 分岗培训)、企业文化建设评选、采购谈判、招投标模拟、主题培训
	上午	企业经营—自主经营	自主经营(2 月 25 日)	
	下午	企业经营—自主经营	自主经营(3 月 5 日)	
	下午	CEO 例会	答疑及明天任务布置	
	下午	公司晚会	今日工作总结及明日工作安排	

续表

日期	时间	培训安排	培训内容	专题活动
第七天	早上	CEO 晨会	答疑及今日任务布置	进行 1~2 次招投标,教师协助招投标公司进行;联合稽查(税务局、市监局、人社局)每日 1~2 次;强调市场监督作用;临时调整原材料价格;垄断与反垄断
	上午	企业经营—自主经营	自主经营(3 月 25 日)	
	下午	企业经营—自主经营	自主经营(4 月 5 日)	
	下午	CEO 例会	答疑及明天任务布置	
	下午	公司晚会	今日工作总结及明日工作安排	
第八天	早上	CEO 晨会	答疑及今日任务布置	综合办进行各项评比
	上午	企业经营—自主经营	自主经营(4 月 25 日)	
	下午	4 月经营,公司总结,评比实习总结	绩效评测、实习总结、经营评比、团队总结	

2)部门及岗位设置

实训课程的部门及岗位设置根据系统提供的框架分为制造业、经销商、工贸企业、外围企业和新闻中心 5 种组织类型。实训前教师根据参训学生的人数和学生的专业特点设置。以某校某一期实训为例,本次参训学生 153 名,涉及会计、工商 2 个专业。系统设置为制造业企业 6 家,商贸企业 2 家,工贸企业 4 家,外围公司 10 家(物流公司、服务公司、连锁公司、招投标公司、工商银行、中国银行、税务局、市监局、人社局和会计师事务所),新闻中心人员 6~8 名人员,共计 23 家公司,152~154 个岗位。以上所有岗位可根据上课的人数做一定的调整,具体岗位见表1.4。

表 1.4　岗位分布图

组织名称	部门	岗位			岗位数	备注
制造业企业	企管部	总经理	行政助理		18	可根据人数做岗位调整
	人资部	人力经理	人力助理			
	营销部	营销经理	营销专员	市场专员		
	生产部	生产经理	车间管理员	生产计划员		
	采购部	采购经理	采购员			
	仓储部	仓储经理	仓储员			
	财务部	财务经理	成本会计	财务会计 出纳		

组织名称	部门	岗位		岗位数	备注
商贸企业	企管部	总经理	行政经理	7	可根据人数做岗位调整
	销售部	营销经理			
	采购部	采购经理			
	仓储部	仓储经理			
	财务部	财务经理	出纳		
工贸企业	企管部	总经理	行政主管	4	可根据人数做岗位调整
	销售部	业务主管			
	财务部	财务主管			
外围企业	物流公司	物流总经理	物流仓储经理		可根据人数做岗位调整
	服务公司	总经理	业务专员		
	投标公司	总经理			
	连锁公司				
	工商银行				
	中国银行				
	进出口贸易公司				
	政府部门	税务局	社保局	市监局	

1.2.3 课程考核方式

根据跨专业企业运营管理综合实训课程设计要求,在实训的不同经营阶段对学生的培养目标有很大不同,所制定的考核标准也有所区别。

固定经营阶段的主要任务是认知业务岗位的知识和业务流程,以考勤和平时表现为主要考核标准。自主经营阶段更注重对学生的自主学习意识、专业知识的应用能力、团队协作能力、战略意识和管理能力的培养等。建立清晰、明确的考核标准是实现这些培养目标的有效手段。虽然本门实训课程更注重对学生过程表现的定性指标考核,但为了让考核更加全面、有效,必须辅之以定量的考核指标。虽然目前关于该门课程的考核指标众多,但是没有统一的标准。因此,教材编写组结合课程教学团队骨干教师8年的教学实践,总结出一套课程评价指标体系(评价指标的确定可根据学生的学情做适当调整)。评价指标体系可分为及格线指标和评优指标两大类型。一般只有在及格线以上的参训团队才有资格根据实训的数据进行评估。

1)及格线指标——销售额

进入自主经营阶段后,为了让全体学生有自主学习、主动参与团队协作的动力,为每个组织设定一个实训的最基础的定量指标,作为该组织全体成员是否能通过该实训的标准。一般情况下,将销售总额作为一个参考值,销售总额的具体设置需要依据参加实训学生的人数、组件架构和岗位(以制造业企业、经销商和工贸企业作为主要参考)、经营周期及学生的学情而定。例如,某校的教学活动以4~5个班级作为一个组织参训,人数120~150人,专业以经济管理类混合为主,根据组班情况配置制造业企业6家、商贸企业2家和工贸企业4家,自主经营周期设置为8个虚拟日(自2021年1月5日至2021年4月25日)。以上所有数据根据参训学生的具体情况可做调整,表1.5仅做指标设置的参考。

表1.5 及格线指标设置参考表

经营周期	组件名称	设置数量	销售额	备注
8个虚拟日(自2021年1月5日至2021年4月25日)	制造业企业	6家	1亿元/家	所有指标仅供参考
	商贸企业	2家	4亿元/家	
	工贸企业	4家	2亿元/家	

2)实训成绩

实训成绩即实训中各组织的业绩体现,目前对实训成绩的评定虽无统一指标,但可通过各组织经营中的总资产增长率或净资产增加率作为重要参考依据,下面以主经营周期设置为8个虚拟日(自2021年1月5日至2021年4月25日)为例,计算某组织的实训成绩。

总资产增长率=(4月25日的总资产-1月5日的总资产)/1月5日的总资产

3)总实训成绩评价指标

总分=培训考核(10%)+考勤(10%)+实训报告(15%)+实训成绩(30%)+工作汇报总结(10%)+绩效考核(10%)+日报(5%)+活动(10%)+加分项。评价指标和指标比例可根据参训的实际情况调整,见表1.6。

表1.6 综合实训考核体系

项目	权重	考核对象	评分
培训考核(VBSE系统内第一、二次考核汇总平均分)	10	个人	系统评分
考勤(每日四次打卡情况)	10	个人	考勤系统
实训报告(系统内提交并打分)	15	个人	教师
实训成绩(以总资产增加率排名)	30	团队	教师
工作汇报(CEO、经理、财务人员需进行口头汇报,其余人员纸质版汇报)	10	团队	教师、团队负责人
绩效考核(系统内自评互评打分)	10	个人	团队
日报及活动(按照参与次数与质量打分)	5	团队	新闻中心
加分项	10	团队	教师

1.3 课程学习方法

1.3.1 思想和学习方式的转变

VBSE 实训不同于常规理论课程,是需要学生通过线上线下实际操作的课程,学生需要做到以下改变。

1)身份转变

所有参训者进入实训后,首先要进行岗位竞选和相关培训,为实训课程的完成和未来职场胜任力的提升做好准备。因此,所有参训者进入实训后都要实现由学生身份转变为职场新人,由同学关系转变为同事、竞争者、合作伙伴等,做到在思想上对专业职场身份的认同。

2)机制转变

课程需团队成员分工合作,共同完成任务。无论是实训主体制造型企业的会计岗位,还是外围社会组织岗位,大家都需要沟通交流,学会换位思考,以职场身份解决问题。

3)心态转变

每一位实训学生都要担任某一个或者多个职能岗位,必须完成本岗位工作,参与企业的实际经营过程,以获得工作经验,因此,每位参训者需做到全身心投入工作,否则,不仅自己没有收获,还会影响团队其他成员的工作进度。

4)学习模式转变

针对每个任务,VBSE 系统都提供了操作流程和操作步骤,转变过去"不懂就问"的学习习惯,变成自主学习、团队合作学习的模式。课程中要敢于尝试和探索,在错误中吸取教训,总结经验,最终达到学习目的。

1.3.2 操作四步法

1)看任务流程,知道做什么

任务地图是学习和掌握本门课程的重要引导工具,参训者可以通过查看任务地图了解此时需要做的任务是什么,由谁完成此项任务,下一项任务是什么,以及由谁负责等的逻辑顺序。任务地图在固定经营阶段尤其是对实训的业务流程和业务内容不是很熟悉的前提下,对参训者而言就是任务导航器,帮助初入实训者一步步熟悉职场和工作内容,如图1.3所示。

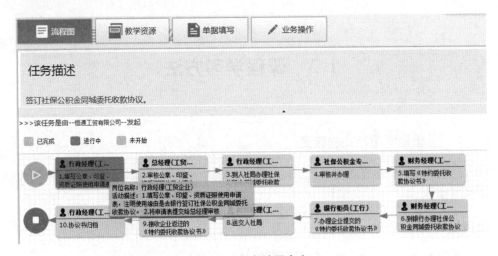

图1.3　任务地图内容

2)学教学资源,知道怎么做

"初入职场"的新人们对业务内容的了解和熟悉需要一定的具体业务操作指导,教学资源则承担各位参训者初入职场的业务导师,在参训者接收到任务后,通过点击教学资源可以查询此项业务的操作方法和案例,让参训者在实训中时刻都有业务导师的指引,快速帮助参训者掌握业务操作能力,如图1.4所示。

图1.4　教学资源内容

3)填写线上、线下单据

仿真是跨专业企业运营管理综合实训最大的特征之一,仿真的效果不仅要依托于 VBSE 实训教学平台的线上单据填写,也需充分发挥线下单据的作用。当参训者进入实训教学平台后,无论是在固定经营阶段,还是在自主经营阶段,都需要接受该岗位的任务。在完成任务时,参训者需注意查看该任务是单一的线下任务(即只有纸质单据填写的任务),还是另一种任务(即既需要完成纸质单据填写,也需要进行线上的单据填写),如图1.5所示。

图 1.5　单据填写示意图

4)做好线上交互任务操作

当线上与线下单据填写完毕后,参训者要注意在 VBSE 教学平台上的业务操作部分,做到线上线下的有机融合,帮助参训者更好地体验实训的仿真性,有效地提高参训者的职业胜任力,如图 1.6 所示。

图 1.6　业务操作示意图

第 2 章

理论基础

　　跨专业企业运营管理综合实训借助虚拟仿真技术,将现实的企业和社会送进校园,让学生在自主选择的工作岗位中学会基本的业务处理能力,体验基于岗位的业务决策,更好地将理论知识真实地运用到实践中,是提升学生职场胜任力的重要手段。熟悉和掌握经营相关理论是进行岗位实操的基础,跨专业企业运营管理综合实训全方位展现了企业经营理论知识体系:企业战略管理、供应链管理、营销战略管理、生产运作管理、人力资源管理和财务管理等理论。

2.1　企业战略管理

2.1.1　企业战略定义

　　在西方,战略(Strategy)一词源于希腊语"Strategos",意为军事将领、地方行政长官,后来演变成军事术语,指军事将领指挥军队作战的谋略。在中国,战略一词历史久远,"战"指战争,略指"谋略"。自 1965 年美国的安索夫(H. L. Ansoff)发表了《企业战略理论》以来,企业管理得到了广泛的关注,随后,越来越多的学者对企业战略管理展开了深入研究,企业战略的内涵也得到了不断地丰富和完善。

　　综合多个战略管理学派及战略管理学者的观点,教材编写组认为企业战略是企业管理者在分析企业内外部环境与自身优劣势的基础上,为了维持与提高企业在竞争市场的地位与优势,而制定的对企业未来发展方向及实现企业整体目标需要采取的技术和方法的指导性方针,是具有长远性与全局性的谋划。

2.1.2　企业战略特征

1)指导性

　　企业战略界定了企业的经营方向、远景目标,明确了企业的经营方针和行动指南,并筹划了实现目标的发展轨迹及指导性的措施、对策,在企业经营管理活动中发挥了重要的导向作用。

2)全局性

企业战略面向未来,通过对企业内外部环境的深入分析,结合自身资源,站在系统管理的高度,对企业的远景发展轨迹进行了全面的规划。

3)长远性

企业战略为企业确立了长远的奋斗目标,是对企业未来一个较长时期的发展规划。企业战略注重的是长远的根本利益,而不是眼前的短期利益。

4)竞争性

企业战略的根本目的是提高企业的竞争实力,以便在激烈的市场竞争中获得一席之地。因此,企业战略必须以竞争为导向。

5)风险性

企业战略是在对未来与企业相关的各种内外部环境及资源预测的基础上做出的,与企业整体发展相关,能够指导一系列企业活动的方针部署。因为未来的发展具有一定的未知性与不确定性,所以在最初阶段制定的企业战略具有一定的风险性。

6)相对稳定性

企业战略是对企业长远发展的总体规划,一经制定必须保持一定的稳定性,朝令夕改,将使企业的管理陷入混乱之中。但这种稳定性是相对的,当企业的经营环境发生变化时,企业战略也应适时进行变化和调整。

2.1.3 企业战略类型

基于不同的研究视角,学者们对企业战略进行了众多分类。总体来看,企业战略可划分为以下三大类型,也分三个层级,即总体战略、经营(竞争)战略和职能战略,如图 2.1 所示。其中,总体战略主要包括成长型战略、稳定型战略、紧缩型战略和混合型战略。竞争战略主要包括总成本领先战略、差异化战略和集中化战略。职能战略根据企业经营管理的具体职能进行划分,分类较为明确,主要包括营销战略、财务战略、研究开发战略、生产战略和人力资源开发战略等。

图 2.1 企业战略的层次

1)总体战略

总体战略是企业总体的、最高层次的战略。总体战略应着重解决两个方面的问题：一是从公司全局出发，根据外部环境的变化及企业的内部条件，选择企业所从事的经营范围和领域，即要回答这样的问题——我们的业务是什么，我们应当在什么业务上经营；二是在确定所从事的业务范围后，在各项业务之间进行资源分配，以实现公司整体的战略意图，这也是总体战略实施的关键措施。总体战略可分为四种具体战略内容：成长型战略、稳定型战略、紧缩型战略和混合型战略。

①成长型战略以发展为核心，是使企业在现有战略目标水平的基础上向更高级目标发展的一种战略。如通过开发新品、开拓新市场来扩大市场规模；通过采用新的管理方式、生产方式等提高效率来提高市场地位等。可供选择的成长型战略主要有密集型成长战略、一体化成长战略和多元化成长战略。

②稳定型战略是一种基本维持现状的战略，表现在企业受限于内部资源或外部环境等因素，不准备或者不能够进入新的领域。该战略风险小，适合前期战略制定正确、过去经营状况稳定、所处行业处于上升趋势、整体环境变化不大的企业。

③紧缩型战略是指企业不是提高现有战略目标水平，而是实施战略收缩和撤退。适合计划开拓新业务、需要放弃原有业务或者所处行业已经饱和的企业。可选择的战略类型有抽资转向战略、放弃战略、清算战略等。

④混合型战略即指上述三种战略混合起来使用。一般多为业务范围广的大型企业所采用。可选择的战略类型按子战略构成不同可分为同一类型战略组合、不同类型战略组合；按战略组合顺序不同，可分为同时型战略组合、顺序型战略组合等。

2)经营（竞争）战略

经营（竞争）战略是企业整体战略的组成部分，需要在公司整体战略指导下进行制定，是针对企业核心业务而制定的战略，因此也被称作业务层战略、竞争战略。企业制定经营战略的根本目的是在当前市场环境中获得优势，形成竞争实力。企业常用经营战略主要包括成本领先、差异化、集中化三种战略。

①成本领先战略，是指企业经营中向市场提供的产品或者服务和竞争对手提供的产品或者服务基本相同，但是成本投入水平低于竞争对手的一种战略。在实施这一战略过程中，企业需要引入能够保证运营效率的设施，建立有利于提升生产经营效率的管理模式，在提升运营效率的同时降低运营成本。

②差异化战略，是指企业为市场提供的产品或者服务和其他竞争对手提供的产品或者服务有明显差别，从而形成竞争优势的一种经营战略。企业实施差异化经营战略，主要是面对多元化客户需求打造个性化产品或者服务，以增加销售量，同时让供应商和购买商的压力得到缓解。研究证实，如果当前的产品或者服务是市场独有，那么客户可接受的价格调整空间更大。因此，企业在选择差异化经营战略情况下，客户忠诚度将更高，企业因此将获得更大的市场份额。

③集中化战略，是指在市场细分环境下企业选择其中一个细分市场而制定生产经营规

划的一种经营战略,包括成本和产品两方面的集中战略。无论企业采取何种集中战略,其最终目的都是增强企业对目标消费群体的吸引力,在为这一群体提供个性化产品或者服务的基础上形成竞争优势。

3)职能战略

职能战略包括营销战略、财务战略、研究与开发战略、生产战略和人力资源开发战略等。总体战略和经营战略强调"做正确的事情",职能战略则强调"将事情做好",如图2.2所示。

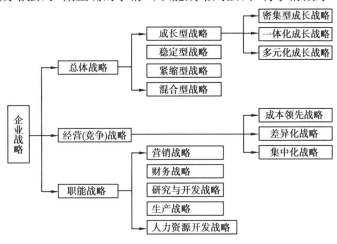

图2.2　企业战略分类图

2.1.4　企业战略管理过程

战略管理对企业的未来发展方向及整体决策规划具有重要的决定性作用,因此战略的制定分为战略分析阶段,战略制定、评价及选择阶段,战略实施及控制阶段。战略管理过程如图2.3所示。

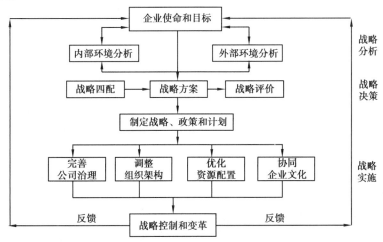

图2.3　企业战略管理过程

1)战略分析阶段

战略分析是指对企业的战略环境进行分析、评价,以预测未来环境发展与变化的趋势,并研究这些趋势对企业造成的影响。战略分析包括企业使命与目标确定、企业内部环境分析和外部环境分析。明确企业使命与目标是战略分析的起点,企业内外部环境分析是为了"知己知彼",以便制定科学合理的企业战略。

2)战略制定、评价及选择阶段

战略制定、评价及选择的过程实质是在了解企业战略与业务战略的基础上,根据企业所处的内外部环境对战略进行制定、评价及选择。

企业战略人员在战略制定、评价及选择阶段的主要工作包括以下内容。

①战略方案的制订。企业战略人员根据企业的内、外部环境,结合企业的使命与目标,拟订几种可行战略方案。

②战略方案的评价及选择。在评价战略方案时,企业需考虑以下两点:第一,该战略方案是否被利益相关者所接受;第二,该战略方案是否利用了外部机会、降低了威胁,是否发挥了企业的优势、克服了其劣势。

3)战略实施及控制阶段

战略实施及控制是指把战略付诸企业经营活动实践中,使其朝着既定的战略目标与方向不断前进。一般来说,可在以下几个方面推进战略的实施:完善公司治理、调整组织结构、优化资源配置、实现企业文化与战略的匹配等。

战略控制是战略管理过程中一个不可或缺的重要环节。为了使实施中的战略达到预期目标,企业必须开展控制工作。具体做法是将战略实施的实际成效与预定的战略目标进行比较,如存在偏差,即采取相应的纠偏措施。但如果是由之前确立的战略目标不当,或是环境变化导致原有战略不再适用,就应重新制订战略管理方案,从而开启新的战略管理周期。

2.1.5 战略管理的工具与方法

企业战略制定过程包括战略分析(宏观环境、行业环境分析、企业内部资源能力分析)、战略匹配(SWOT 矩阵、BCG 矩阵、GE 矩阵)和战略决策三个阶段,每个阶段所采用的分析工具和方法不同。

1)战略分析阶段所采用的工具与方法

(1)PEST 分析法

该分析方法由约翰逊(Johnson G)与施乐斯(Scholes K)提出,是企业外部环境分析中的常用工具,能够帮助企业管理人员快速了解其面临的政治、经济、社会、技术等四个环境,如图 2.4 所示。政治环境对企业经营产品范围内的政策和法律等影响较大,进而影响公司的管理活动;经济环境作为企业经营时间内的市场经济因素,经济优劣会影响人们的购买欲望

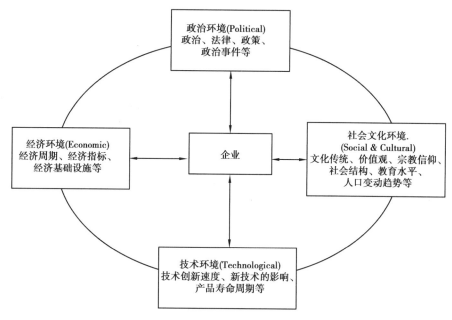

图 2.4 PEST 环境分析模型

和购买力;社会文化环境会影响企业的经营理念,特别是差异性较大的风俗习惯和教育水平等;技术环境会影响企业产品和管理的智能化和自动化水平。随着社会的发展,影响企业经营的外部因素不断扩展,从最初的四个因素增加到了六个因素,即增加了生态环境因素和法律环境因素。这两个因素是环保和法治社会发展的必然趋势,任何企业的经营活动都必须满足环保的要求,降低对环境的危害或者污染。同时,还要满足国际和国内法律的规范,确保其经营活动和行为的规范性。PEST 分析法有利于公司准确识别客户的需求和商业机会,可以通过社会文化、法律等六个环境因素为公司健康发展提供重要信息,为公司获取更广泛、更全面的经营战略提供关键依据。

(2)内部因素评价矩阵(IFE 矩阵)

内部因素评价矩阵(Internal Factor Evaluation Matrix),是一种对内部因素进行分析的工具,其做法是从优势和劣势两个方面找出影响企业未来发展的关键因素,根据各个因素影响程度的大小确定权数,再按企业对各关键因素的有效反应程度对各关键因素进行评分,最后算出企业的总加权分数。通过 IFE,企业就可以把自己所面临的优势与劣势汇总,描述出企业的全部引力。

(3)波特五力竞争模型

该模型由迈克尔·波特提出,是企业所处行业环境分析中的常用工具。从图 2.5 可以看出,它从五个方面进行分析,根据分析结果制定公司的竞争战略。

①行业内现有竞争者。对于行业内的两个企业,它们之间因为产品和客户的相同,呈现出竞争关系,从而不断扩展市场份额,增加销售利润。企业经营的目标是获得最多的利润,这就必然导致不同企业之间形成竞争关系。竞争力的高低则反映企业的竞争实力。

②新进入者的竞争能力。对于新进入的企业,它们正处于发展高速阶段,经营理念和模式较新,能够快速占领一部分市场。但是,它们也面临着市场知名度低等因素的威胁。新进入者进入目标市场后,必然与原来的企业在货源、人才和客户等方面展开竞争,抢占原企业

的部分市场份额,甚至危及原企业的生存空间。

③供应商的议价能力。企业的生产和经营离不开供货商的支持,在资源总量一定的情况下,供应商的议价能力直接影响其经营利润。如果供应商的议价能力较强,企业在进货时不具备议价能力,利润空间则相对较小。

④买方的议价能力。对于任何行业来说,如果产品生产企业的数量较多,那么购买者可选择空间大,具有较强的议价能力;反之,则议价能力较小。同样,消费者的购买数量和规模等也会影响其议价能力,对于大宗购买用户,具备跟企业谈判价格的机会。

⑤替代品的替代能力。对于同一行业中的两个企业,它们的产品差异性水平较低,能够相互替代,不可避免形成竞争关系。客户购买一个公司的产品,必然导致另一个公司产品销量下降。要想保持市场销售份额,就必须采取各种措施避免被其他公司产品替代。

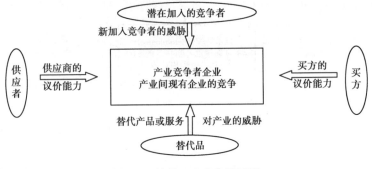

图 2.5　波特五力竞争模型图

2)战略匹配阶段所采用的工具与方法

（1）SWOT 分析法

SWOT 分析法,又称为态势分析法,它代表分析企业优势（Strengths）、劣势（Weaknesses）、机会（Opportunities）和威胁（Threats）。因此,SWOT 分析法实际上是对企业内外部条件各方面内容进行综合和概括,进而分析组织的优劣势、面临的机会和威胁的一种方法,常用于企业内部环境的分析,切实了解企业自身的优缺点,寻找发展机遇。分析过程中可以采用调查问卷的方式进行,对获得的数据进行汇总和整理,采用矩阵的形式进行排列。同时,将这几个方面的因素进行组合,得到企业经营过程中可以采取的不同决策。SWOT 分析法能够最大限度地保证分析结果的系统性、全面性和准确性,进而为企业管理人员各项管理决策的制定提供可以参考的依据。另外,通过 SWOT 分析法能够帮助企业管理人员切实了解其资源和优势,让决策人员及时关注其不足之处,加以改进,将劣势转变成优势。如果公司内部环境分析结果显示优势较多,一旦发现外部机会,要快速采取增长型战略;如果公司内部环境分析结果显示优势较多,但外部面临较多的威胁,要快速采取多元化经营战略,降低外部威胁。同样,当内部环境分析结果为劣势,一旦发现外部机会,要快速采取扭转型经营战略;一旦发现外部威胁因素较多时,应该快速采取防御型经营战略,如图 2.6 所示。

（2）波士顿矩阵

波士顿矩阵（BCG 矩阵）,又称市场增长率-相对市场份额矩阵、波士顿咨询集团法、四象限分析法、产品系列结构管理法等,由美国著名的管理学家、波士顿咨询公司创始人布鲁斯·亨德森于 1970 年首创。

		优势	内部因素	劣势	
外部因素	机会	SO	依靠内部优势 利用外部机会	WO	克服内部劣势 利用外部优势
	威胁	ST	依靠内部优势 回避外部威胁	WT	克服内部劣势 回避外部威胁

图 2.6 SWOT 矩阵图

①BCG 矩阵分析法的内容与划分方法。

a. 划分经营领域。所谓划分经营领域即将企业的全部经营范围划分为若干个经营领域。这些经营领域的划分并无定式,主要是企业根据自身的实际情况进行的。例如,有些家电生产企业依据地域来划分,而有些家电生产企业根据产品来划分。

b. 评价经营领域。波士顿咨询公司提出使用市场增长率和相对市场份额来评价经营领域。其中,市场增长率是指某个领域的市场在若干年中的复合增长率或平均增长率;相对市场份额是指在给定市场上企业在该经营领域的销售额与最大竞争者的销售额之比。

c. 优化资源配置。BCG 矩阵通过将企业的业务单元根据市场增长率和相对市场份额划分为四类:明星类(Stars)、金牛类(Cash Cows)、问题类(Question Marks)和瘦狗类(Dogs),帮助企业生动地呈现其业务组合的现状。每个类别代表了不同的市场表现和资源分配策略。明星类业务具有高增长和高市场份额,需要持续投资以保持竞争优势;金牛类业务市场增长率低但市场份额高,能够为企业带来稳定的现金流;问题类业务增长潜力高但市场份额低,需要决策是否增加投资以提高市场份额;瘦狗类业务增长率和市场份额均低,通常应考虑剥离或退出。

BCG 矩阵是以市场增长率为纵轴并以 10% 作为市场增长率高低的分界线,以相对市场份额为横轴并以 1.0 作为相对市场份额大小的分界线而绘制的,如图 2.7 所示。

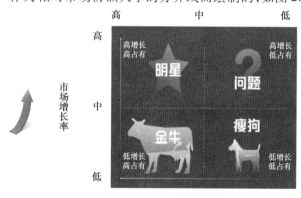

图 2.7 波士顿矩阵图

②应用波士顿矩阵的战略选择。

在对各战略业务单位进行分析后,企业应制订业务投资组合计划,确定对各个业务单位的投资战略。可供选择的战略见表 2.1。

表2.1　波士顿矩阵的战略选择表

区域类型	经营单位所需投资	经营单位盈利性	经营单位战略选择
明星业务区	多	高	优先保证和发展
金牛业务区	少	高	维护/收获战略
问题业务区	非常多	低/没有/负值	扩大市场占有率/放弃/收获
瘦狗业务区	一般不投资	低/负值	放弃/清算战略

（3）通用矩阵

通用矩阵（GE矩阵）又称行业吸引力矩阵、九象限评价法，是美国通用电气公司设计的一种投资组合分析方法。相对于BCG法，GE法有较大的改进，在两个坐标轴上增加了中间等级，增加了分析考虑因素。它运用加权评分方法分别对企业各种产品的行业引力（包括市场增长率、市场容量、市场价格、利润率、竞争强度等因素）和企业实力（包括生产能力、技术能力、管理能力、产品差别化、竞争能力等因素）进行评价，按加权平均的总分划分为大（强）、中、小（弱），从而形成九种组合方格以及三个区域。矩阵中的圆圈面积代表行业规模，其中扇形部分（黑色）表示某项业务所占有的市场份额，如图2.8所示。

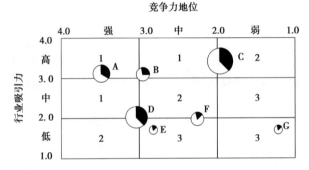

图2.8　通用矩阵示意图

3）战略决策阶段所采用的工具与方法

定量战略计划矩阵（Quantitative Strategic Planning Matrix,QSPM）能够客观地指出哪一种战略是最佳的。QSPM利用第一阶段和第二阶段的分析结果进行战略评价。QSPM的分析原理是将第二阶段制定的各种战略分别评分，评分是根据各战略能否使企业更充分地利用外部机会和内部优势，尽量避免外部威胁和减少内部弱点四个方面，通过专家小组讨论的形式得出。得分的高低反映战略的最优程度。也就是说，QSPM的输入信息正是第一阶段的因素评价结果（由外部因素评价矩阵、内部因素评价矩阵、竞争态势矩阵分析得出）和第二阶段的备选战略（由SWOT矩阵、GS矩阵、BCG矩阵和GE矩阵分析得出），QSPM的结果反映战略的最优程度。

2.2 供应链管理

2.2.1 供应链的概念及内容

供应链由原材料零部件供应商、生产商、批发经销商、客户、运输商等一系列企业组成。原材料零部件依次通过"链"中的每个企业,逐步变成产品,产品再通过一系列流通配送环节,最后交到最终客户手中,这一系列的活动就构成了一个完整供应链的全部活动。

供应链流程一般包括物流、商流、信息流、资金流四个方面,如图2.9所示。

①物流。物品的流通过程,由供货商经厂家、批发与物流、零售商等指向消费者。

②商流。商品交易的流通过程,是接受订货、签订合同等的商业流程,在供货商与消费者之间双向流动。

③信息流。商品及交易信息的流程,在供货商与消费者之间双向流动。

④资金流。资金流由消费者经由零售商、批发商等指向供货商。

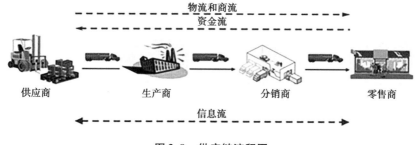

图2.9 供应链流程图

2.2.2 供应链管理的概念及内容

供应链管理(Supply Chain Management, SCM)是一种动态的连接功能,是一种新型的管理理念。其任务是连接主要的经营业务,从而在企业内及企业间采取一种紧密连接和高效执行的商业模式。它包括所有有关物流管理的筹集、取得、转换和其他计划与管理活动,以及和渠道合作者,例如,供应商、中间商、第三方、物流提供者和顾客的协调与合作,还有生产行动。它推动合作过程和市场、销售、产品设计、金融和信息技术活动的协调。国家标准《物流术语》将供应链管理定义为利用计算机网络技术全面规划供应链中的物流、资金流、信息流,进行计划、组织、领导和控制,将供应链上的供应商、制造商、物流企业、零售商有效地组织在一起,通过竞争、合作、协调提高整个链条的工作效率和反应速度并降低成本。

供应链管理是一种针对从原材料到最终产品的全部过程和活动进行计划与控制的集成化活动。它体现了一种系统化、全局化的管理思想。它强调企业对外部资源、环境的依赖性,以及通过外部资源的合理组织利用来获取持续竞争优势的可能性。同时,供应链管理涉及的不仅是企业的内部管理问题,更重要的是企业间的协作与责任分担问题。

2.2.3　供应链管理的基本模式

1)推动式供应链

推动式供应链(Push Supply Chain)管理模式,在运行上是以制造企业生产产品为中心,以生产制造商为驱动源点,尽可能地提高生产率、降低生产成本来获取利润。生产制造企业根据自己的 MRPII、ERP 计划来安排整个采购、生产和销售流程。在推动式供应链上,生产商以自己为核心企业(核心组织)购买原材料、生产产品,并将产品经过各种渠道,如分销商、批发商、零售商一直推至终端客户。生产厂远离客户,快速响应只能依靠增加库存来满足需求的变化,如图 2.10 所示。

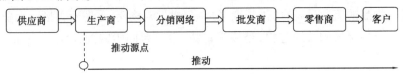

图 2.10　推动式供应链管理模式示意图

2)拉动式供应链

拉动式供应链(Pull Supply Chain)管理理念是以客户为中心,按照市场和客户的实际需求及对需求的预测来拉动产品的生产和服务。在拉动式供应链上,生产商以客户需求为核心来组织生产,然后按下游需求向市场分销产品。分销商、零售商和消费者处于主动地位,最终客户是生产的核心驱动力。拉动式供应链管理模式在运作和管理方面都需要整个供应链有较高的集成度,供应链成员间有更强的信息共享、协同、快速响应和适应能力。拉动式供应链管理模式示意图如图 2.11 所示。

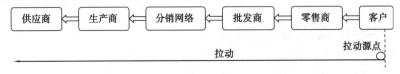

图 2.11　拉动式供应链管理模式示意图

3)推拉式(混合)供应链管理模式

推拉式供应链在运作和管理上完全取决于客户订单。比如说供应链的下游即面向客户端应尽可能提高响应性,因为客户并不关心整个供应链是怎样运作的,客户最关心的是自己的订单提出后企业的响应速度怎样。所以从供应链运作来讲,应力争做到既提高响应性,又尽可能降低成本,或者说以合理的成本完成响应速度。这就要求供应链的一端按照低成本、高效率及规模经济的要求组织生产和分销,另一端按照客户要求尽量提高反应性。推拉式供应链管理模式示意图如图 2.12 所示,以客户需求为切入点,将推动式与拉动式管理模式结合在一起。

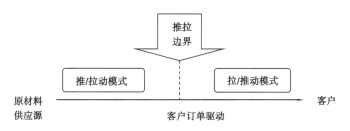

图 2.12 推拉式(混合)供应链管理模式示意图

2.2.4 供应链管理的原则

供应链管理的七项原则是企业在进行供应链管理时所必须遵循的基本准则,它们涵盖了从战略规划、协同合作、风险管理到持续改进等多个方面,旨在确保供应链的高效运作和可持续发展。

1)以客户需求为导向原则

供应链管理的核心在于满足客户需求,因此,以客户需求为导向是供应链管理的首要原则。企业需深入了解市场趋势和客户需求,将客户需求作为供应链设计和优化的出发点和落脚点。通过加强与客户的沟通和互动,企业可以准确把握市场动态,及时调整供应链策略,确保产品和服务能够精准满足客户的期望。

2)协同合作原则

供应链是一个复杂的生态系统,涉及多个参与者和环节。协同合作原则强调企业应与供应商、物流服务商、分销商等合作伙伴建立紧密的合作关系,共同制定供应链策略,共享信息和资源,实现供应链的协同优化。通过协同合作,企业可以降低交易成本,提高供应链的响应速度和灵活性,从而更好地应对市场变化。

3)风险管理原则

供应链管理中充满了各种潜在风险,如供应商风险、物流风险、市场风险等。风险管理原则要求企业建立完善的风险管理体系,对供应链中可能出现的风险进行识别、评估和管理。通过制定风险应对策略,企业可以降低潜在损失,确保供应链的稳定性和安全性。同时,企业还应加强供应链的弹性建设,提高供应链的抗风险能力。

4)流程优化原则

流程优化是供应链管理的关键环节。通过简化流程、消除浪费、提高效率,企业可以降低运营成本,提高客户满意度。流程优化原则要求企业不断审视现有流程,发现存在的问题和瓶颈,并采取有效的措施进行改进。同时,企业还应积极引入先进的供应链管理技术和方法,推动供应链的数字化转型和智能化升级。

5)可持续发展原则

随着全球环境问题日益严峻,可持续发展已成为供应链管理的重要原则。企业在进行供应链管理时,应充分考虑环境和社会影响,推动供应链的绿色化、低碳化发展。通过采用环保材料、节能技术、循环利用等措施,企业可以减小对环境的负面影响,提高供应链的可持续性。同时,企业还应关注社会责任,积极履行企业的社会义务,为社会的可持续发展做出贡献。

6)持续改进原则

持续改进是供应链管理的永恒主题。随着市场环境和客户需求的变化,企业需不断调整和优化供应链策略。持续改进原则要求企业建立完善的供应链绩效评价体系,对供应链的运作效果进行定期评估和改进。通过收集和分析数据,企业可以发现供应链中存在的问题和瓶颈,并采取有效措施进行改进。同时,企业还应鼓励员工积极参与改进活动,营造持续改进的文化氛围。

7)信息共享与透明化原则

在供应链管理中,信息的共享与透明化是实现高效协作和降低风险的关键。信息共享与透明化原则要求企业建立有效的信息沟通机制,确保供应链中各环节的信息能够实时、准确地传递和共享。通过信息共享,企业可以加强内外部的沟通与合作,提高决策的准确性和及时性。同时,透明化的供应链信息也有助于增强各方的信任,降低交易成本,提高供应链的整体绩效。

2.2.5 供应链管理的内容

供应链管理是一个复杂且关键的过程,它涉及从原材料采购到最终产品交付给客户的所有环节。在现代商业环境中,供应链管理已经成为企业成功的关键因素之一。

1)供应商管理与合作

供应商管理是供应链管理的起点,涉及对供应商的选择、评估、合作与关系维护。首先,企业需要对市场上的供应商进行筛选,选择那些能够提供高质量、价格合理且稳定供应的供应商。其次,与供应商建立长期稳定的合作关系,通过签订长期合同、共享信息等方式,确保供应链的稳定性和可靠性。最后,企业还需要与供应商进行密切的沟通和协作,共同解决供应链中出现的问题,实现共赢。

2)采购与库存管理

采购是供应链管理中至关重要的环节,它涉及确定采购需求、制订采购计划、执行采购活动以及管理库存。企业需要根据市场需求和生产计划,确定所需的原材料和零部件的种类、数量和时间,制订详细的采购计划。在执行采购活动时,企业需要与供应商进行谈判,确定价格、交货期等条款,并签订采购合同。同时,企业还需要对库存进行有效管理,确保库存水平既不过高也不过低,以降低成本并满足客户需求。

3) 生产与计划管理

生产与计划管理是供应链管理的核心环节,涉及制订生产计划、安排生产任务、监控生产进度及协调生产资源。企业需要根据市场需求和预测,制订生产计划,明确生产目标、产量和交货期。在生产过程中,企业需要合理安排生产任务,确保生产线的高效运转。同时,还需要对生产进度进行实时监控,及时发现并解决生产中的问题。此外,企业还需要协调生产资源,包括人力、物力、财力等,以确保生产计划的顺利实施。

4) 物流与运输管理

物流与运输管理是供应链管理中不可或缺的一环,它涉及产品的仓储、包装、运输和配送等环节。企业需要选择合适的物流方式,如公路运输、铁路运输、水路运输或航空运输等,以确保产品能够安全、及时地送达客户手中。同时,企业还需要对物流过程进行监控和管理,确保物流效率和成本控制。此外,随着电子商务的快速发展,企业还需要关注最后一公里配送的问题,提供便捷的配送服务以满足客户需求。

5) 需求预测与计划

需求预测与计划是供应链管理中非常关键的一环,它涉及对市场需求的预测和分析,以制订合适的生产和采购计划。通过对历史销售数据、市场趋势及消费者行为等因素的分析,企业可以预测未来一段时间内的产品需求,从而为生产和采购计划提供有力支持。同时,企业还需要根据市场变化及时调整需求预测和计划,以应对市场波动和不确定性。

6) 风险管理与应对

供应链管理中不可避免地会面临各种风险,如供应商倒闭、运输事故、自然灾害等,因此,企业需要建立完善的风险管理机制,识别并评估供应链中潜在的风险,制定相应的风险应对策略。这包括选择多个供应商以分散风险、建立应急储备以应对突发事件、制定应急预案以快速响应风险等。通过有效的风险管理,企业可以降低供应链中断的风险,确保供应链的稳定性和可靠性。

供应链管理的具体内容涵盖了供应商管理与合作、采购与库存管理、生产与计划管理、物流与运输管理、需求预测与计划以及风险管理与应对等多个方面。通过实施有效的供应链管理,企业可以优化资源配置、降低成本、提高效率,从而增强市场竞争力并实现可持续发展。

2.3 营销战略管理

2.3.1 营销战略概念

菲利普·科特勒指出,营销战略是企业总体战略中的一种功能战略,是企业从最根本利益出发,在总体营销战略的规划下,确定最适宜的目标市场,在内外环境条件分析的基础上,对选择的目标市场制定并实现规划目标的具体措施。营销战略主要由目标市场战略、营销策略组合和营销费用预算三部分构成。

2.3.2 目标市场战略理论

目标市场战略理论即 STP 营销战略理论。STP 营销战略理论首先是企业根据消费者结构等特定因素对市场进行细分,然后在市场细分的基础上对目标市场进行选择,最后再根据选择的目标市场将企业产品或服务放在适宜定位上,具体如下。

1)市场细分是 STP 理论的基石

市场细分是指将一个广泛的、多元化的市场划分为若干个具有相似需求、兴趣或行为特征的子市场或细分市场。这一过程的实现依赖于对市场进行深入的研究和分析,包括消费者的需求、购买行为、心理特征等多方面的因素。通过市场细分,企业可以更加清晰地了解不同消费者群体的需求和特点,为后续的营销策略制定提供有力支持。在市场细分的过程中,企业需要综合运用各种市场调研工具和方法,如问卷调查、数据分析、消费者访谈等,以获取准确的市场信息。同时,企业还需要关注市场的动态变化,及时调整和优化细分策略,以适应市场的不断发展。

2)目标市场选择是 STP 理论的关键环节

在完成市场细分之后,企业需要根据自身的资源、能力、竞争优势等因素,选择一个或多个细分市场作为自己的目标市场。目标市场的选择直接关系到企业的市场定位和发展方向,因此必须慎重考虑。在选择目标市场时,企业需要评估各个细分市场的规模、增长潜力、竞争状况等因素,并结合自身的市场定位和发展战略,做出明智的决策。同时,企业还需要关注目标市场的消费者需求变化和市场趋势,以便及时调整营销策略,保持竞争优势。

3)市场定位是 STP 理论的核心内容

市场定位是指企业根据目标市场的需求和竞争状况,确定自己在市场上的竞争地位和形象。通过市场定位,企业可以塑造独特的品牌形象,提升消费者对产品的认知和忠诚度,从而在竞争中脱颖而出。在进行市场定位时,企业需要关注目标消费者的需求和期望,以及竞争对手的市场定位策略。企业需要找到自己的差异化优势,通过产品、价格、渠道、促销等方面的策略,塑造出独特的品牌形象和市场地位。同时,企业还需要不断地进行市场反馈和调整,以确保市场定位的准确性和有效性。

2.3.3 营销策略组合理论

营销策略组合是指公司根据特定的目标客户而采取的各种可测可控的以增加销量和厂商信誉为目的的行动,是各种营销方式诸如商品、广告、品牌、宣传、公关策略的整合。营销策略组合中包括以下两个理论。

1) 4P 营销组合理论

1960 年,美国学者 J. 麦卡锡在第一版《基础营销学》上提出了 4Ps 理论,它主要包括产品策略、价格策略、渠道策略、价格策略。4Ps 营销理论从复杂的营销学中提取出相对重要的四个因素,组成一组营销策略组合,在它之后的 6Ps、10Ps、11Ps 等营销策略组合理论都是基于 4Ps 营销组合进一步衍生而来。

(1)产品策略

产品策略是营销组合策略的核心,它关注产品的设计、开发、特性和品牌等方面。在制定产品策略时,企业需要考虑市场需求、竞争态势和消费者偏好。首先,企业需要对市场进行深入的调研,了解消费者的需求和期望,从而确定产品的定位和差异化点。其次,企业应根据产品的生命周期,制定不同的产品策略,如新产品开发、产品升级、产品线扩展等。此外,品牌管理也是产品策略的重要组成部分,企业应注重品牌形象的塑造和维护,通过品牌故事、品牌传播等方式提升品牌知名度和美誉度。

(2)价格策略

价格策略是企业根据产品成本、市场需求和竞争状况来制定产品价格的一种策略。在制定价格策略时,企业需要考虑定价目标、定价方法和价格调整等因素。定价目标可以是利润最大化、市场份额扩大或品牌形象提升等。定价方法包括成本导向定价、竞争导向定价和需求导向定价等。企业应根据实际情况选择合适的定价方法,并灵活调整价格以应对市场变化。此外,企业还需要考虑价格敏感度和价格弹性等因素,以制定合理的价格策略。

(3)渠道策略

渠道策略是指企业将产品传递给目标顾客所选择的路径和方式。在制定渠道策略时,企业需要考虑渠道类型、渠道管理和渠道关系等方面。渠道类型包括直接渠道和间接渠道,企业应根据产品特性和市场需求选择合适的渠道类型。渠道管理涉及渠道的选择、评估和激励等,企业应确保渠道的有效性和高效性。渠道关系管理则是建立和维护与渠道成员的合作关系,通过共同利益和共同目标实现共赢。

(4)促销策略

促销策略是企业通过各种促销活动和营销传播手段来刺激消费者的购买欲望,以促进产品销售的策略。促销策略包括广告、销售促进、公共关系和人员销售等。在制定促销策时,企业需要考虑促销目标、促销方式和促销效果评估等因素。促销目标可以是提高品牌知名度、吸引新客户、增加销售量等。促销方式可以是线上线下的广告投放、折扣优惠、赠品活动等。企业应根据目标顾客的特点和偏好,选择合适的促销方式,并评估促销效果以调整策略。

此外,在营销组合策略的制定过程中,企业还需要考虑营销组合的协同作用。产品、价格、渠道和促销四个要素相互关联、相互影响,只有协调一致,才能发挥最大的营销效果。因此,企业在制定营销组合策略时,应综合考虑各个要素之间的关系,确保它们之间的互补性和协同性。

2)4Cs 营销组合理论

美国学者劳特朋(R. F. Lauterborn)在 1990 年时首次提出了用 4Cs 营销策略组合取代了传统的 4Ps,它认为顾客策略、成本策略、方便策略和沟通策略是营销中的关键要素,与4Ps 比较,4Cs 更加重视以消费者需求为导向,但是从市场和企业的发展趋势来看,4Cs 对企业的创造性有一定的抑制性。

(1)消费者(Consumer)

在 4Cs 理论中,消费者处于营销活动的中心。企业不再只是单方面地推广产品或服务,而是更深入地了解消费者的需求、期望和偏好,确保产品或服务能够真正满足消费者的需求。这种以消费者为中心的思维方式有助于企业建立长期的客户关系,提高客户满意度和忠诚度。

(2)成本(Cost)

成本不仅指产品或服务的价格,还包括消费者的时间成本、精力成本等。企业需要从消费者的角度考虑,评估产品或服务的实际价值,确保消费者在购买过程中感受到物有所值。此外,企业还需要关注降低成本的方法,以提供更具竞争力的价格。

(3)便利(Convenience)

提供方便快捷的购物体验是 4Cs 理论中的关键要素。企业需要考虑销售渠道、物流、售后服务等方面,确保消费者在购买和使用产品或服务的过程中感受到便利。这包括提供多样化的支付方式、灵活的配送选项以及便捷的售后服务等。

(4)沟通(Communication)

有效的沟通是建立良好客户关系的关键。企业需要注重与消费者的双向沟通,通过品牌传播、广告宣传等方式,向消费者传递产品或服务的价值。同时,企业还需要积极倾听消费者的反馈和意见,以便及时调整营销策略,满足消费者的需求。

随着互联网的普及和电子商务的兴起,4Cs 营销组合理论得到了更广泛的应用。企业开始注重利用互联网和社交媒体等新型沟通渠道,与消费者建立更紧密的联系。同时,企业也更加注重提供个性化的产品和服务,以满足消费者的多样化需求。然而,需要注意的是,4Cs 营销组合理论并不是孤立的,它需要与其他营销策略和工具相结合,才能发挥最大的效用。此外,随着市场环境的变化和消费者需求的升级,企业还需要不断地学习和创新,以适应新的市场挑战和机遇。

2.4 生产运作管理

过去,西方国家的学者把有形产品的生产称作"Production"（生产）,而将提供服务的生产称作"Operations"（运作）。而近几年来更为明显的趋势是把提供有形产品的生产和提供服务的生产统称为"Operations",都看成为社会创造财富的过程。

2.4.1 生产与运作的概念

生产是企业(包括制造业和服务业)创造产品或提供服务的一切活动的总称。运作是与企业生产产品或提供服务直接相关的活动的统称。运作职能不仅存在于制造业的产品生产过程中,也存在于服务业提供服务的过程中。

生产与运作职能是组织创造价值的主要环节,是组织竞争力的源泉。生产经营是指将资金投入企业,对产品(劳务)按照产供销的方式进行运作的经营活动。资本经营是指通过投融资、资产重组和产权交易等手段,对资本实行优化配置和有效使用,以实现资本盈利最大化的经营活动。可见,运作的范围更加广阔。

2.4.2 生产与运作的理论

1)泰勒的科学管理

弗雷德里克·W.泰勒作为研究考察领域的生产组织、劳动控制、设备装置与生产控制的创始者,被称为"科学管理"之父。泰勒认为,科学管理的根本目的是寻求最高劳动生产率,这是雇主和雇员达到共同富裕的基础,重要手段是用科学化的、标准化的管理方法替代经验管理,最佳的管理方法是任务管理法,主要内容包括作业管理、组织管理,实现了研究成果、各个环节和要素标准化的管理哲学,开启了标准化管理的先河。

2)吉尔布雷斯夫妇的动作研究

弗兰克·吉尔布雷斯改进了泰勒的研究方法,发明了"动素"概念,把人的所有动作归纳成 17 个动素,如手腕动作称为一个动素,就可以把所有作业分解成一些动素的合成,对每个动素做定量研究后可以分析每个作业的时间。吉尔布雷斯夫妇称此为"动作分析",通过泥瓦匠活动动作分析,解析出 16 个单个动作,据此发明一整套动作流程图。

与此相关的研究还有亨利·福特的流水生产线生产,即在一定的线路上连续输送货物的搬运机械,又称为输送线或者输送机。流水线是把一个重复的过程分为若干子过程,每个子过程可与其他子过程并行运行。生产流水线使产品的生产工序被分割为一个个环节,工人间的分工更为细致,产品的质量和产量大幅度提升,极大促进生产工艺过程和产品标准化。福特的流水线把汽车的零件装在敞口箱里,放在输送带上,送到工人面前,工人只需站在输送带两侧即可,节约了取件时间;将汽车放在流水线上组装,工人托着底盘通过预先排列好的零件进行组装,提高了装配效率。

3)哈里斯的经济订货批量

F. W. 哈里斯在 1915 年做了数学分析,最先发表简单情况的经济批量模型,开创了现代库存理论的研究。在此之前,意大利的 V. 帕累托在研究世界财富分配问题时曾提出帕累托定律,即用于库存管理方面的 ABC 分类法,也叫主次因素分析法,是项目管理中常用的一种方法。它是根据事物在技术或经济方面的主要特征,进行分类排队,分清重点和一般,从而有区别地确定管理方式的一种分析方法。由于它把被分析的对象分成 A、B、C 三类,所以又称为 ABC 分析法。哈里斯在研究物资批量采购与费用关系时,发现存储费和购置费与其相关。存储费包括存货所占用的资金的利息、仓库费用、库存耗损等费用,且经济批量越大,存储费用越高。购置费包括订货的手续费、采购人员差旅费、通信费等,订货次数增加,购置费增加。在年物资需求稳定的条件下,订货次数与订货批量成反比关系。这两类费用与批量一个成正比关系,一个成反比关系,两类费用叠加后,总费用存在一个最低点,该点即为经济订货批量。

4)物料需求计划

物料需求计划(Material Requirement Planning,MRP)是指根据产品结构各层次物品的从属和数量关系,以每个物品为计划对象,以完工时间为基准倒排计划,按照提前期长短区别各物品下达计划时间的先后顺序,是一种工业制造业内物资计划的管理模式。20 世纪 70 年代推出闭环 MRP,为解决采购、库存、生产、销售的管理,发展了生产能力需求计划、车间作业计划以及采购作业计划理论。20 世纪 90 年代推出 ERP 系统,将产品研发与制造、核算、采购和供应商集成在一起,缩短开发周期,降低了企业营运成本,通过从"按单设计"向"按单配置"的转型,迅速响应客户设计要求,同时将服务、质保、维护和备件控制与财务和制造系统集成在一起。

5)业务流程重组

业务流程重组(Business Process Reengineering,BPR)是于 1993 年由美国著名企业管理大师迈克尔·哈默(Michael Hammer)和詹姆斯·钱皮(James Champy)提出的,并合著出版了《再造企业》(*Reengineering the Corporation*)一书,在 20 世纪 90 年代达到了全盛的一种管理思想。它强调以业务流程为改造对象和中心,以关心客户的需求和满意度为目标,对现有的业务流程进行根本的再思考和彻底的再设计,利用先进的制造技术、信息技术及现代的管理手段,最大限度地实现技术上的功能集成和管理上的职能集成,以打破传统的职能型组织结构,建立全新的过程型组织结构,从而实现企业经营在成本、质量、服务和速度等方面的改善。业务流程重组最重要的是在组织高管层面有完善的业务流程重组管理计划与实施步骤,以及对预期可能出现的障碍与阻力有清醒的认识。

6)供应链管理

供应链最早来源于彼得·德鲁克提出的"经济链",而后经迈克尔·波特发展成为"价值链",最终演变为"供应链"。供应链是指围绕核心企业,通过对信息流、物流、资金流的控制,从采购原材料开始,制成中间产品及最终产品,最后由销售网络把产品送到消费者手中。它是将供应商、制造商、分销商、零售商直到最终用户连成一个整体的功能网链模式。一条完整的供应链应包括供应商(原材料供应商或零配件供应商)、制造商(加工厂或装配厂)、分销商(代理商或批发商)、零售商(大卖场、百货商店、超市、专卖店、便利店和杂货店)、消费者、外围政府管理部门、银行、服务商等。迈克尔·波特提出供应链管理是指在满足一定的客户服务水平的条件下,为了使整个供应链系统成本达到最低,而把供应、制造商、仓库、配送中心、渠道商、行政组织等有效地组织在一起进行的产品制造、转运、分销及销售的管理方法。

2.4.3　生产与运作方法

1)选址策略

选址是指在建造之前对地址进行论证和决策的过程,包括设置的区域及区域的环境和应达到的基本要求。地址在某种程度上决定了客流量的多少、顾客购买力的大小、顾客的消费结构、商业企业对潜在顾客的吸引程度及竞争力的强弱等,应该考虑所在区域的社会环境、地理环境、人口、交通状况及市政规划等因素,具体来讲,包括市场条件,原材料供应条件,交通运输条件,动力、能源和水供应条件,气候条件,劳动力条件,社会文化及生活条件,当地政府政策,供应商条件,环境保护等。对于选址问题常用成本因素的评价方法,随着运筹学规划论的发展、计算机的广泛使用,成本因素的评价方法使用复杂的模型、多个变量,由计算机得到有关选址的方案或结果,包括盈亏平衡点法、重心法、线性规划法和引力模型法等。

2)设施布置

设施布置是指设施设备一定位置、面积、数量和方位的具体安排和布置。设施布置一方面是对选点的进一步布局和安排,另一方面是研究如何最大限度利用设施和系统。如制造企业的工厂、车间、生产线、生产设备等布置;物流企业的仓库、运输路线、搬运装卸、配送设施和设备的布置;商业企业的商店店铺、柜台、货架等布置;餐饮企业、旅游企业等各类服务企业的设施设备布置问题等。需要根据不同企业在不同环境下设置不同的布局,以满足企业内部各工艺流程设计要求,最大限度地提高生产力,尽量减少迂回、停顿和搬运,达到合理的物料流动,确保工作的有效性与高效率,适应变化,满足容积和空间的限制,便于员工相互沟通,以及设施设备的管理维护。对于设施布置,常用物料流向图法、作业相关图法、从至表试验法、产品专业化布置、流水线布置、工艺专业化布置等方法。

3）产品和服务设计

产品开发是指个人、科研机构、企业、学校、金融机构等创造性地研制新产品，或者改良原有产品。产品开发的方法包括发明、组合、减除、技术革新、商业模式创新或改革。新产品包括新发明的产品、换代产品、改进产品、新品牌产品、再定位产品等。例如，经济型童车设计的更新换代、舒适型童车的设计研发、豪华型童车的设计研发等。

服务设计是有效地计划和组织一项服务中所涉及的人、基础设施、通信交流及物料等相关因素，从而提高用户体验和服务质量的设计活动，包括目标市场、服务概念或服务内容创新、服务策略或服务内容、服务过程等要素。服务设计作为以实践为主导的行业常致力于为终端用户提供全局性的服务系统和流程，常用于零售、通信、银行、交通、能源、信息、科技、政府公共服务和医疗卫生等领域，根据服务要求变化的程度及顾客接触的程度设计服务标准和定制程度。

4）工作设计

工作设计是指为了有效地达到组织目标与满足个人需要而进行的工作内容、工作职能和工作关系的设计，以提高员工的工作积极性、提高企业的生产效率、改善企业的内部管理。工作设计的研究方法包括过程顺序图、流程图、物流图、人-机活动图、工序程序图、线形图、工时定额、测时法及工作抽样法等。

5）采购管理

采购是指个人或单位在一定条件下从供应市场获取产品或服务作为自己的资源，为满足自身需要或保证生产、经营活动正常开展的一项经营活动。采购管理是从计划下达、采购单生成、采购单执行、到货接收、检验入库、采购发票的收集到采购结算的采购活动的全过程，对采购过程中物流运行的各个环节状态进行严密的跟踪、监督，实现对企业采购活动执行过程的科学管理，见表2.2。

表2.2 采购谈判过程

谈判前	谈判中	谈判后
确立具体目标	介绍双方、议程、规则	草拟声明，详尽描述谈判内容
分析各方优劣势	探讨谈判范围及事项	提交协议给双方委托人
收集相关信息	商定谈判共同目标	执行协议
认识对方需要	确定并解决分歧	检查协议履行情况
识别问题情况	达成协议，谈判结束	谈判结束后举行宴会
设立成交位置		
开发谈判策略		
介绍谈判内容		
内部预演谈判		

采购谈判是指企业作为买方采购商品,与卖方厂商对购销业务有关事项,如商品品种、规格、技术标准、质量保证、订购数量、包装要求、售后服务、价格、交货日期与地点、运输方式、付款条件等进行反复磋商,以求达成协议,建立双方都满意的购销关系。

根据美国供应协会对供应的最新阐述,供应链管理环境下的采购是指企业为了追求和实现它的战略目标而进行的一系列与生产和库存相关的识别、采办、获取与管理所需所有资源的活动。与传统采购行为相比,供应链管理环境下的采购行为从为库存采购转变为为订单采购,从采购管理转变为外部资源管理,从一般买卖关系转变为战略伙伴关系。内容包括采购市场的研究、采购目标的确立、采购策略和计划的生成、采购作业的实施(包括商务谈判、订货合同、进货实施、支付善后处理)、库存管理、供应商关系管理和采购过程的控制和评估,从而实现准时化采购(Just in Time,JIT),避免成本浪费,如图2.13所示。

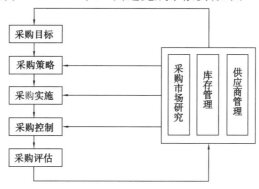

图2.13 采购管理流程示意图

6)库存管理

库存是指为了满足未来需要而暂时闲置的资源,人、财、物、信息等各方面的资源都存在库存问题,包括原材料库存(企业已经购买,但尚未投入生产过程的存货)、在制品库存(经过部分加工,但尚未完成的半成品库存,如车架)、产成品库存(已经制造完成并正等待装运发出的存货)。库存系统则是指用来控制库存水平、决定补充时间及订购量大小的整套制度和控制手段。库存成本是指为了存储保管库存所需的成本,从广义上讲,包括存储成本、采购成本、缺货成本和生产准备成本。狭义上特指存储成本,包括处理与存储成本(如仓库购买成本、供暖和照明等成本)、过时损坏与失窃成本(如物品变质)、保险和税收成本及资金投资成本(也称为机会成本,影响备选方案的投资回报率)。库存管理的研究方法主要包括ABC分类分析法、定量订货模型、非确定性定量订货模型、数量折扣模型、定期订货模型、库存盘点等。

7)生产能力

生产能力是指制造业生产管理领域使用的方法与技术。生产能力体现出一个作业单元(如一个工厂、机器或单个工人等)满负荷生产所能处理的最大限度,受到产品、人员、设施、工艺、运作等因素的综合影响。生产能力的计算主要包括流水线生产类型的生产能力计算、成批加工生产类型企业的生产能力计算和服务行业的生产能力计算。在制造业生产与运营管理过程中,主要通过以下步骤开展生产作业计划:编制企业生产作业计划和车间内部生产作业计划(一般按月编制),规定车间、工段、班组在短时间内(月、周、日等)的具体生产任务;编制生产准备计划,规定原材料供应、设备维修和工具准备、技术文件准备、劳动力配备等;进行设备和生产面积的核算和平衡;日常生产派工,具体安排工人的生产任务和进度,下达生产指令;制定或修改期量标准;生产计划管理,根据营销预测、生产系统状况、生产能力、资金状况等资源开展生产预测,从而达到生产能力与生产任务,降低生产过程成本等。生产能力常用的方法包括决策树分析、盈亏平衡点分析。

8) 生产计划

生产计划是关于企业生产运作系统总体方面的计划,是根据需求和企业生产能力,对生产系统拟产出的产品品种、时间、数量、人力和设备等资源的配置及库存等的预先安排。生产计划一方面以满足顾客要求的"交货期、品质、成本"而开展计划;另一方面又使企业获得适当利益,对生产的"材料、人员、机器设备"的确切准备、分配及使用的计划。生产计划的内容包括生产产品的名称、生产产品的数量或重量、生产产品的部门、生产产品的交货期。

生产计划包括综合生产计划、主生产计划、物料需求计划三个层次。综合生产计划是战略计划下对未来一段时间内不同产品系列所做的概括性安排,具有一定的指导性,不是一种用来具体操作的实施计划。主生产计划是把综合生产计划具体展开操作的实施计划,确定每一最终产品的具体生产时间和数量。物料需求计划是根据主生产计划的要求,对所需全部物料所做出的安排。由于企业中相关需求物料的种类和数量繁多,不同零部件之间还存在多层"母子"关系,有必要采用已有的最终产品的生产计划作为主要信息来源,MRP 正是基于这种思路的相关需求物料的生产与库存计划。

9) 企业资源计划

企业资源计划(Enterprise Resource Planning, ERP)系统是指建立在信息技术基础上,以系统化的管理思想,为企业决策层及员工提供决策运行手段的管理平台。ERP 是从 MRP 发展而来的新一代集成化管理信息系统,核心思想是供应链管理。结合生产与运营管理,具体分析步骤及数据需求如下。

(1)基本数据

每个制造业企业都有这样一个基本方程:

$$A \times B - C = D$$

A=主生产计划=要生产什么?

B=物料清单=用什么生产?

C=库存记录=有什么?

D=物料需求计划=还应得到什么?

因此,数据包括主生产计划(某一段时间内应产出产品和备件)、物料清单(物料之间的结构关系,每种物料需求数量)、库存记录(每个物料品目的现有库存量和计划接收量的实际状态)、提前期(每种物料的开工时间、完工时间)。

(2)产能计算

每个制造企业在每月两个虚拟日的运转周期下,结合经济型童车、舒适型童车、豪华型童车的车架生产过程及童车组装过程,在不同的生产线生产能力背景下,按照期初经营在制品不同状态,每条生产线产能各不相同。

（3）物料清单

物料清单（Bill of Materials,BOM）是描述企业产品组成的技术文件,是一个制造企业的核心文件,各个部门的活动都要用到物料清单。在制造行业,它表明了产品的总装件、分装件、组件、部件、零件,直到原材料之间的结构关系,以及所需的数量。物料清单和主生产计划一起发挥作用,安排仓库的发料、车间的生产和待采购件的种类和数量。BOM 是将用图表示的产品组成改用数据表格的形式表示出来,它是 MRPII 系统中计算 MRP 过程中的重要控制文件。

（4）排产计划

排产是企业对生产任务做出统筹安排,具体拟定生产产品的品种、数量、质量和进度的计划。排产计划是企业经营计划的重要组成部分,是企业进行生产管理的重要依据。排产计划既是实现企业经营目标的重要手段,也是组织和指导企业生产活动有计划进行的依据。企业在编制排产计划时,还要考虑到生产组织及其形式。但同时,生产排产计划的合理安排,也有利于改进生产组织。排产计划一方面为满足客户要求的三要素"交期、品质、成本"而计划;另一方面为使企业获得适当利益,而对生产三要素"材料、人员、机器设备"的确切准备、分配及使用的计划。

（5）物料采购

物料采购是指企业管理人员在了解市场供求情况、认识企业生产经营活动和掌握物料消耗规律的基础上对计划期内物料采购管理活动所做的预见性的安排和部署。物料采购计划是根据生产部门或其他使用部门的计划而制订的计划表格,包括采购物料、采购数量、需求日期等内容。

通常,销售部门的计划（即销售收入预算）是公司年度营业计划的起点,然后生产/销售计划才随之确定。而生产/销售计划则包括采购预算（直接原料/商品采购成本）、直接人工预算及制造/销售费用预算。由此可见,采购预算是采购部门为配合年度销售预测或采货数量,对所需求原料、物料、零件等数量及成本做出的详细计划,以利整个企业目标的达成。物料采购计划（预算）虽是整个企业预算的核心,但是如果单独编制,不但缺乏实用价值,也将失去其他部门的配合。

物料采购计划可以分为以下不同类型。按计划期的长短分类,可以把采购计划分为年度物料采购计划、季度物料采购计划、月度物料采购计划等。按物料的使用方向分类,可以把采购计划分为生产产品用物料采购计划、维修用物料采购计划、基本建设用物料采购计划、技术改造措施用物料采购计划、科研用物料采购计划、企业管理用物料采购计划。按自然属性分类,可以把采购计划分为金属物料采购计划、机电产品物料采购计划、非金属物料采购计划等。

2.4.4　生产与运作的目标及技能

生产与运作的目标包括高效、灵活、准时、清洁地生产合格产品和提供满意服务。生产与运作管理人员与其他管理人员一样,需要通过他人完成工作任务。因此,需要具备两个方面的能力。一方面是技术技能,即专业技术与管理技术。生产与运作管理人员面临的是转化物料或提供各种特定服务的活动,必须具备有关专业技术知识,特别是生产工艺知识。但仅有专业技术知识对生产与运作管理人员是不够的,还需懂生产运作过程的组织、计划与控制,现代化生产运作管理技术。另一方面是行为技能,即生产与运作管理者需要组织工人和技术人员进行生产活动,需要具备处理人际关系的能力,善于与他人共事,调动他人工作积极性,协调相关利益者开展活动。

2.4.5　生产与运作系统

生产与运作活动是指"投入—转化—产出"的过程,即投入一定的资源,经过一系列多种形式的转化,使其价值增值,最后以某种形式产出供给社会的过程,即一个社会组织通过获取和利用各种资源向社会提供有用产品的过程。生产与运作系统如图 2.14 所示。

生产与运作就是将输入(生产要素)转化为输出(产品或服务)的过程,即创造产品和提供服务的过程。生产与运作管理系统包含硬件和软件两类要素。生产与运作系统的硬件要素是指构成生产与运作系统

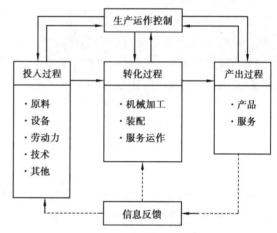

图 2.14　生产与运作管理系统图

主体框架的要素,包括生产技术、生产设施、生产能力、生产系统等。这些要素构成生产与运作系统的物质基础,投资成本较大,不易调整。软件要素是指在生产与运作系统中支持和控制系统运行的要素,包括人员组织、主生产计划、生产库存、质量管理等。生产与运作系统的软件要素容易受到环境因素影响,对这类影响要素的控制比较复杂。

生产与运作系统的转化是生产与运作过程的核心部分,是指将劳动对象直接加工成企业主要产品的过程。生产与运作过程包括一系列相互联系的劳动过程和自然过程。劳动过程是指劳动者利用劳动工具,直接或间接地作用于劳动对象以生产产品或提供劳务的过程。自然过程是指借助自然力使劳动对象发生物理或化学变化的过程。其中,工艺过程是生产过程最基本的部分,而工序则是其中最基本的组成单位,见表 2.3。

表 2.3　具体组织的生产作业转换分析

生产系统	投入	转换	产出	反馈
汽车装配厂	人员、能源、部件、机器人	焊接、装配	汽车	成本、产量、质量
医院	病人、医护人员、病床、药物、医疗设备	手术、诊断、药物管理	健康的人、医学研究成员	药物反应、手术并发症

续表

生产系统	投入	转换	产出	反馈
大学	高中毕业生、教授、教学设备、教材	授课、试验、科研	学士、硕士、博士、科研人员	教学质量、淘汰率
邮局	人员、邮件分发设备、交通工具	运送、交递	邮件交送	平均递送时间、邮件损坏率

2.5　人力资源管理

彼得·德鲁克在1954年出版的《管理的实践》中提出人力资源的概念。广义上是指以人的生命为载体的社会资源,以人口的存在为自然基础。狭义上讲是一个国家或地区有劳动能力的人口总和,能够推动整个社会和经济发展的具有劳动能力的人的总和,为社会创造物质文化财富,为社会提供劳务和服务。

人力资源管理是企业对其拥有的人力资源进行开发和合理利用的一种管理活动,是企业为了实现既定目标,对人力资源的获取、开发、利用和保持所进行的计划、组织、协调、控制、监督和激励等一系列活动。在跨专业企业运营管理综合实训中,人力资源管理工作包括人力资源战略规划、人员招聘与选拔、员工培训与能力开发、绩效管理、员工薪酬体系设计、职业生涯管理等。

2.5.1　人力资源战略规划

人力资源战略规划(Human Resource Plan,HRP)又称人力资源管理战略,是对人力资源战略及其规划全方位的指挥、监督、协调和控制的过程。人力资源规划是指为实施企业的发展战略,完成企业的生产经营目标,根据企业内外环境和条件的变化,运用科学的方法对企业人力资源的需求和供给进行预测,制定相应的政策和措施,从而使企业人力资源供给和需求达到平衡,实现人力资源合理匹配,有效激励员工的过程。人力资源规划包括组织规划、制度规划、人员规划和人力资源费用计划。

组织规划涵盖组织结构设计与调整规划、劳动组织设计与调整规划及人力资源供需平衡计划。组织结构设计与调整规划、劳动组织设计与调整规划主要包括部门化组织设计、(工作)岗位设置、劳动定员定额和科学地组织劳动生产,一旦设计调整好以后,相对来说会保持长期稳定状态。而人力资源供需平衡计划则经常需要根据企业内外部环境进行适应性调整,因而可以把前两种规划合称为静态组织人事规划,而把人力资源供需平衡计划称为动态组织人事规划。

制度规划是人力资源总规划目标实现的重要保证,包括人力资源管理制度体系建设的程序、制度化管理等内容。

人员规划包括企业全员培训开发规划(员工职业技能的培训计划、员工职业道德的教育计划)、专门人才培养计划、人员轮换接替计划、员工职业生涯发展规划和企业文化建设等。

人力资源费用计划是企业在一个生产经营周期(一般为一年)内,人力资源全部管理活动预期的费用支出计划。人力资源规划的根本目的就是通过分权、分责、分利的人力资源管理活动实现人力资源与其他资源的最佳配置,而企业人力资源管理费用预算则是计划期内人力资源及其各种相关的管理活动得以正常运行的资金保证。因此,组织人事规划不能脱离人力资源管理费用预算而独立进行,人力资源管理费用预算在人力资源规划中占有必不可少的地位。

2.5.2　人员招聘与选拔

人员招聘与选拔是企业吸引应聘者并从中选拔、录用企业需要的人才的过程。人力资源计划和岗位说明书是招聘的依据。各企业总经理应聘上岗后,招聘人力资源部经理,然后制订人力资源计划,根据企业需求确定招聘渠道(外部与内部招聘、网络与线下招聘、中介招聘与校企合作等),决定招聘时间、人数、岗位及招聘人员的录用要求。

人员招聘是人员配备中最关键的一个步骤。因为这一工作的好坏,不仅直接影响人员配备的其他方面,而且对整个管理过程的进行,乃至整个组织的活动,也都有着极其重要和深远的影响。从广义上讲,人员招聘包括招聘准备、招聘实施和招聘评估三个阶段;狭义的招聘即指招聘的实施阶段,其中主要包括招募、筛选(或称选拔、选择、挑选、甄选)和录用三个具体步骤。

1)招聘岗位

在实训过程中,课程设置了制造业、商贸企业、工贸企业、外围人社局、市监局、税务局、海关等政府单位,以及工商银行、中国银行、进出口贸易企业、连锁销售企业、物流企业、招投标企业、现代服务企业等。岗位包括总经理、行政助理、人力资源经理和助理、营销经理和专员、生产经理、车间管理员和生产计划员、采购经理和采购员、仓储经理和仓储员、财务经理、成本会计、财务会计和出纳。

2)招聘过程

各类企业涉及岗位不同,可以参照制订计划、进行初选、能力考核、员工录用和评价反馈的流程展开招聘。当组织中出现需要填补的工作职位时,有必要根据职位的类型、数量、时间等要求确定招聘计划,同时成立相应的选聘工作委员会或小组。选聘工作机构可以是组织中现有的人力资源部门,也可以是 CEO 与各部门负责人共同组成的临时性机构。选聘工作机构要以相应的方式,通过适当的媒介,公布待聘职务的数量、类型及对候选人的具体要求等信息,向组织内外公开"招聘",鼓励那些符合条件的候选人积极应聘。

当应聘者数量很多时,选聘小组需要对每一位应聘者进行初步筛选。内部候选人的初选可以根据以往的人事考评记录进行。对外部应聘者则需要通过简短的初步面谈,尽可能多地了解每个申请人的工作及其他情况,观察应聘者的兴趣、观点、见解、独创性等,及时排除明显不符合基本要求的应聘者。

在初选的基础上,需要对通过的应聘者进行材料审查和背景调查,并在确认之后进行细致的测试与评估,例如采用智力与知识测试、竞聘演讲与答辩、案例分析与候选人实际能力考核等方式甄选。

利用加权法对上述面试者在各项目的表现进行客观评价,算出每位应聘者的知识、智力和能力的综合得分,并根据待聘职务的类型和具体要求决定取舍。对于决定录用的人员,应考虑由相应部门经理再一次进行面试,并根据工作实际与应聘者进行双向选择,最后决定录用与否。

最后,对整个选聘工作的程序进行全面的检查和评价,并对录用的员工进行追踪分析,通过对他们的评价检查原有招聘工作的成效,总结招聘过程的经验,及时反馈到招聘部门,以便改进和修正。

2.5.3 员工培训与能力开发

员工培训与能力开发有利于培养人才,造就队伍,促进企业战略目标的实现。从员工个人发展角度而言,有利于改变员工的态度和行为,提高员工的素质,构建职业发展通道,提升职场胜任力。

1)培训类型

员工培训按内容来划分,可以分为员工技能培训和员工素质培训。员工技能培训是企业针对岗位的需求,对员工进行的岗位能力培训。员工素质培训是企业对员工素质方面的要求,主要有心理素质、个人工作态度、工作习惯等的素质培训。按照员工到岗的时间来划分,包括新员工到岗培训、调职员工岗前培训、员工在职培训和专题培训。

岗前培训由各单位人力资源部联合用人部门协同培训,内容包括公司简介、员工手册、人事管理规则讲解、企业文化知识、员工心态调整、岗位职责说明及业务技能培训。

在职培训的目的主要在于提高员工的工作效率,以更好地协调公司的运作及发展。培训的内容和方式均由调岗后所在部门根据岗位职责开展。

专题培训由公司根据发展需要或者部门根据岗位需要,组织部分或全部员工进行某一主题的培训工作。

2)培训计划

企业的培训计划包括长期计划和短期计划。长期计划需要确立培训目标,研究企业发展动态,根据培训的目标分类,决定培训课程,并对培训预算进行规划。

确立培训目标,通过对培训需求的调查分析,将培训的一般需求转变为企业培训的总体目标,如通过培训来达到各项生产经营目标和提高企业的管理水平。通过对上年度培训计划的总结及分析培训的特殊需要,可以确立需要通过培训而改善现状的特别目标,成为企业本年度培训的重点项目。

企业人力资源部会同有关部门主要管理人员研究企业的生产营销计划,以确定如何通过培训来完成企业的年度生产经营指标。一项生产经营目标的达成往往取决于一个或几个员工能正确地完成任务;而要正确地完成任务,又取决于员工具备完成任务所需的知识、技能和态度。通过检查每一项业务目标,确定要在哪些方面进行培训。企业人力资源部还要与有关人员共同研究企业的生产经营状况,找到需要改进的不足之处,寻求通过何种培训可以改善现状、实现培训的特别目标。

根据培训的目标分类,围绕企业生产经营目标的培训应列入业务培训方案,围绕提高企业管理水平的培训活动则应列入管理培训方案。因此,培训方案的制订是针对培训目标,具体设计各项培训活动的安排过程。例如,企业的业务培训活动可分为素质训练、语言训练及专门业务训练。企业的管理培训活动主要是班组长以上管理人员的培训,内容包括系统的督导管理训练及培训员专门训练等。

培训课程是培训的主题,要求参加培训的员工,经过对某些主题的研究讨论后,达到对该训练项目内容的掌握与运用。年度培训计划中,要对各类培训活动的课程进行安排,主要是列出训练活动的细目,包括培训科目、培训时间、培训地点、培训方法等。注意培训课程的范围不宜过大,以免在各项目的训练课程之间发生过多的重叠现象。但范围也不宜过窄,以免无法真正了解该项目的学识技能,应主要以熟悉该训练项目所必需的课程为限。培训课程决定后,需选编各课程教材,包括培训教材目的简要说明、列出有关教材的图表、说明表达教材内容的方法。教材依照下列顺序进行编写,如教材题目、教材大纲及时间计划、主要内容及实施方式和方法、讨论题及复习的方法和使用的资料。

培训预算是企业人力资源部在制订年度培训计划时,对各项培训方案和管理培训方案总费用的估算。预算是根据方案中各项培训活动所需的经费、器材和设备的成本及教材、教具、外出活动和专业活动的费用等估算出来的。

企业的短期培训计划指针对每项不同科目、内容的培训活动或课程的具体计划,包括做教练(Coaching)、做培训(Training)和做发展(Developing)三个不同层次。做教练侧重于员工的技能性训练及实际操作,手把手地教,做示范。做培训侧重于员工的知识性训练,组织专题讲座,灌输服务理念和知识。做发展侧重于员工的职业生涯设计,发现员工的潜质,培养员工职业化素质。这三个层次互为融合,缺一不可,形成层层递进关系。做教练使员工掌握基本的服务技能,先上岗盯班,一般需要 1~2 周的时间;做培训掌握服务的基本理念和知识,使员工不断进步,一般需要 1~3 个月的时间,刚好是新员工的适用转正期。在员工的成长过程中,发现员工的潜质,帮助其分析性格特点,适合做哪个岗位,或提升或调岗,与员工本人一起做好职业生涯的设计,一般需要 1~2 年的时间。

3)培训方法

培训方法包括讲授法、视听技术法、讨论法、案例研讨法、角色扮演法、自学法、互动小组法、网络培训法、场景还原法等。

有效的员工培训需要建立符合 PDCA 循环的科学员工培训系统,包括准备阶段、培训阶段、评价阶段和反馈阶段。跨专业企业运营管理综合实训主要采用指导教师专题培训、在岗E-learning 培训及企业内部晨会、晚会培训。通过 4 天固定经营阶段培训,结合讨论法、参观法、面谈法和网上培训提升参训者的沟通能力、人际交往能力、学习能力等一般综合性职业能力。通过头脑风暴法、团队建设法等提升参训者的创新能力和领导能力等特殊能力。通过4天自主经营阶段的培训,结合领导者匹配训练、人际关系分析培训、敏感性训练、团队协作培训、时间管理培训等方法提升参训者的管理技能。

2.5.4　员工绩效管理

绩效管理是指为实现企业的发展战略目标,采用科学的方法,通过对员工个人或企业的综合素质、态度行为和工作业绩进行全面监测分析与考核评定,不断激励员工,改善企业组织行为,提高综合素质,充分调动员工的积极性、主动性和创造性,挖掘其潜力的活动。绩效管理作为一个完整的系统,包括绩效计划、绩效实施、绩效反馈与面谈、绩效评估结果4个阶段,将企业与部门、员工目标紧密联系在一起开展科学管理活动,是一个从目标、程序导向到意愿、行为、效果导向,从事前策划到过程监测,从事后考评到绩效改进的动态过程。

1)绩效评价方法

关键绩效指标(KPI)保留了目标管理从上到下的指标分解过程,又结合有形财务指标和无形指标(如工作态度、公共责任等)的思路,对每位员工的关键绩效指标选择标准一般是对工作绩效产生重大影响或占用大量工作时间的内容。

平衡记分卡(BSC)把对企业业绩的评价划分为财务、内部流程、客户及学习与发展四个方面,是企业战略执行与监控的有效工具。

经济增值法(EVA)把企业内部制定的很多离散指标统一成一个最终指标,无论是提高销售额还是提高市场份额,最终目的都是为企业创造价值。通过经济增值法把行政、人力资源等不创造价值的支持部门的奖金总额与所服务的内部客户创造的价值额度按比重挂钩,再决定部门内部每个员工的奖金分配。

管理层收购(MBO)是指公司的经理层利用借贷所融资本或股权交易收购本公司的一种行为,从而引起公司所有权、控制权、剩余索取权、资产等变化,以改变公司所有制结构,通过收购使企业的经营者变成了企业的所有者。

360度考核法又称交叉考核(PIV),即将原本由上级评定下属绩效的方法转变为全方位360度交叉形式的绩效考核。在考核时,通过同事评价、上级评价、下级评价、客户评价及个人评价来评定绩效水平。交叉考核不仅是绩效评定的依据,更能从中发现问题并进行改革提升,找出问题原因所在,并拟订改善工作计划。

2)绩效考核流程

绩效考核遵循以下流程进行开展,包括:详细的岗位职责描述及对职工工资的合理培训;尽量将工作量化;人员岗位的合理安排;考核内容的分类;企业文化的建立,如何让人成为"财"而非人"材"是考核前需要考虑的重要问题;明确工作目标;明确工作职责;从工作的态度(主动性、合作、团队、敬业等)、工作成果、工作效率等几个方面进行评价;给每项内容细化出一些具体的档次,每个档次对应一个分数,每个档次要给予文字的描述以统一标准(比如优秀这个档次一定是该员工在同类员工中表现明显突出的,并且需要用具体的事例来证明）；给员工申诉的机会。

2.5.5 员工薪酬体系设计

员工薪酬体系是指员工为企业提供劳务而得到的货币和实物等报酬的综合。薪酬组合由外在薪酬和内在薪酬构成。外在薪酬一般是物质报酬，是员工通过为企业做出贡献而获得的直接或间接的货币收入。内在薪酬一般是非物质报酬，员工通过努力工作获得晋升、受到表扬或重视等。薪酬体系设计包括基本工资、奖金、津贴、国家法定福利和其他福利。

薪酬设计机制，本质上就是对员工行为的一种指引。从公司角度，降低了人员流动率，特别是高级人才的流动；短期激励和长期激励相结合吸引高级人才，减少内部矛盾。从员工角度，短期激励满足员工的生存需要，长期激励满足员工的发展需要。

1）薪酬设计机制

薪酬设计应该遵循职位分析、职位评价、薪资调查、薪资定位、结构设计、实施修正的基本机制。

职位分析即结合公司经营目标，公司管理层在业务分析和人员分析的基础上明确部门职能和职位的关系，人力资源部和各部门经理合作编写职位说明书。

职位评价即比较企业内部各个职位的相对重要性，得出职位等级序列。为进行薪资调查建立统一的职位评估标准，消除不同公司间由于职位名称不同，或即使职位名称相同但实际工作要求和工作内容不同所导致的职位难度差异，使不同职位之间具有可比性，为确保工资的公平性奠定基础。它是职位分析的自然结果，同时又以职位说明书为依据。

薪资调查的对象最好是选择与自己有竞争关系的公司或同行业的类似公司，重点考虑员工的流失去向和招聘来源。薪资调查的数据，要有上年度的薪资增长状况、不同薪资结构对比、不同职位和不同级别的职位薪资数据、奖金和福利状况、长期激励措施及未来薪资走势分析等。

薪资定位即在分析同行业的薪资数据后，根据企业状况选用不同的薪资水平。在薪资定位上可以选择领先策略或跟随策略。

薪资结构设计要综合考虑职位等级、个人技能和资历、个人绩效三个方面的因素。在工资结构上与其相对应的分别是职位工资、技能工资、绩效工资，也有的将前两者合并考虑，作为确定员工基本工资的基础。确定职位工资，需要对职位做评估；确定技能工资，需要对人员资历做评估；确定绩效工资，需要对工作表现做评估。确定公司的整体薪资水平，需要对公司盈利能力、支付能力做评估。每一种评估都需要一套程序和办法。

薪资体系的实施和修正即在确定薪资调整比例时，人力资源部要对总体薪资水平做出准确预算。人力资源部需要建好工资台账，并设计一套比较好的测算方法。不同职位有不同级别，一个是员工的级别制度，另一个是员工的宽带制度。同一个级别，薪资的范围一般都差不多。宽带类似等级，是比较新的概念，其特点就是把"级"的范围定得比较宽。例如，一个大型企业从最初级员工到最高级总经理职位可能有 5~6 个级别。采用级别工资制就是根据级别进行设计，如设 10 个职能部门，有 30 个职系，100 个或者 150 个职位，但是整个级别就 15 个,工资系统就按 15 个等级设置,每一个级别,都给一个范围,在哪个级别里,就用哪个级别的工资范围来发工资。

2)薪酬设计方法

根据职位职责、价值、对公司的贡献度及所要求的任职技能方面的差异,对公司现有各职位进行价值评估,从而确定不同职位之间的相对价值大小,为建立科学的薪酬等级系统做准备。根据职位评估结果,结合外部薪酬水平及内部财务状况,设计薪点表。指导企业建立薪酬方案、设计薪酬组合及薪酬框架。根据各部门薪酬建议和企业财务状况提交薪酬改革方案。设计薪酬福利管理体系,建立具有竞争性和公平性的激励机制。对于核心团队成员,设计长期激励方案,实现长期共同发展。

2.5.6 职业生涯规划

职业生涯规划也称为职业生涯设计,是指组织和员工根据自身的需求制订个人发展目标与发展计划的活动,包括个人职业规划和组织职业规划。对员工而言,每个人都有从工作中得到成长的愿望和要求。为了实现这种愿望和要求,员工不断追求理想的职业,设计自己的职业目标和职业计划。对企业而言,对员工制订个人职业规划应重视和鼓励,并结合组织的要求和发展,给予员工多方面的咨询和指导,通过必要培训、工作设计、晋升等手段,帮助员工实现个人职业目标。

1)职业生涯规划分类

职业生涯规划的期限一般分为短期规划、中期规划和长期规划。短期规划是 3 年以内的规划,主要是确定目标,规划完成的任务。中期规划一般为 3~5 年,在近期目标的基础上设计中期目标。长期规划一般是 5~10 年,主要设定长远目标。

2)职业生涯规划理论基础

理性决策理论源于经济学的决策论在职业发展方面的应用,认为职业生涯规划的目的在于培养和增进个体的决策能力或问题解决能力。职业发展理论是从发展的观点来探究职业选择的过程,研究个体职业行为、职业发展阶段和职业成熟的职业指导理论。心理发展理论是用心理分析的方法研究职业选择过程,认为职业选择的目的在于满足个人需要、促进个体发展。心理发展理论主张职业指导应着重"自我功能"的增强,因为如果个人的心理问题获得解决,那么包括职业选择在内的生活问题就会顺利完成而不需另行指导。人-职匹配理论认为,每个人都有自己独特的能力模式和人格特质,而某种个性特质与某些特定的社会职业相关联。人人都有选择与其特质相适应的职业的机会,而人的特性是可以用客观手段加以测量的。职业指导就是要帮助个人寻找与其特性相一致的职业,以达到人与职业的合理匹配。在实施职业指导的国家,人-职匹配理论的咨询模式一直占据着主流地位。

3)职业生涯规划设计方法

职业规划设计常采用 5 个"W"思考模式。

第一个问题"我是谁",对自己进行深刻反思,优点和缺点逐一列出来。

第二个问题"我想干什么",是对自己职业发展的心理趋向检查。每个人在不同阶段的兴趣和目标并不完全一致,有时甚至是完全对立的,但随着年龄和经历的增长会逐渐固定,并最终锁定自己的终身理想。

第三个问题"我能干什么",则是对自己能力与潜力的全面总结。一个人职业定位的根本要归结于他的能力,而他职业发展空间的大小则取决于自己的潜力。对于一个人潜力的了解应该从对事的兴趣、做事的韧劲、临事的判断力及知识结构的全面性和及时更新等方面着手认识。

第四个问题"环境支持或允许我干什么",这种环境支持在客观方面包括本地的各种状态,比如经济发展、人事政策、企业制度、职业空间等。人为主观方面包括同事关系、领导态度、亲戚关系等,两方面的因素应综合来看。

第五个问题"自己最终的职业目标是什么",将自我职业生涯计划列出来,建立形成个人发展计划书档案,通过系统学习、培训,实现就业理想目标。

选择一个什么样的单位,预测自己在单位内的职务提升步骤,个人如何从低到高逐级提升。例如从技术员做起,在此基础上努力熟悉业务领域、提高能力,最终达到技术工程师的理想生涯目标。预测工作范围的变化情况,不同工作对自己的要求及应对措施。预测可能出现的竞争,如何应对,分析自我提高的可靠途径。如果发展过程中出现偏差,工作不适应或被解聘,如何改变职业方向等。

2.6 财务管理

财务管理是商品经济条件下企业最基本的管理活动,是企业组织财务活动、处理财务关系的一项综合性管理工作。企业财务活动主要包括筹资活动、投资活动、资金营运活动和利润分配活动。本节围绕企业财务活动梳理主要的财务管理理论。

2.6.1 筹资管理理论

筹资管理可以帮助企业有效筹集资金以满足其运营和发展需求,主要的筹资管理理论包括资本结构理论、信息不对称理论、财务市场理论、股权定价理论和信息经济学理论。

资本结构理论研究企业应该如何选择债务和股权融资的比例来最大化股东权益价值。根据这一理论,企业应该在债务成本和财务风险之间找到一个平衡点,使总体融资成本最小化,并最大程度地利用债务杠杆。

信息不对称理论认为,企业和投资者之间存在信息不对称的问题,导致投资者无法准确评估企业的风险和价值。基于这一理论,企业在筹资时需要选择适当的信息披露策略,以减少信息不对称带来的不确定性,从而降低筹资成本。

财务市场理论研究企业在不同的财务市场中筹集资金的机制和效果。根据这一理论,企业应该选择与其需求匹配的财务市场,并考虑市场上的信息交流、定价效率和成本等因素。

股权定价理论研究企业发行股权时的定价问题。根据这一理论,企业应该根据市场情况和投资者需求,合理定价股权发行,以吸引投资者并最大化企业的筹资收益。

信息经济学理论研究企业在筹资过程中的信息选择和传递问题。根据这一理论,企业应该通过适当的信息披露和沟通,降低信息不确定性,提高投资者信心,并获得更有利的筹资条件。

这些筹资管理理论为企业提供了筹资决策的思路和方法,企业可以根据自身情况和市场环境,灵活运用这些理论,制定有效的筹资策略,以满足企业的资金需求并优化财务结构。

2.6.2　项目投资管理理论

项目投资管理可以帮助企业有效地利用资源,实现成长和发展,提升竞争优势,降低风险,增强企业价值和影响力。因此,企业应重视项目投资管理,并建立科学、规范的管理体系,以实现长期可持续发展。项目投资管理涉及的主要理论与方法包括资本预算、风险管理和利益相关方管理。

资本预算是项目投资决策的核心,它涉及评估和选择项目,以确定哪些项目是最值得投资的。常用的资本预算技术包括净现值(NPV)、内含报酬率(IRR)和投资回收期(PBP)等。

风险管理在项目投资中至关重要。该理论包括风险评估、风险分析、风险应对策略等。常见的方法包括风险识别、风险量化、风险转移和风险控制等。

利益相关方管理关注的是项目涉及的各方利益,包括股东、客户和员工等。该理论涵盖了识别利益相关方、管理他们的期望和需求,以及与他们的有效沟通。

这些理论和方法为项目投资管理提供了框架和工具,帮助投资者和项目经理有效地规划、实施和监控投资项目。

2.6.3　营运资金管理理论

有效的营运资金管理是企业能够正常运营和长期发展的重要保障。常见的营运资金管理理论与方法包括现金管理理论、库存管理理论、应收账款管理理论、应付账款管理理论、资金成本管理理论和流动性风险管理理论。

现金管理理论关注如何最大化现金流并确保企业有足够的现金来满足日常经营需求。这包括现金预测、现金储备管理和现金流优化等方面。

库存管理理论涉及如何有效地管理企业的库存,以最大程度地减少库存成本同时确保满足客户需求。常见的方法包括经济订货数量模型、ABC分类法和库存周转率分析等。

应收账款管理理论关注如何最大程度地减少应收账款周期,以减少企业的资金占用和坏账损失。这包括信用政策制定、账龄分析和催收管理等。

应付账款管理理论涉及如何最大程度地延长付款周期,以延迟支付资金并提高企业的流动性。这包括供应商选择、付款优先级管理、供应链融资等。

资金成本管理理论关注如何最小化企业的资金成本,包括债务成本和股权成本。这包括资本结构优化、财务杠杆效应管理和融资成本控制等。

流动性风险管理理论涉及如何评估和管理企业面临的流动性风险,以确保企业能够及时偿付债务和应对突发事件。这包括应急资金管理、流动性压力测试和流动性衡量指标等。

这些理论提供了企业管理者在营运资金管理方面的指导和工具,帮助他们优化资金使用效率、降低风险并提高企业的盈利能力。

2.6.4　财务绩效管理理论

财务绩效管理理论主要关注企业如何通过有效的财务管理和绩效评估来实现财务目标和企业价值增加,包括财务比率分析、经济附加值(EVA)理论、投资回报率(ROI)理论、财务控制理论和绩效评估体系。

财务比率分析是一种常用的财务绩效管理工具,通过计算并分析各种财务比率,如利润率、资产回报率和偿债能力等,来评估企业的财务状况和绩效表现,帮助管理层了解企业的盈利能力、偿债能力和运营效率。

经济附加值(EVA)理论认为,企业的真正价值应该由超过投入资本成本的盈利能力来衡量。EVA通过扣除资本成本后的净利润来评估企业的经济附加值,以此衡量企业的绩效。

投资回报率(ROI)理论考虑到投资对绩效的影响,通过计算特定投资项目或资产的收益与投资成本之间的比率,来评估投资的效果和回报。ROI可以用于评估个别项目或整个企业的投资绩效。

财务控制理论关注企业如何通过建立有效的财务控制机制来管理和监督企业的财务活动,确保资源的合理分配、风险的控制和绩效的达成。财务控制包括预算控制、成本控制、风险控制等方面。

绩效评估体系是一套衡量和评估企业绩效的指标和方法。它综合考虑财务和非财务因素,包括盈利能力、市场地位、客户满意度、员工绩效等多个方面,全面评估企业的整体绩效。

这些财务绩效管理理论为企业财务管理和绩效评估提供了思路和方法,企业可以根据自身情况和目标,灵活运用这些理论,建立科学的财务管理体系和绩效评估体系,以实现财务目标、提升企业价值和竞争力。

第3章

虚拟商业环境（规则）

首先，跨专业企业运营管理综合实训课程的开设涉及多个专业领域的学生共同参与，通过制定明确的规则，可以确保每个学生清楚自己的职责和任务，了解实训的流程和步骤，从而保障实训活动的有序进行。其次，通过规则讲解，学生能更好地理解实训的目的和要求，明确自己在实训中的角色和职责，从而提高实训的效率和效果。最后，规则的统一性和明确性有助于实现公平公正的实训环境，让每个学生都能在公平竞争中展示自我，提升职业胜任力。具体规则的内容依据实训中的四种不同组织类型展开，分别是制造业企业、商贸企业、工贸企业和外围公司。

3.1 制造业规则

3.1.1 销售规则

制造业销售童车给经销商、国际贸易类型企业（不得销售给其他类型企业），须与经销商类型企业签订合同，并在系统中录入订单相关信息，作为系统发货、结算的依据。

制造业还可以参与招投标公司的招投标业务，中标后可以进行销售、发货、开发票、收款等业务活动。

制造业销售童车给华中地区的虚拟经销商，销售之前，需要完成市场开拓，然后再投放广告。

制造业每月固定销售童车给国贸企业（约生产量的3%），以供国贸企业出口。

1）制造业市场开拓规则

制造业进行生产销售前，首先要进行市场开拓。自主经营阶段可根据企业经营战略自行选择。制造业市场专员需要前往服务公司办理市场开拓业务，开拓中部市场，具体费用为531 000元。市场开拓一次一年有效，广告投放一次有效期限为一个虚拟日，转下一个虚拟日期需要重新投放广告费。虚拟市场的订单在库存充足的情况下,可提前发货、收款。

2)广告费投放规则

制造业可以委托服务公司进行华中地区市场开拓,开拓后投入广告费,广告费的投放金额以 10 万元起投,以万元为单位递增,投入广告费后,依据得分由高到低依次选择中部地区的市场订单。

3.1.2　生产规则

在虚拟商业社会中只有制造业开展生产工作,企业生产离不开厂房、生产设备等基本生产场地及生产设施。在 VBSE 虚拟商业社会中,期初交接时,制造业拥有一座大厂房,大厂房内安装 10 台普通机床和 1 条组装生产线,且各设备无损坏,运行良好。

1)厂房规则

厂房信息见表3.1。

表 3.1　厂房信息表

厂房类型	价值 (万元)	使用年限 (年)	容量 (床位)	面积 (平方米)
大厂房	720	20	20	500
小厂房	480	20	12	300

①期初交接的大厂房经营期间不得出售。

②在经营过程中,如遇厂房容量不足的情况可以向服务公司进行购买,服务公司只提供小厂房。

③厂房容量与安装设备数量之间的关系如下:

a. 1 个机床位可以安装 1 台普通机床;

b. 2 个机床位可以安装 1 台数控机床;

c. 4 个机床位可以安装 1 条组装流水线。

④厂房没有租赁业务,只能购买。

2)设备规则

设备信息见表3.2。

表3.2 设备信息表

生产设备	购置费（万元）	使用年限（年）	折旧费（元/月）	维修费（元/月）	生产能力（台/虚拟1天）			出售
					经济	舒适	豪华	
普通机床	21	10			500	500		按账面价值出售
数控机床	72	10			3 000	3 000	3 000	
组装流水线	51	10			7 000	7 000	6 000	

①企业根据生产经营状况，可以向服务公司随时购买生产设备。

②设备安装周期：虚拟1天。

③折旧：生产设备按月计提折旧，企业所得税法规定，火车、轮船、机器、机械和其他生产设备，折旧年限为10年，购买当月不计提折旧。

④电费收费标准：1.5元/（千瓦·时），日常电费忽略不计。

普通机床耗电1 478.4（千瓦·时）/月，组装流水线耗电4 329.6（千瓦·时）/月。

数控机床耗电2 640（千瓦·时）/月，管理部门忽略不计（在固定数据阶段电费按照给定数据进行核算）。

⑤生产设备生产各种童车的能力见表3.3。

表3.3 生产设备产能表

设备名称	产品	定额生产能力（台数×单台生产产能/虚拟1天）	所属部门
普通机床	经济型童车车架	10×500	生产计划部
	舒适型童车车架	10×500	
数控机床	经济型童车车架	1×3 000	生产计划部
	舒适型童车车架	1×3 000	
	豪华型童车车架	1×3 000	
组装流水线	经济型童车	1×7 000	生产计划部
	舒适型童车	1×7 000	
	豪华型童车	1×6 000	

⑥生产设备对生产工人的要求见表3.4。

表3.4 生产设备配置表

设备	人员级别	要求人员配置数量
普通机床	初级	2
数控机床	高级	2
组装流水线	初级	5
	中级	15

3.1.3　产能规则

①生产设备根据各自生产能力进行派工,派工时,派工数量应小于等于该设备的生产能力。

②派工时,一条生产线只允许生产一个品种的产品。例如给一条组装流水线安排生产5 000台经济型童车,剩下的2 000台产能不能用于生产舒适型童车与豪华型童车,必须等该资源产能全部释放后才允许安排不同种类的产品生产。

③派工时,需要根据产品的物料清单(BOM)检查原材料是否齐套,原材料没有达到齐套要求,不能派工。

注:齐套是指要生产某一产品时,产品物料清单(BOM)中所需的材料、用量都达到要求。

3.1.4　工艺规则

工艺路线是指企业各项自制件的加工顺序和在各个工序中的标准工时定额情况,也称为加工路线,是一种计划管理文件,主要用来进行工序排产和车间成本统计。

1)P0001-经济型童车

经济型童车生产程序见表3.5。

表3.5　经济型童车生产程序表

工序	部门	工序描述	工作中心	加工工时
10	生产计划部-机加车间	经济型童车车架加工	普通(或数控)机床	虚拟1天
20	生产计划部-组装车间	经济型童车组装	组装生产线	虚拟1天

2)P0002-舒适型童车

舒适型童车生产程序见表3.6。

表3.6　舒适型童车生产程序表

工序	部门	工序描述	工作中心	加工工时
10	生产计划部-机加车间	舒适型童车车架加工	普通(或数控)机床	虚拟1天
20	生产计划部-组装车间	舒适型童车组装	组装生产线	虚拟1天

3)P0003-豪华型童车

豪华型童车生产程序见表3.7。

表 3.7　豪华型童车生产程序表

工序	部门	工序描述	工作中心	加工工时
10	生产计划部-机加车间	豪华型童车车架加工	数控机床	虚拟 1 天
20	生产计划部-组装车间	豪华型童车组装	组装生产线	虚拟 1 天

3.1.5　购买研发费用

制造业初始默认的生产许可为经济型童车,随着企业运营提高,需要生产舒适型或豪华型童车,该企业则在服务公司购置相应的生产技术成果,代表企业已完成新产品的研发,可以立即开工生产。舒适型、豪华型童车产品研发时间为虚拟 1 天。研发费用见表3.8。

表 3.8　研发费用表

研发类型	价格(元)
舒适型童年	1 000 000.00
豪华型童年	1 500 000.00

3.1.6　ISO 认证

制造业进行生产前,首先进行 ISO 9000 的资质认证,制造业生产计划部需要前往服务公司办理本企业的 ISO 9000 资质认证的业务。具体费用为 50 000 元/次,认证一次即可。

3.1.7　CCC 认证

制造业进行销售出库前,首先进行 CCC 的资质认证,初始默认的生产许可为经济型童车,制造业生产计划部需要前往服务公司办理相应产品的 CCC 认证。具体费用为 22 000 元/次,认证一次即可,见表3.9。

表 3.9　CCC 认证费用表

产品	CCC 认证费用(元)
经济型童车	22 000
舒适型童车	22 000
豪华型童车	22 000

3.1.8　采购规则

在 VBSE 虚拟商业社会中,制造业的原材料采购只能从工贸企业类型的企业采购,不能从其他类型的企业采购。CCC 原材料价格参考信息见表 3.10。

表 3.10 CCC 原材料价格参考信息表

采购商品编码	采购商品名称	规格	计量单位	来源	参考市场供应平均不含税单价(元)	参考市场供应平均含税单价(元)
B0001	钢管	φ外 16 毫米/φ内 11 毫米/L5 000 毫米	根	外购	104.59	121.33
B0002	镀锌管	φ外 16 毫米/φ内 11 毫米/L5 000 毫米	根	外购	171.43	198.86
B0003	坐垫	HJM500	个	外购	78.88	91.50
B0004	记忆太空棉坐垫	HJM0031	个	外购	217.71	252.54
B0005	车篷	HJ72 厘米×32 厘米×40 厘米	个	外购	141.98	164.70
B0006	车轮	HJφ外 125 毫米/φ内 60 毫米	个	外购	26.29	30.50
B0007	经济型童车包装套件	HJTB100	套	外购	89.40	103.70
B0008	数控芯片	MCX3154A	片	外购	267.14	309.88
B0009	舒适型童车包装套件	HJTB200	套	外购	189.31	219.60
B0010	豪华型童车包装套件	HJTB300	套	外购	221.91	257.42

注:此处的增值税税率为 16%。

采购双方需要签订纸质《购销合同》,制造业根据《购销合同》在系统中制作采购订单,由工贸企业进行确认,确认后工贸企业可以发货,制造业接货入库,双方再根据《购销合同》中的结算约定进行收付款。

3.1.9 仓储规则

在期初交接时,制造业拥有一座普通仓库,普通仓库用于存放产成品、半成品和原材料。

1)成品信息

成品信息见表 3.11。

表 3.11 成品信息表

存货编码	存货名称	单位	规格	市场平均含税单价(元)
P0001	经济型童车	辆	无	1 011.00
P0002	舒适型童车	辆	无	1 499.00
P0003	豪华型童车	辆	无	1 886.00

注:市场平均含税单价(元)根据历史数据估算得出,仅供参考。

2) 仓库信息

仓库信息见表3.12。

表3.12 仓库信息表

仓库名称	仓库编码	可存放物资
普通仓库		钢管、坐垫、车篷、车轮、经济型童车包装套件、镀锌管、记忆太空棉坐垫、数控芯片、舒适型童车包装套件、豪华型童车包装套件
		经济型童车车架、舒适型童车车架、豪华型童车车架
		经济型童车、舒适型童车、豪华型童车

3) 仓库容量信息

仓库容量信息见表3.13。

表3.13 仓库容量信息表

仓库类型	使用年限（年）	仓库面积（平方米）	仓库容积（立方米）	仓库总存储单位	售价（万元）
普通仓库	20	500	3 000	300 000	540

4) 普通仓库可存放物资种类与数量信息

仓库存货占用存储信息见表3.14。

表3.14 仓库存货占用存储信息表

存货编码	存货名称	存货占用存储单位
P0001	经济型童车	10
P0002	舒适型童车	10
P0003	豪华型童车	10
M0001	经济型童车车架	10
M0002	舒适型童车车架	10
M0003	豪华型童车车架	10
B0001	钢管	2
B0002	镀锌管	2
B0003	坐垫	4
B0004	记忆太空棉坐垫	4
B0005	车篷	2
B0006	车轮	1

续表

存货编码	存货名称	存货占用存储单位
B0007	经济型童车包装套件	2
B0008	数控芯片	1
B0009	舒适型童车包装套件	2
B0010	豪华型童车包装套件	2

存货办理入库后立即占用仓库容量,办理出库后立即恢复仓库容量。制造业在办理领料时不会恢复仓库容量,在派工之后才会恢复仓库容量。

3.1.10 原材料及成品

仓储部负责原材料及成品的原材料采购入库、生产领料出库、生产完工入库、成品销售出库和保管工作。

在制造业工作中原材料只用于采购、生产领料,不能进行销售;半成品只用于完工入库和生产领料工作中,不能进行销售;成品只用于完工入库和销售工作中,不能进行采购。

1)原材料信息

原材料信息见表3.15。

表 3.15 原材料信息表

物料名称	物料编码	单位	规格	(相对制造企业)来源
钢管	B0001	根	ϕ外16毫米/ϕ内11毫米/$L$5 000毫米	外购
镀锌管	B0002	根	ϕ外16毫米/ϕ内11毫米/$L$5 000毫米	外购
坐垫	B0003	个	HJM500	外购
记忆太空棉坐垫	B0004	个	HJM600	外购
车篷	B0005	个	HJ72毫米×32毫米×40毫米	外购
车轮	B0006	个	HJϕ外125毫米/ϕ内60毫米	外购
数控芯片	B0008	片	MCX3154A	外购
经济型童车包装套件	B0007	套	HJTB100	外购
舒适型童车包装套件	B0009	套	HJTB200	外购
豪华型童车包装套件	B0010	套	HJTB300	外购

2)半成品信息

半成品信息见表3.16。

表3.16 半成品信息表

物料名称	物料编码	单位	规格	（相对制造企业）来源
经济型童车车架	M0001	个	无	自制
舒适型童车车架	M0002	个	无	自制
豪华型童车车架	M0003	个	无	自制

3）成品信息

成品信息见表3.17。

表3.17 成品信息表

物料名称	物料编码	单位	规格	（相对制造企业）来源
经济型童车	P0001	辆	无	自制
舒适型童车	P0002	辆	无	自制
豪华型童车	P0003	辆	无	自制

4）物料清单（BOM）

（1）经济型童车

经济型童车产品结构如图3.1所示。

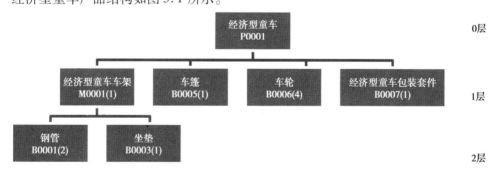

图3.1 经济型童车产品结构图

经济型童车产品物料清单（BOM）见表3.18。

表3.18 经济型童车产品物料清单

结构层次	父项物料	物料编码	物料名称	规格型号	单位	用量	（相对制造企业）备注
0		P0001	经济型童车		辆	1	自产成品
1	P0001	M0001	经济型童车车架		个	1	自产半成品

续表

结构层次	父项物料	物料编码	物料名称	规格型号	单位	用量	（相对制造企业）备注
1	P0001	B0005	车篷	HJ72 厘米×32 厘米×40 厘米	个	1	外购原材料
1	P0001	B0006	车轮	HJφ 外 125 毫米/φ 内 60 毫米	个	4	外购原材料
1	P0001	B0007	经济型童车包装套件	HJTB100	套	1	外购原材料
2	M0001	B0001	钢管	φ 外 16 毫米/φ 内 11 毫米/L5 000 毫米	根	2	外购原材料
2	M0001	B0003	坐垫	HJM500	个	1	外购原材料

（2）舒适型童车

舒适型童车产品结构如图 3.2 所示。

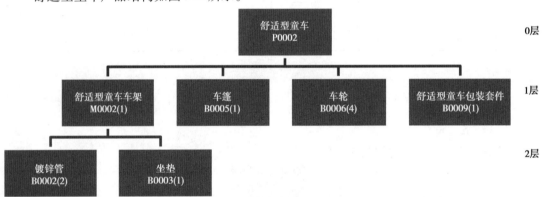

图 3.2　舒适型童车产品结构图

舒适型童车物料清单（BOM）见表 3.19。

表 3.19　舒适型童车产品物料清单

结构层次	父项物料	物料编码	物料名称	规格型号	单位	用量	（相对制造企业）备注
0		P0002	舒适型童车		辆	1	自产成品
1	P0002	M0002	舒适型童车车架		个	1	自产半成品
1	P0002	B0005	车篷	HJ72 厘米×32 厘米×40 厘米	个	1	外购原材料
1	P0002	B0006	车轮	HJφ 外 125 毫米/φ 内 60 毫米	个	4	外购原材料
1	P0002	B0009	舒适型童车包装套件	HJTB200	套	1	外购原材料

续表

结构层次	父项物料	物料编码	物料名称	规格型号	单位	用量	（相对制造企业）备注
2	M0002	B0002	镀锌管	φ外16毫米/φ内11毫米/L5 000毫米	根	2	外购原材料
2	M0002	B0003	坐垫	HJM500	个	1	外购原材料

（3）豪华型童车

豪华型童车产品结构如图3.3所示。

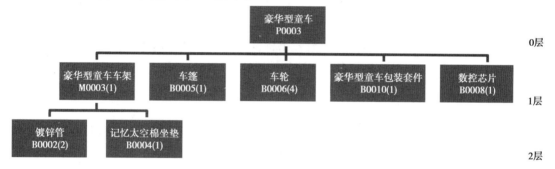

图3.3　豪华型童车产品结构图

豪华型童车物料清单（BOM）见表3.20。

表3.20　豪华型童车产品物料清单

结构层次	父项物料	物料编码	物料名称	规格型号	单位	用量	备注
0		P0003	豪华型童车		辆	1	自产成品
1	P0003	M0003	豪华型童车车架		个	1	自产半成品
1	P0003	B0005	车篷	HJ72厘米×32厘米×40厘米	个	1	外购原材料
1	P0003	B0006	车轮	HJφ外125毫米/φ内60毫米	个	4	外购原材料
1	P0003	B0008	数控芯片	MCX3154A	片	1	外购原材料
1	P0003	B0010	豪华型童车包装套件	HJTB300	套	1	外购原材料
2	M0003	B0002	镀锌管	φ外16毫米/φ内11毫米/L5 000毫米	根	2	外购原材料
2	M0003	B0004	记忆太空棉坐垫	HJM600	个	1	外购原材料

3.1.11　财务规则

在会计分期假设下，企业的会计期间分为年度和中期，此案例的会计期间是月度（2020

年1月),虚拟财务工作日为5日与25日。

结算方式采用现金、转账支票和电汇三种方式。原则上,日常经济活动,低于2 000元的可以使用现金,超过2 000元的一般使用转账支票结算(差旅费或支付给个人业务除外),转账支票用于同一票据交换区内的结算。异地付款一般采用电汇方式。

1)存货计价

①存货核算按照实际成本核算,原材料计价采用实际成本计价,材料采购按照实际采购价入账,材料发出按照全月一次加权平均计算材料成本。

②全月一次加权平均相关计算公式:

材料平均单价=(期初库存数量×库存单价+本月实际采购入库金额)÷
(期初库存数量+本月实际入库数量)
材料发出成本=本月发出材料数量×材料平均单价

记账凭证账务处理程序:根据各种记账凭证逐笔登记总分类账。

2)固定资产取得方式及折旧

固定资产均通过购买的方式取得。固定资产购买当月不计提折旧,从次月开始计提折旧,出售当期须计提折旧,下月不计提折旧。固定资产折旧按照直线法计提。折旧相关信息见表3.21。

表3.21 固定资产折旧信息表

固定资产名称	使用年限(月)	开始使用日期	原值(元)	残值(元)	月折旧额(元)
办公楼	240	2017年9月15日	12 000 000.00	600 000.00	47 500.00
普通仓库	240	2017年9月15日	5 400 000.00	270 000.00	21 375.00
大厂房	240	2017年9月15日	7 200 000.00	360 000.00	28 500.00
普通机床(机加工生产线)	120	2017年9月15日	210 000.00	—	1 750.00
组装生产线	120	2017年9月15日	510 000.00	—	4 250.00
笔记本电脑	48	2017年9月15日	6 000.00	—	125.00

3)制造费用的归集及分配

①各生产车间发生的各项直接费用和共同发生的间接费用分配计入制造费用。(车间发生直接费用分别计入制造费用——×车间,间接费用按分配标准分配后再计入各车间制造费用中。)

②生产计划部发生的各项费用计入制造费用,例如管理人员的工资、固定资产的折旧、办公费等。

4)成本核算规则

①产品成本包括直接材料、直接人工和制造费用。

②完工产品和在产品之间费用的分配方法：在产品所耗原材料计算法。

③月末在产品只计算其所耗用的原材料费用，不计算制造费用和人工费用，即产品的加工费用全部由完工产品成本负担。

5）成本归集规则

①直接材料成本归集按照材料出库单的发出数量×平均单价。

②人工成本为当月计算的生产车间的生产工人工资。

6）半成品核算规则

车架为半成品，车架核算的范围为车架原材料、生产车架发生的人工费、制造费，以及分摊的相关生产制造费用。

7）产品之间费用分配

如果同一车间生产不同产品，以各产品完工数量为分配标准，分配该车间制造费用。

8）坏账损失

①制造业采用备抵法核算坏账损失。

②坏账准备每年按照年末应收账款账户余额的3%提取。

③已经确认为坏账损失的应收账款，并不表明公司放弃收款的权利。如果未来某一时期收回已做坏账的应收账款，应该及时恢复债权，并按照正常收回欠款进行会计核算。

9）利润分配

公司实现当期利润，应当按照法定程序进行利润分配。根据公司章程规定，按照当期净利润的10%提取法定盈余公积金，根据董事会决议，自行提取任意盈余公积金。

10）票据使用规则

①企业使用的支票必须到银行购买使用，任何企业和个人不得自制支票。

②从银行取得的支票，发生的费用计入财务费用中。

③企业制定完善的票据使用登记制度，记入支票登记簿，以备检查。

④企业为一般纳税人开具增值税专用发票。

⑤取得的增值税专用发票，增值税进项税额需要进行申报、抵扣联认证、缴纳。

⑥购销双方的结算必须以增值税发票为依据，不取得发票的不能进行结算。

⑦税务局有定期的发票使用情况检查，税务局有权对发票使用不合法企业进行行政罚款。

11）企业抵押贷款规则

制造业、经销商、工贸企业、国贸企业、连锁企业可向工商银行申请抵押贷款。贷款金额0～1 000万元，贷款期限1～12个月，企业可根据自身情况申请贷款金额与期限。企业抵押贷款利率见表3.22。

表3.22 企业抵押贷款利率表

利率	期限						
年利率(%)	6	7	8	9	10	11	12
月利率(%)	0.50	0.58	0.67	0.75	0.83	0.92	1.00

申请企业抵押贷款所需基本资料:营业执照、法人代表身份证、银行开户许可证、最近一期财务报表(均需加盖财务印鉴),抵押保证:房屋产权,还款方式:一次还本付息。

3.1.12 人力规则

制造业人员信息见表3.23。

表3.23 制造业人员信息表

部门	岗位名称	岗位级别	在编人数	直接上级
企业管理部	总经理(兼企管部经理)	总经理	1	董事会
	行政助理	职能管理人员	1	总经理
营销部	营销部经理	部门经理	1	总经理
	市场专员	职能管理人员	1	部门经理
	销售专员	职能管理人员	1	部门经理
生产计划部	生产计划部经理	部门经理	1	总经理
	车间管理员	职能管理人员	1	部门经理
	生产计划员	职能管理人员	1	部门经理
	初级生产工人	工人	25	车间管理员
	中级生产工人	工人	15	车间管理员
仓储部	仓储部经理	部门经理	1	总经理
	仓管员	职能管理人员	1	部门经理
采购部	采购部经理	部门经理	1	总经理
	采购员	职能管理人员	1	部门经理
人力资源部	人力资源部经理	部门经理	1	总经理
	人力资源助理	职能管理人员	1	部门经理
财务部	财务部经理	部门经理	1	总经理
	出纳	职能管理人员	1	部门经理
	财务会计	职能管理人员	1	部门经理
	成本会计	职能管理人员	1	部门经理

1）薪酬信息

制造业人员薪酬信息见表3.24。

表3.24 制造业人员薪酬信息表

人员类别	月基本工资
总经理	12 000 元/月
部门经理	7 500 元/月
职能管理人员	5 500 元/月
营销部员工	4 500 元/月
初级、中级、高级生产工人	3 600 元/月、4 000 元/月、4 600 元/月

2）薪酬项目

薪酬项目包括基本工资、养老保险、医疗保险、生育保险、失业保险、工伤保险、住房公积金、缺勤扣款、代扣个人所得税、辞退补偿。

3）五险一金缴纳比例

五险一金缴纳比例见表3.25。

表3.25 五险一金缴纳比例表

险种	缴纳比例		合计
	单位承担	个人承担	
养老保险	20%	8%	28%
医疗保险	10%	2% +3	12% +3
失业保险	1%	0.20%	1.20%
工伤保险	0.30%	0.00%	0.30%
生育保险	0.80%	0.00%	0.80%
住房公积金	10%	10%	20.00%

注：单位养老保险缴费20%，其中17%划入统筹基金，3%划入个人账户。实训中以员工转正后的基本工资金额数为社会保险和住房公积金的缴费基数。

4）个人所得税

个人所得税缴纳比例见表3.26。

表 3.26　个人所得税缴纳比例表

级数	全年应纳税所得额	税率(%)
1	不超过 36 000 元的	3
2	超过 36 000 元至 144 000 元的部分	10
3	超过 144 000 元至 300 000 元的部分	20
4	超过 300 000 元至 420 000 元的部分	25
5	超过 420 000 元至 660 000 元的部分	30
6	超过 660 000 元至 960 000 元的部分	35
7	超过 960 000 元的部分	45

注:本表所称全年应纳税所得额是指以每一纳税年度收入额减除费用 60 000 元及专项扣除、专项附加扣除和依法确定的其他扣除后的余额。

①企业所得税按应纳税所得额的 25% 缴纳。

②城市建设维护税(城建税)按增值税税额的 7% 缴纳。

③教育费附加按增值税税额的 3% 缴纳。

5)辞退福利

①企业辞退员工需支付辞退福利,辞退福利为三个月基本工资。

②辞退当月的薪酬为:

辞退当月薪酬=实际工作日数×(月基本工资÷当月全勤工作日数)+辞退福利

6)招聘费用

服务公司人员派遣费用:初级工人 1 000 元/人,中级工人 1 200 元/人,高级工人 1 400元/人。

在 VBSE 实习中实行月度考勤,但因每月只设计两个虚拟工作日,在进行考勤统计时依照下列规则计算:

员工出勤天数=当月虚拟工作日出勤天数÷当月虚拟工作日总天数×21.75

员工缺勤天数=21.75-员工出勤天数

考勤周期:实行月度考勤,考勤周期为本月 26 日至次月 25 日。

3.1.13　物流规则

①物流运输只针对工贸企业与制造业间的购销业务、制造业与经销商间的购销业务,其他类型组织的物流运输不走物流公司。

②物流费用在固定经营阶段由购货方支付,在自主经营阶段可根据双方协商结果决定。

③物流费为货值货款金额的 5%(含税),原则上物流需要一个虚拟日。在自主经营阶段,物流公司的物流费用可根据不同企业对物流时效、战略合作等做一定调整。

运费分配率=运费÷材料总数量

3.2 商贸企业规则

3.2.1 销售规则

1）商贸企业市场开拓规则

商贸企业（也称经销商）将童车卖到虚拟市场中，虚拟市场分为东部、南部、西部、北部、中部，其中东部、南部、西部、北部四个地区由商贸企业经营，中部地区只能由制造业企业经营。虚拟市场的订单需要先到服务公司开拓市场，再投广告费。市场开拓费用分别为：北部351 000元、东部368 000元、南部351 000元、西部334 000元。

2）商贸企业广告费投放规则

广告费的投放在固定经营阶段按照系统给定的数据投放，到自主经营阶段，广告费的投放金额是10万元起投，以万元为单位递增，这样服务公司才能根据投放金额派发订单（一个区域内的虚拟订单派发依据是已投放金额占本区域总投放金额的比例，由高至低依次进行选单，每次选择一笔虚拟订单，直至虚拟订单选完）。市场开拓一次一年有效，广告投放一次有效期限为一个虚拟日，转下一个虚拟日期需要重新投放广告费。

虚拟市场的订单在库存充足的情况下，可提前发货、收款。

注：在与虚拟客户的销售过程中，遵循先发货后收款的原则，在系统中未销售出库的订单不支持收款。

3.2.2 采购规则

商贸企业的商品采购途径，在固定数据阶段只从制造企业采购，在自主经营阶段可以从制造企业、其他商贸企业采购。成品采购相关信息见表3.27。

表3.27 成品采购相关信息表

商品编码	商品名称	规格	计量单位	商品属性	市场平均含税单价（元）
P0001	经济型童车	无	辆	外购	1 011.00
P0002	舒适型童车	无	辆	外购	1 499.00
P0003	豪华型童车	无	辆	外购	1 886.00

注：价格只为参考价格，在自主经营阶段，价格需要供需双方进行谈判确认。

①市场平均含税单价（元）根据历史数据估算得出，仅供参考。

②经济型童车在固定阶段采购价格为1 010.32元（含税），在自主经营阶段采购价格由双方协商制定。

③商品从供应商送达企业时会发生相应的运输费用，运输费用为采购订单金额的5%（含税），运费结算以物流公司的运单金额为准。

3.2.3 仓储规则

商贸企业现有一座仓库,用于存放各种采购来的商品。

注:普通仓库不做储位管理。仓库信息见表3.28。

表3.28 仓库信息表

仓库名称	仓库编码	可存放物资
普通仓库	A库	经济型童车、舒适型童车、豪华型童车

仓储经理担当仓管职能,负责采购入库、生产出库和保管、成品的完工入库和销售出库。公司的存货清单见表3.29。

表3.29 存货清单

物料编码	物料名称	单位	来源
P0001	经济型童车	辆	外购
P0002	舒适型童车	辆	外购
P0003	豪华型童车	辆	外购

3.2.4 人力资源规则

人力资源是企业生产经营活动的基本要素。公司的员工配置、工资标准及核算、员工招聘与培训,要在遵循本规则的前提下,做出科学合理的规划安排,以保证公司的生产经营活动协调、有序、高效地进行。

商贸企业组织结构如图3.4所示,岗位及人员配置见表3.30。

图3.4 商贸企业组织结构图

表3.30 商贸企业岗位及人员配置

部门	岗位名称	在编人数	直接上级
企管部	总经理	1	—
企管部	行政经理	1	总经理
营销部	营销经理	1	总经理

续表

部门	岗位名称	在编人数	直接上级
采购部	采购经理	1	总经理
仓储部	仓储经理	1	总经理
财务部	财务经理	1	总经理
财务部	出纳	1	财务经理

3.2.5　企业薪酬规则

1）职工薪酬的构成

职工薪酬是指企业为获得职工提供的服务而给予各种形式的报酬及其他相关支出。在企业管理全景仿真中，职工薪酬主要由以下四个部分构成。

①职工工资、奖金（奖金按年度计算，根据企业本年度的经营状况而定）。

②医疗保险费、养老保险费、失业保险费、工伤保险费和生育保险费等社会保险费。

③住房公积金。

④因解除与职工的劳动关系而给予的补偿，即辞退福利。

2）薪酬计算

年度总薪酬=月基本工资×12+年度绩效奖金+企业应缴福利

职工每月实际领取的工资=月基本工资-缺勤扣款-个人应缴五险一金-个人所得税

缺勤扣款=缺勤天数×（月基本工资÷当月全勤工作日数）

（1）基本工资标准

基本工资标准见表3.31。

表3.31　基本工资标准表

人员类别	月基本工资（元）
总经理	12 000.00
部门经理	7 500.00
职能主管	5 500.00

（2）年度奖金与绩效标准

年度奖金与绩效标准见表3.32。

表 3.32　年度奖金与绩效标准表

人员分类	年度绩效奖金（元）
总经理	12 000×4
部门经理	7 500×4
职能主管	5 500×4

季度奖金实际发放金额与个人业绩考核评定结果挂钩，业绩考核采取百分制，业绩评定 85 分及以上者发放全额季度绩效奖金，低于 85 分的发放季度绩效奖金的 80% 。（注：总经理绩效得分为企业员工得分的平均数。）

（3）五险一金

五险一金缴费基数及比例各地区操作细则不一，本实训中社会保险、住房公积金规则参照北京市有关政策规定设计，略做调整。

社保中心行使社会保障中心和住房公积金管理中心职能。五险一金缴费基数于每年 3 月核定，核定后的职工月工资额即为缴纳基数，见表 3.33。

表 3.33　五险一金缴费比例表

险种	缴纳比例		合计
	单位承担	个人承担	
养老保险	20%	8%	28%
医疗保险	10%	2% +3	12% +3
失业保险	1%	0.20%	1.20%
工伤保险	0.30%	0.00%	0.30%
生育保险	0.80%	0.00%	0.80%
住房公积金	10%	10%	20.00%

注：单位养老保险缴费 20%，其中 17% 划入统筹基金，3% 划入个人账户。实训中以员工转正后的基本工资金额数为社会保险和住房公积金的缴费基数。

（4）个人所得税

个人所得税计算采用 2019 年 1 月 1 日起开始执行的综合所得税税率表，见表 3.34。

个人所得税计算方式为：

$$本月实缴个税＝累计应缴个税－累计已缴个税$$

$$累计应缴个税＝累计应税所得额×预扣率－速算扣除数$$

累计已缴个税应当从上月工资表中取数，当员工当月新入职，则取当月数据。

表 3.34　综合所得税税率表

级数	全年应纳税所得额（含税级距）	税率（%）	速算扣除数（元）
1	不超过 36 000 元	3	0

级数	全年应纳税所得额（含税级距）	税率（%）	速算扣除数（元）
2	超过 36 000 元至 144 000 元的部分	10	2 520
3	超过 144 000 元至 300 000 元的部分	20	16 920
4	超过 300 000 元至 420 000 元的部分	25	31 920
5	超过 420 000 元至 660 000 元的部分	30	52 920
6	超过 660 000 元至 960 000 元的部分	35	85 920
7	超过 960 000 元的部分	45	181 920

（5）辞退福利

企业辞退员工需支付辞退福利,辞退福利为三个月基本工资,辞退当年无绩效奖金。辞退当月的薪酬为:

辞退当月薪酬＝实际工作日数×（月基本工资÷当月全勤工作日数）+辞退福利

3.2.6 考勤规则

实训开始后,学生必须登录 VBSE 系统点击"考勤"按钮进行考勤签到。

在 VBSE 实训中对实际业务进行了抽象,一个实际工作日完成一个月的工作内容,每月工作任务集中在两个虚拟工作日。

计算出勤天数时,实训学生因病、事休假一个实际工作日的,按 3 个工作日计算,休假类型按照实际情况确定。

如学生 A 因病没有参加当天的课程,则他的实际出勤天数＝当月应出勤天数−3 天,休假类型为病假。其中,应出勤天数为当月实际工作日天数。

迟到、早退按照实际情况计算,每次罚款 30 元,并由考勤专员登记扣分,考勤扣款从当月工资中扣除。

3.2.7 财务规则

在会计分期假设下,企业的会计期间分为年度和中期,此案例的会计期间是月度（2020年 1 月）。虚拟财务工作日为 5 日与 25 日。

财务规则主要包括会计核算制度、会计管理制度、账簿设置与会计核算程序等方面,各公司必须按照本规则的各项规定组织会计核算,进行会计管理。记账凭证账务处理应根据各种记账凭证逐笔登记总分类账。固定资产折旧信息见表 3.35。

表 3.35 固定资产折旧信息表

分类编码	分类名称	折旧年限（月）	折旧方法	残值率（%）
01	房屋及土地	240	直线法（一）	5

续表

分类编码	分类名称	折旧年限(月)	折旧方法	残值率(%)
02	生产设备	120	直线法(一)	0
03	办公设备	60	直线法(一)	0

注:会计科目参考期初数据中的科目余额表,可以根据实际业务的发生进行增加。

制造业、经销商、工贸企业、国贸企业、连锁企业可向工商银行申请抵押贷款。

贷款金额0~1 000万元,贷款期限1~12个月,企业可根据自身情况申请贷款金额与期限。企业抵押贷款利率见表3.36。

表3.36 企业抵押贷款利率表

利率	期限						
年利率(%)	6	7	8	9	10	11	12
月利率(%)	0.50	0.58	0.67	0.75	0.83	0.92	1.00

申请企业抵押贷款所需基本资料:营业执照、法人代表身份证、银行开户许可证、最近一期财务报表(均需加盖财务印鉴),抵押保证:房屋产权,还款方式:一次还本付息。

3.2.8 税务规则

商贸公司从事生产经营活动,涉及国家或地方多项税费,包括企业所得税、增值税、城建税、教育费附加和个人所得税。

1)税费类型

按照国家税法规定的税率和起征金额进行税额的计算,企业所得税按照利润总额的25%缴纳,增值税税率为13%,城建税为增值税税额的7%,教育费附加为增值税税额的3%。

2)日常纳税申报及缴纳税款

在税收征收期内,按照公司的经营情况,填制各税申报表,携带相关会计报表,到税务部门办理纳税申报业务,得到税务部门开出的税收缴款书,并到银行缴纳税款。根据税务部门的规定,每月初进行上月的纳税申报及缴纳。如遇特殊情况,可以向税务部门申请延期纳税申报。

3.2.9 会计核算规则

商贸公司可以采用现金、转账支票和电子银行结算三种方式。原则上,日常经济活动,低于2 000元的可以使用现金,超过2 000元的一般使用转账支票和电子银行结算,结算货款、代扣代缴各种税费通过电子银行结算，其他业务可以使用转账支票结算。

银行支票主要使用转账支票，转账支票用于同一票据交换区内的结算（主要用于商贸企业购买服务类的商品和一些费用的支出等）。异地付款一般采用电子银行转账的结算方式（主要用于货款的结算、代扣代缴的结算等）。

3.3 工贸企业规则

3.3.1 销售规则

工贸公司将商品销售给制造企业，双方进行合同洽谈，并签订纸质合同，制造企业在VBSE 系统中提交订单后，工贸企业进行确认作为后续交易依据。如出现延期交货，按双方合同中的约定进行处理，如出现争议，提交市监局进行调解或处罚。

3.3.2 采购规则

工贸企业可从系统中虚拟供应商选择采购的商品品种及数量。工贸企业采购的商品见表 3.37。

表 3.37 商品采购信息表

商品编码	商品名称	规格	计量单位	商品属性	平均单价（元）
B0001	钢管	φ外 16 毫米/φ内 11 毫米/L5 000 毫米	根	外购	86.28
B0002	镀锌管	φ外 16 毫米/φ内 11 毫米/L5 000 毫米	根	外购	
B0003	坐垫	HJM500	个	外购	65.16
B0004	记忆太空棉坐垫	HJM0031	个	外购	
B0005	车篷	HJ72 厘米×32 厘米×40 厘米	个	外购	117.62
B0006	车轮	HJφ外 125 毫米/φ内 60 毫米	个	外购	21.94
B0007	经济型童车包装套件	HJTB100	套	外购	73.48
B0008	数控芯片	MCX3154A	片	外购	
B0009	舒适型童车包装套件	HJTB200	套	外购	
B0010	豪华型童车包装套件	HJTB300	套	外购	

注：钢管、坐垫、车篷、车轮、经济型童车包装套件的采购价格在固定数据阶段按照表3.37 中的采购价格采购（采购价格含税），在自主经营阶段采购价格由双方协商制定。

商品从供应商送达企业时会发生相应的运输费用，运输费用为采购订单金额的 5%，运费结算以物流公司的运单金额为准。

注:在向虚拟供应商采购过程中,下达采购订单后,先进行付款,付款后才能进行采购入库操作,没有付款,系统的入库无法完成。工贸企业在付款后,依据采购订单到税务局代开虚拟供应商的销售发票(增值税专用发票),税率为13%。

3.3.3 仓储规则

1)仓库

公司现有一座仓库,用于存放各种采购来的商品。仓库信息见表3.38。

表 3.38　仓库信息表

仓库名称	仓库编码	可存放物资
商品库	A 库	钢管、坐垫、车篷、车轮、镀锌管、记忆太空棉坐垫、数控芯片、经济型童车包装套件、舒适型童车包装套件、豪华型童车包装套件

2)物料及成品

行政主管担当仓管职能,负责采购入库、生产出库和保管、成品的完工入库和销售出库。公司的物料和成品清单见表3.39。

表 3.39　物料和成品清单表

物料编码	物料名称	规格	单位	来源
B0001	钢管	ϕ外 16 毫米/ϕ内 11 毫米/$L$5 000 毫米	根	外购
B0002	镀锌管	ϕ外 16 毫米/ϕ内 11 毫米/$L$5 000 毫米	根	外购
B0003	坐垫	HJM500	个	外购
B0004	记忆太空棉坐垫	HJM0031	个	外购
B0005	车篷	HJ72 厘米×32 厘米×40 厘米	个	外购
B0006	车轮	HJϕ外 125 毫米/ϕ内 60 毫米	个	外购
B0007	经济型童车包装套件	HJTB100	套	外购
B0008	数控芯片	MCX3154A	片	外购
B0009	舒适型童车包装套件	HJTB200	套	外购
B0010	豪华型童车包装套件	HJTB300	套	外购

注:普通仓库不做储位管理。

3.3.4 人力资源规则

人力资源是企业生产经营活动的基本要素。公司的员工配置、工资标准及核算、员工招聘与培训,要在遵循本规则的前提下,做出科学合理的规划安排,以保证公司的生产经营活动协调、有序、高效进行。

工贸企业组织结构如图3.5所示,工贸企业岗位及人员配置见表3.40。

图3.5 工贸企业组织结构图

表3.40 工贸企业岗位及人员配置表

部门	岗位名称	在编人数	直接上级
企管部	总经理	1	—
企管部	行政经理	1	总经理
业务部	业务经理	1	总经理
财务部	财务经理	1	总经理

3.3.5 企业薪酬规则

1)职工薪酬的构成

职工薪酬是指企业为获得职工提供的服务而给予各种形式的报酬及其他相关支出。在企业管理全景仿真中,职工薪酬主要由以下四个部分构成。

①职工工资、奖金(奖金按年度计算,根据企业本年度的经营状况而定)。

②医疗保险费、养老保险费、失业保险费、工伤保险费和生育保险费等社会保险费。

③住房公积金。

④因解除与职工的劳动关系而给予的补偿,即辞退福利。

2)职工薪酬的计算及发放

年度总薪酬=月基本工资×12+年度绩效奖金+企业应缴福利

职工每月实际领取的工资=月基本工资-缺勤扣款-个人应缴五险一金-个人所得税

缺勤扣款=缺勤天数×(月基本工资÷当月全勤工作日数)

(1)基本工资标准

基本工资标准见表3.41。

表3.41 基本工资标准表

人员类别	月基本工资(元/月)
总经理	12 000

续表

人员类别	月基本工资(元/月)
部门经理	7 500

（2）年度奖金与绩效标准

年度奖金与绩效标准见表 3.42。

表 3.42　年度奖金与绩效标准表

人员分类	年度绩效奖金(元)
总经理	12 000×4
部门经理	7 500×4
职能主管	5 500×4

季度奖金实际发放金额与个人业绩考核评定结果挂钩,业绩考核采取百分制,业绩评定 85 分及以上者发放全额季度绩效奖金,低于 85 分的发放季度绩效奖金的 80%。（注:总经理绩效得分为企业员工得分的平均数。）

（3）五险一金

五险一金缴费基数及比例各地区操作细则不一,本实训中社会保险、住房公积金规则参照北京市有关政策规定设计,略做调整。社保中心行使社会保障中心和住房公积金管理中心职能。五险一金缴费基数于每年 3 月核定,核定后的职工月工资额即为缴纳基数。五险一金缴费比例见表 3.43。

表 3.43　五险一金缴费比例表

险种	缴纳比例		合计
	单位承担	个人承担	
养老保险	20%	8%	28%
医疗保险	10%	2% +3	12% +3
失业保险	1%	0.2%	1.20%
工伤保险	0.30%	0.00%	0.30%
生育保险	0.80%	0.00%	0.80%
住房公积金	10%	10%	20.00%

注:单位养老保险缴费 20%,其中 17% 划入统筹基金,3% 划入个人账户。实训中以员工转正后的基本工资金额数为社会保险和住房公积金的缴费基数。

（4）个人所得税

个人所得税计算采用 2019 年 1 月 1 日起开始执行的综合所得税税率表,见表 3.44。

本月实缴个税＝累计应缴个税−累计已缴个税

累计应缴个税＝累计应税所得额×预扣率−速算扣除数

累计已缴个税应当从上月工资表中取数；当员工当月新入职,则取当月数据。

表3.44 综合所得税税率表

级数	全年应纳税所得额（含税级距）	税率（%）	速算扣除数（元）
1	不超过 36 000 元	3	0
2	超过 36 000 元至 144 000 元的部分	10	2 520
3	超过 144 000 元至 300 000 元的部分	20	16 920
4	超过 300 000 元至 420 000 元的部分	25	31 920
5	超过 420 000 元至 660 000 元的部分	30	52 920
6	超过 660 000 元至 960 000 元的部分	35	85 920
7	超过 960 000 元的部分	45	181 920

（5）辞退福利

企业辞退员工需支付辞退福利,辞退福利为三个月基本工资,辞退当年无绩效奖金。辞退当月的薪酬为:

辞退当月薪酬＝实际工作日数×（月基本工资÷当月全勤工作日数）+辞退福利

3.3.6　考勤规则

每天的实训开始后,学生必须登录 VBSE 系统点击"考勤"按钮进行考勤签到。

VBSE 实训中对实际业务进行了抽象,一个实际工作日完成一个月的工作内容,每月工作任务集中在两个虚拟工作日。

计算出勤天数时,实训学生因病、事休假一个实际工作日的,按3个工作日计算,休假类型按照实际情况确定。

如学生 A 因病没有参加当天的课程,则他的实际出勤天数＝当月应出勤天数−3 天,休假类型为病假。其中应出勤天数为当月实际工作日天数。

迟到、早退按照实际情况计算,每次罚款30 元。考勤扣款从当月工资中扣除。

3.3.7　财务规则

在会计分期假设下,企业的会计期间分为年度和中期,此案例的会计期间是月度（2019 年1月）,虚拟财务工作日为 5 日与25 日。

财务规则主要包括会计核算制度、会计管理制度、账簿设置与会计核算程序等方面,各公司必须按照本规则的各项规定组织会计核算,进行会计管理。记账凭证账务处理程序根据各种记账凭证逐笔登记总分类账。

固定资产折旧信息见表3.45。

表 3.45　固定资产折旧信息表

分类编码	分类名称	折旧年限（月）	折旧方法	残值率（%）
01	房屋及土地	240	直线法（一）	5
02	生产设备	120	直线法（一）	0
03	办公设备	60	直线法（一）	0

注：会计科目参考期初数据中的科目余额表，可以根据实际业务的发生进行增加。

制造业、经销商、工贸企业、国贸企业、连锁企业可向工商银行申请抵押贷款。

贷款金额 0~1 000 万元，贷款期限 1~12 个月，企业可根据自身情况申请贷款金额与期限。企业抵押贷款利率见表 3.46。

表 3.46　企业抵押贷款利率表

利率	期限						
年利率（%）	6	7	8	9	10	11	12
月利率（%）	0.50	0.58	0.67	0.75	0.83	0.92	1.00

申请企业抵押贷款所需基本资料：营业执照、法人代表身份证、银行开户许可证、最近一期财务报表（均需加盖财务印鉴），抵押保证：房屋产权，还款方式：一次还本付息。

3.3.8　税务规则

商贸公司从事生产经营活动，涉及国家或地方多项税费，包括企业所得税、增值税、城建税、教育费附加、个人所得税。

1)税费类型

按照国家税法规定的税率和起征金额进行税额的计算，企业所得税按照利润总额的25%缴纳，增值税税率为 13%，城建税为增值税税额的 7%，教育费附加为增值税税额的 3%。

2)日常纳税申报及缴纳税款

在税收征收期内，按照生产制造公司的经营情况，填制各税申报表，携带相关会计报表，到税务部门办理纳税申报业务，得到税务部门开出的税收缴款书，并到银行缴纳税款。根据税务部门的规定，每月初进行上月的纳税申报及缴纳。如遇特殊情况，可以向税务部门申请延期纳税申报。

3.3.9　会计核算规则

工贸公司可以采用现金、转账支票和电子银行三种结算方式。原则上，日常经济活动，低于2 000元的可以使用现金,超过2 000元的一般使用转账支票和电子银行结算,结算货款、代扣代缴各种税费通过电子银行结算,其他业务可以使用转账支票结算。

银行支票主要使用转账支票,转账支票用于同一票据交换区内的结算(主要用于商贸企业购买服务类的商品和一些费用的支出等)。异地付款一般采用电子银行转账的结算方式(主要用于货款的结算、代扣代缴的结算等)。

3.4 外围企业规则

3.4.1 物流企业规则

1)企业组织结构

实习模型的物流企业组织结构如图3.6所示,分为1个管理层次,2个部门。总经理可以对企管部、业务部下达命令或指挥。各职能部门经理对本部门下属有指挥权,对其他部门有业务指导但没有指挥权。

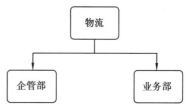

图3.6 物流企业组织结构图

2)人力资源规则

人力资源是企业生产经营活动的基本要素。公司的员工配置、工资标准及核算、员工招聘与培训,要在遵循本规则的前提下,做出科学合理的规划安排,以保证公司的生产经营活动协调、有序、高效进行。

3)人员配置情况

物流企业岗位及人员配置见表3.47。

表3.47 物流企业岗位及人员配置表

部门	岗位名称	在编人数	直接上级
企业管理部	物流总经理	1	无
业务部	物流业务经理	1	物流总经理

4)考勤规则

每天的实训开始后,学生必须登录VBSE系统点击"考勤"按钮进行考勤签到。

VBSE实训中对实际业务进行了抽象,一个实际工作日完成一个月的工作内容,每月工作任务集中在两个虚拟工作日。

计算出勤天数时,实训学生因病、事休假一个实际工作日的,按3个工作日计算,休假类型按照实际情况确定。

如学生 A 因病没有参加当天的课程,则他的实际出勤天数=当月应出勤天数−3 天,休假类型为病假。其中应出勤天数为当月实际工作日天数。

5)办公用品采购规则

服务公司出售 VBSE 实训所需的各项办公用品,如表单、胶棒、曲别针等。买卖双方可对结算方式进行协商,既可选择当场结清价款,也可自行约定结算时间,如月结(每月统一结账)。办公用品价款可采用现金或支票进行结算。服务公司提供的办公用品项目及价格见表 3.48。

表 3.48　服务公司商品价格表

序号	商品名称	单价
1	表单	10 元/份
2	胶棒	20 元/支
3	印泥	30 元/盒
4	长尾夹	10 元/个
5	曲别针	5 元/个
6	复写纸	10 元/页
7	A4 白纸	5 元/张

企业办公用品管理由业务员承担,业务员每月月初收集、统计办公用品采购需求,统一购买,按需发放。

行政主管根据员工使用需求发放办公用品并做好领用记录。

6)运输规则

物流企业与其他企业签订运输合同年限为 1 年。费用结算以运单为依据,详见合同,如出现争议,提交市监局进行协调。运费为货款金额的 5%。物流公司车辆信息见表 3.49。

表 3.49　物流公司车辆信息表

车型	最大载重(吨)	最大容积(立方米)	车厢尺寸	数量(辆)
短途运输车	4	13	4 米×1.8 米×1.8 米	40
短途运输车	8	40	7 米×2.4 米×2.5 米	20
40 尺柜牵引车	20	75	12.5 米×2.5 米×2.5 米	20

7)财务规则

财务规则主要包括会计核算制度、会计管理制度、预算管理方法、筹资规则、投资规则、账簿设置与会计核算程序等方面,各公司必须按照本规则的各项规定组织会计核算,进行会计管理。

8）税务规则

物流公司从事生产经营活动，涉及国家或地方多项税费，包括企业所得税、城建税、车船使用税、教育费附加、个人所得税。

按照国家税法规定的税率和起征金额进行税额的计算，企业所得税按照利润总额的25%缴纳，增值税税率为9%，城建税为增值税税额的7%，车船税按车辆缴纳，教育费附加为增值税税额的3%。

个人所得税计算采用2019年1月1日起开始执行的综合所得税税率表，见表3.50。

（1）个人所得税计算方式

$$本月实缴个税＝累计应缴个税－累计已缴个税$$

$$累计应缴个税＝累计应税所得额×预扣率－速算扣除数$$

累计已缴个税应当从上月工资表中取数；当员工当月新入职，则取当月数据。

表3.50 综合所得税税率表

级数	全年应纳税所得额（含税级距）	税率（%）	速算扣除数（元）
1	不超过36 000元	3	0
2	超过36 000元至144 000元的部分	10	2 520
3	超过144 000元至300 000元的部分	20	16 920
4	超过300 000元至420 000元的部分	25	31 920
5	超过420 000元至660 000元的部分	30	52 920
6	超过660 000元至960 000元的部分	35	85 920
7	超过960 000元的部分	45	181 920

（2）日常纳税申报及缴纳税款

在税收征收期内，按照物流公司的经营情况，填制各税申报表，携带相关会计报表，到税务部门办理纳税申报业务，得到税务部门开出的税收缴款书，并到银行缴纳税款。根据税务部门的规定，每月初进行上月的纳税申报及缴纳。如遇特殊情况，可以向税务部门申请延期纳税申报。

结算方式：本公司可以采用现金、转账支票和电汇三种结算方式。原则上，日常经济活动，低于2 000元的可以使用现金，超过2 000元的一般使用转账支票结算（差旅费或支付给个人业务除外）。

银行支票分为现金支票和转账支票。现金支票用于提取现金，转账支票用于同一票据交换区内的结算。异地付款一般采用电汇方式。

3.4.2 国际贸易企业规则

1)建交

(1)英文函电格式和标点符号

①英文信封的格式有两点与中文信封书写的习惯几乎相反:一是寄信人信息在左上角,收信人信息在中间略靠下、略靠左;二是各自的信息都按从小到大的顺序表达。

②信内的双方信息是:寄信人信息在右上角,由小到大,并在最下行写上日期;如果公文纸中间最上方已有铅印好的公司信息,则右上角处不用再重复,只需将写信日期写在右上角即可。收信人信息写在左上角,略低于右上角的寄信人信息;信息排序依然是由小到大。

③信内称呼收信人后,要使用逗号;信尾结束语后也要使用逗号。

④英语书写中使用的句号永远是一个实心的点。

(2)建交函

国贸进出口部门从网上查询并了解到一家意大利公司 Artigo S. P. A. 经营童车产品,便给该公司书写了一封建交函,介绍自己公司的业务,表达希望能与 Artigo S. P. A. 公司建立贸易伙伴关系(销售自己公司的童车产品)。收到对方回函询价后,双方便开始了交易的洽谈,之后达成合同,进而是各自义务的履行。

WuZhou Import&Export Co. , Ltd.

June 28,2020

To:Artigo S. P. A.

Dear Sirs,

We are pleased to have learnt, from the Internet, that you are a reputable dealer of baby cart. We therefore take the liberty of writing to you for a possible business relationship with you.

Located in Beijing, China, our company is a baby cart supplier, with a total capacity of 75,000 sets / year. Thanks to our products verifiable quality and our reliable service, we are foreseeing our market share in China to reach 3. 9% by the end of year 2020, up from 3. 2% in 2016.

However, our recent business expansion to international market has proved that our products have good opportunities in other countries too. We thus enclose our product catalogue for your convenient reference, and wish you to join us for a successful business in your market.

Upon your specific enquiry, we will be happy to provide you with any further information.

Sincerely yours,

Li Ming(Mr.)

Sales Dept.

(3)CIF(Cost Insurance and Freight)报价计算规则

下面来看按一个集装箱装货量报价的计算过程。

产品从工厂进货价(含13%税):1 010.32 元/辆。

出口退税:9%。

查询国际海运,至热那亚每个 20 英尺货柜的费用:2 800 美元。

保险费:按成交价格加成 10%,再投保一切险(0.9%)和战争险(0.1%)。

纸箱包装尺寸:110 厘米×70 厘米×20 厘米。

净重:15 千克。

毛重:20 千克。

国内杂费(国内运费、港杂费、银行占款、报关费、商检费)大约:2 000 元。

公司预期利润:10%。

一个 20 英尺货柜的内容积为 25 个立方米,可承载 17.5 吨货,但通常情况下都按体积来计算内装货物数量,因为按重量计算的话,一般货物要是有 17.5 吨重,那它的体积要远远大于 25 个立方米,一个货柜是装不下的。

出口报价公式:

$$CIF = (实际采购成本+国际运费+国内杂费) \div [1-(1+投保加成率)\times保险费率-$$
$$佣金率(如有)-公司预期利润率]$$

运用公式先分步计算分子(分母都是已知数):

$$实际采购成本=含税成本-[含税成本\div(1+增值税率)]\times出口退税率$$
$$=1\ 010.32-[1\ 010.32\div(1+13\%)]\times9\%$$
$$=929.85\ 元(运算过程中保留小数点后四位)$$

$$国际运费=2\ 800\ 美元\times6.20(汇率)=17\ 360\ 人民币元(一个 20 英尺货柜)$$
$$一个 20 英尺货柜内装数量=内容积 25 立方米\div(1.1\times0.7\times0.2)=162\ 辆$$

所以每辆童车的国际运费=17 360÷162=107.160 5 人民币元

$$国内杂费=2\ 000\ 人民币元/162\ 辆(一个集装箱内装数量)$$

$$每辆童车的国内杂费=12.345\ 7\ 人民币元$$

将所有已知数代入公式:

$$CIF 报价=(929.85+107.160\ 5+12.345\ 7)\div[1-(1+10\%)\times(0.9\%+0.1\%)-10\%]$$
$$=1\ 180.38\ 人民币元$$
$$=1\ 180.38\div6.2$$
$$=190.38\ 美元(对外报价前要换算为美元,保留小数点后两位)$$
$$总金额=190.38\times162\times5=154\ 207.8\ 美元$$

(4)信用证结算

国际贸易支付方式除了信用证,还有托收(D/P,D/A)和汇付(T/T,M/T,D/D),但是相对来讲信用证是最安全的支付方式。它属于银行信用,既买方通过其往来银行根据买卖双方签订的合同条款开出以卖方为受益人(Beneficiary)的银行付款担保;卖方交货后凭信用证规定的相关单据向指定银行议付货款;银行承担第一付款责任。

销售合同说明:

合同中,销售价格为含税价,增值税税率为 13%,销售商品时需要给顾客开具增值税专用发票。

本实训的通知行、议付行都是中国银行,开证行是 BANKA DI MILANO。

在催证、审证、改证业务流程中，明确开证时间和种类、催开信用证、买方申请开证、买方银行开证（开证行）、开证行把信用证交给卖方银行（通知行）等，这些业务活动因为没有出口商组织，也没有开证行组织，所以本实训假设这些活动已经发生，并正确完成。

以 CIF 术语成交的出口合同，在信用证得到落实、货物准备工作尽在掌握之中的情况下，出口方应尽可能提前租船或订舱，以确保船货衔接、按时出运。租船或订舱是货物出运的前期工作，是交货环节中至关重要的部分。大多数情况下，这部分工作连同出口报关和储运业务，一并委托专业的涉外货运代理公司（货代）去做。货代企业提供的服务相对出口企业自己来做往往更专业而高效，同时也可以节省出口企业自己做可能产生的更多成本。但是，为了让学生们体验这部分业务并更好地掌握前面外贸环节的诸多知识点，可将这部分工作设计为由国贸公司进出口经理代替货代公司完成。

船公司的业务也由国贸公司进出口经理代替完成。国贸公司的进出口经理具有报关员证和报检员证。由于没有保险公司组织和船公司组织，保险费和船运费在国贸公司扣除后转到服务公司的指定账号上。

2）采购规则

按销售预测制订采购计划，从童车制造企业采购，采购品种主要有三种，见表 3.51。

表 3.51　采购信息表

商品编码	商品名称	计量单位	市场供应平均单价（元）	安全库存（辆）
JJTC0111	经济型童车	辆	1 010	200
SSTC0112	舒适型童车	辆	1 800	200
HHTC0113	豪华型童车	辆	2 400	100

注：此处单价为含税单价，增值税税率为 13%。

（1）销售预测方法

移动平均法是用一组最近的实际数据值来预测未来一期或几期内公司商品的需求量的一种常用方法。移动平均法适用于近期预测。当商品需求既不快速增长也不快速下降，且不存在季节性因素时，移动平均法能有效地消除预测中的随机波动，是非常有用的。移动平均法根据预测时使用的各元素的权重不同，可以分为简单移动平均和加权移动平均。

本实训用简单移动平均法进行销售量预测。

国际贸易公司销售的经济型童车在 10 月、11 月、12 月的销售量分别为 1 000 辆、700辆、1 000 辆，12 月剩余库存量为 490 辆，预测下一年 1 月份的销售量为：

$$\frac{1\ 000+700+1\ 000}{3}=900\ 辆$$

12 月的实际销售量为 810 辆，则下一年 1 月份的预测销售量为：

$$\frac{700+1\ 000+810}{3}=836\ 辆$$

$$计划采购量=预测销售量-（剩余库存量-安全库存量）$$

即

$$836-(490-200)=546 \text{ 辆}$$

（2）采购商品的流程

①国贸内陆业务部门根据销售预测、市场供求形势、采购提前期、安全库存及采购批量等因素,编制采购计划表。

②国贸内陆业务部门与童车制造企业签订合同,确定未来一段时间里即将采购的商品品种、预计数量和约定价格等内容。

③每月月末,国贸内陆业务部门根据销售情况与童车制造企业签订纸质采购合同。

④制造企业根据约定的时间向国贸公司发货,国贸验收入库。

⑤货款结算的时间及金额根据双方签订的合同,并根据实际情况执行。

3）仓储规则

国贸企业仓库容量信息见表3.52至表3.55。

表3.52 国贸企业仓库容量信息表

仓库类型	使用年限（年）	仓库面积（平方米）	仓库容积（立方米）	仓库总存储单位	售价（万元）
普通仓库	20	500	3 000	300 000	540

表3.53 普通仓库可存放物资种类与数量信息表

存货编码	存货名称	存货占用存储单位
JJTC0111	经济型童车	10
SSTC0112	舒适型童车	10
HHTC0113	豪华型童车	10

表3.54 商品信息表

商品编码	商品名称	规格型号	计量单位
JJTC0111	经济型童车		辆
SSTC0112	舒适型童车		辆
HHTC0113	豪华型童车		辆

表3.55 货位信息表

商品编码	商品名称	单位	货位
JJTC0111	经济型童车	辆	A0001
SSTC0112	舒适型童车	辆	A0002
HHTC0113	豪华型童车	辆	A0003

4)企业抵押贷款规则

制造业、经销商、工贸企业、国贸企业、连锁企业可向工商银行申请抵押贷款。贷款金额0~1 000万元,贷款期限1~12个月,企业可根据自身情况申请贷款金额与期限。企业抵押贷款利率见表3.56。

表3.56　企业抵押贷款利率表

利率	期限						
年利率(%)	6	7	8	9	10	11	12
月利率(%)	0.50	0.58	0.67	0.75	0.83	0.92	1.00

申请企业抵押贷款所需基本资料:营业执照、法人代表身份证、银行开户许可证、最近一期财务报表(均需加盖财务印鉴),抵押保证:房屋产权,还款方式:一次还本付息。

3.4.3　招投标公司规则

1)人力资源规则

人力资源是企业经营活动的基本要素。公司的员工配置、工资标准及核算、员工招聘与培训,要在遵循本规则的前提下,做出科学合理的规划安排,以保证公司的经营活动协调、有序、高效进行。招投标企业岗位及人员配置情况见表3.57。

表3.57　招投标企业岗位及人员配置表

部门	岗位名称	在编人数	直接上级
董事会	总经理	1	—

2)考勤规则

实训开始后,学生必须登录VBSE系统点击"签到"按钮进行考勤签到。VBSE实训中对实际业务进行了抽象,一个实际工作日完成一个月的工作内容,每月工作任务集中在3~5个虚拟工作日。计算出勤天数时,实训学生因病、事休假一个实际工作日的,按3个工作日计算,休假类型按照实际情况确定。

如学生A因病没有参加当天的课程,则他的实际出勤天数=当月应出勤天数−3天,休假类型为病假。其中应出勤天数为当月实际工作日天数。

3)办公用品采购规则

服务公司出售VBSE实训所需的各项办公用品,如表单、胶棒、曲别针等,买卖双方可对结算方式进行协商,既可选择当场结清价款,也可自行约定结算时间,如月结(每月统一一结账)。办公用品价款可采用现金或支票进行结算。服务公司提供的办公用品名称及价格见表3.58。

表 3.58 服务公司商品价目表

序号	商品名称	单价
1	表单	10 元/份
2	胶棒	20 元/支
3	印泥	30 元/盒
4	长尾夹	10 元/个
5	曲别针	5 元/个
6	复写纸	10 元/页
7	A4 白纸	5 元/张

企业办公用品管理由行政主管承担,行政主管每月月初收集、统计办公用品采购需求,统一购买、按需发放。

行政主管根据员工使用需求发放办公用品并做好领用记录。

4）销售规则

与业主双方进行合同洽谈,并签订纸质合同,作为后续交易依据。费用结算按双方合同中的约定进行处理,如出现争议,提交市监局进行协调。

5）收费规则

招标代理服务收费标准见表 3.59。

表 3.59 招标代理服务收费标准

中标金额（元）	服务费类型		
	货物招标（%）	服务招标（%）	工程招标（%）
100 万以下	1.5	1.5	1.0
100 万~500 万	1.1	0.8	0.7
500 万~1 000 万	0.8	0.45	0.55
1 000 万~5 000 万	0.5	0.25	0.35
5 000 万~10 000 万	0.25	0.1	0.2
1 亿~5 亿	0.05	0.05	0.05
5 亿~10 亿	0.035	0.035	0.035
10 亿~50 亿	0.008	0.008	0.008
50 亿~100 亿	0.006	0.006	0.006

续表

中标金额(元)	服务费类型		
	货物招标(%)	服务招标(%)	工程招标(%)
100 亿以上	0.004	0.004	0.004

注:①按本表费率计算的收费为招标代理服务全过程的收费基准价格,单独提供编制招标文件(有标底的含标底)服务的,可按规定标准的30%计收。

②招标代理服务收费按差额定率累进法计算。例如,某工程招标代理业务中标金额为 6 000 万元,计算招标代理服务收费额如下:

$$100 \text{ 万元} \times 1.00\% = 1 \text{ 万元}$$
$$(500-100) \text{ 万元} \times 0.70\% = 2.8 \text{ 万元}$$
$$(1\ 000-500) \text{ 万元} \times 0.55\% = 2.75 \text{ 万元}$$
$$(5\ 000-1\ 000) \text{ 万元} \times 0.35\% = 14 \text{ 万元}$$
$$(6\ 000-5\ 000) \text{ 万元} \times 0.20\% = 2 \text{ 万元}$$
$$\text{合计收费} = 1+2.8+2.75+14+2 = 22.55 (\text{万元})$$

注:固定经营阶段数据不需缴纳投标保证金,自主经营阶段可由招投标总经理决定是否需缴纳投标保证金,并注明付款方式、转账支票或网银转账。

6)财务规则

财务规则主要包括会计核算制度、会计管理制度、预算管理方法、筹资规则、投资规则、账簿设置与会计核算程序等方面,各公司必须按照本规则的各项规定组织会计核算,进行会计管理。

7)税务规则

招投标公司从事中介服务,涉及国家或地方多项税费,包括增值税、城建税、教育费附加、个人所得税。

(1)税费类型

按照国家税法规定的税率和起征金额进行税额的计算,城建税为增值税税额的7%,教育费附加为增值税税额的3%。个人所得税计算采用 2019 年 1 月 1 日起开始执行的综合所得税税率表,见表3.60。

表3.60 综合所得税税率表

级数	全年应纳税所得额(含税级距)	税率(%)	速算扣除数(元)
1	不超过 36 000 元	3	0
2	超过 36 000 元至 144 000 元的部分	10	2 520
3	超过 144 000 元至 300 000 元的部分	20	16 920
4	超过 300 000 元至 420 000 元的部分	25	31 920
5	超过 420 000 元至 660 000 元的部分	30	52 920
6	超过 660 000 元至 960 000 元的部分	35	85 920
7	超过 960 000 元的部分	45	181 920

个人所得税计算方式为：

本月实缴个税＝累计应缴个税－累计已缴个税

累计应缴个税＝累计应税所得额×预扣率－速算扣除数

累计已缴个税应当从上月工资表中取数；当员工当月新入职，则取当月数据。

（2）日常纳税申报及缴纳税款

在税收征收期内，按照公司的经营情况，填制个税申报表，携带相关会计报表，到税务部门办理纳税申报业务，得到税务部门开出的税收缴款书，并到银行缴纳税款。根据税务部门的规定，每月初进行上月的纳税申报及缴纳。如遇特殊情况，可以向税务部门申请延期纳税申报。

8）会计核算规则

公司可以采用现金、转账支票和电汇三种结算方式。原则上，日常经济活动，低于2 000元的可以使用现金，超过2 000元的一般使用转账支票结算（差旅费或支付给个人业务除外）。

银行支票分为现金支票和转账支票。现金支票用于提取现金，转账支票用于同一票据交换区内的结算。异地付款一般采用电汇方式。

3.4.4 连锁零售企业规则

1）门店销售规则

销售订单说明：订单中，销售价格为含税价，增值税税率为13%，销售商品时需要给顾客开具增值税普通发票。

折扣率说明：本版本实训材料中给定值为1，实训中具体折扣率多少由实训人员自己设定。在固定经营阶段，会由计算机扮演顾客，选中4张订单小票。订单小票上写明客户名称、购买童车品种、数量、价格等信息。需要避免反复购买。

订单小票见表3.61。

表3.61 订单小票信息表

客户名称	日期	货品名称	数量	单位	含税单价（元）	应收金额（元）
个人客户订单合计1	2019-01-05	经济型童车	100	辆	1 250.00	125 000.00
个人客户订单合计2	2019-01-05	经济型童车	100	辆	1 250.00	125 000.00
个人客户订单合计3	2019-01-05	经济型童车	100	辆	1 250.00	125 000.00
个人客户订单合计4	2019-01-05	经济型童车	100	辆	1 250.00	125 000.00

在自主经营阶段,销售订单见表3.62。

表3.62　销售订单信息表

客户名称	日期	货品名称	数量	单位	含税单价（元）	应收金额（元）	折扣率	赠品	实收金额（元）
个人客户订单合计5	2020-01-05	经济型童车	100	辆	1 250	125 000	1	无	125 000
个人客户订单合计6	2020-01-05	舒适型童车	100	辆	1 850	185 000	1	无	185 000
个人客户订单合计7	2020-01-05	豪华型童车	100	辆	2 450	245 000	1	无	245 000
个人客户订单合计8	2020-01-05	经济型童车	100	辆	1 250	125 000	1	无	125 000
个人客户订单合计9	2020-01-05	舒适型童车	100	辆	1 850	185 000	1	无	185 000
个人客户订单合计10	2020-01-05	豪华型童车	100	辆	2 450	245 000	1	无	245 000
个人客户订单合计11	2020-01-05	经济型童车	100	辆	1 250	125 000	1	无	125 000
个人客户订单合计12	2020-01-05	舒适型童车	100	辆	1 850	185 000	1	无	185 000
个人客户订单合计13	2020-01-05	豪华型童车	100	辆	2 450	245 000	1	无	245 000
个人客户订单合计14	2020-01-05	经济型童车	100	辆	1 250	125 000	1	无	125 000
个人客户订单合计15	2020-01-05	舒适型童车	100	辆	1 850	185 000	1	无	185 000
个人客户订单合计16	2020-01-05	豪华型童车	100	辆	2 450	245 000	1	无	245 000

2)门店补货规则

店面补货,通常在第一次进货之后,要根据销售情况和计划进行补货,以免出现断货的情况。完善的货品管理可以减少货品流失的机会及提高补货质量,令货品的出入得以平衡。而有效的存货管理就在于出数与入数的有效管理。

补货基本上属于连锁企业内部的业务流程范畴。有的连锁企业把补货工作称为"向配送中心点菜",这样的提法非常形象。

（1）补货业务的要点

①店长每天查看商品库存和销售情况。

②门店设置最小、最大库存量。

③一次进货量保持在 30 天的销售范围内。

④店长根据最小库存量，即订货点法填制补货申请单，见表 3.63 和表 3.64。

⑤总部物流部配送员在规定时间内根据申请单要求组织送货到门店。

（2）门店补货量计算公式

$$计划补货量 = 平均每天销售量 \times (补货周期 + 交货期 + 安全库存天数) +$$
$$最小陈列量(货架容量 \times 最小陈列系数) - 最后库存量 - 在途补货量$$
$$月销售量 = 平均每天销售量 \times 订货周期$$
$$配送交货期库存量 = 平均每天销售量 \times 交货期$$
$$安全库存量 = 平均每天销售量 \times 安全库存天数$$
$$最小陈列量 = 货架容量 \times 最小库存系数$$
$$补货点 = 送货天数 \times 每天销售量 + 安全库存量 + 最小陈列量$$

表 3.63 门店最小陈列量表

门店	货架容量	系数	最小陈列量
东区门店	40	0.5	20
西区门店	40	0.5	20

表 3.64 一个门店的补货计划样表

项目	1 月	2 月	3 月
月均销售量	400		
安全库存量(2 天×13 辆)	26		
配送交货期库存量(2 天×13 辆)	26		
店面最小陈列量	20		
最高库存量	472	472	472
期初库存量(400)	420	420	420
在途补货量	0	0	0
30 天销售量	400	400	400
补货点(最低库存量)	72	72	72
月末补货量(下单)	400	400	400

3）仓储中心补货规则

（1）补货业务的要点

①每天查看商品库存和配货情况。

②设置最小、最大库存量。

③一次进货量保持在 30 天的配送范围内。

④根据最小库存量即订货点法的计算结果,填制补货申请表,见表3.65。

⑤总部采购部采购员根据仓储中心补货申请表编制采购计划。

表3.65 仓储中心补货计划样表

项目	1月	2月	3月
月均配送量	1 600		
安全库存量(5天×52辆)	260		
采购交货期库存量(5天×52辆)	260		
最高库存量	2 120	2 120	2 120
期初库存量(2 000)	2 000	2 000	2 000
在途订货量	0	0	0
月末一次配送量	1 200	1 200	1 200
订货点	520	520	520
月末补货量(下单)	1 200	1 200	1 200

(2)仓储中心补货量计算公式

计划补货量=平均每天配送量×(配送周期+交货期+安全库存天数)−最后库存量−在途订货量

月销售量=平均每天销售量×订货周期

配送交货期库存量=平均每天销售量×交货期

安全库存量=平均每天销售量×安全库存天数

补货点=交货天数×平均每天销售量+安全库存量

4)采购规则

采购商品主要从童车制造企业采购,采购品种主要有三种,见表3.66。

表3.66 采购商品信息表

商品编码	商品名称	规格型号	计量单位	市场供应平均单价(元)
TC0111	经济型童车		辆	1 000
TC0112	舒适型童车		辆	1 500
TC0113	豪华型童车		辆	2 000

注:此处单价为含税单价,增值税税率为13%。

采购商品的流程:

①采购部门根据仓储中心库存净需求(仓储中心补货申请表)、市场供求形势、采购提前期、安全库存及采购批量等因素,编制采购计划表。

②采购部门与童车制造企业签订合同,确定未来一段时间里即将采购的商品品种、预计数量和约定价格等内容。

③每月月末,采购部门根据库存情况与童车制造企业签订纸质采购合同。

④供应商根据约定的时间向连锁企业发货,连锁企业验收入库。

⑤货款结算的时间及金额根据双方签订的合同,并根据实际情况执行。

⑥采购运费的具体细节在采购合同中由双方进行约定。

5）仓储规则

连锁零售企业有 3 个仓库:仓储中心库、东区门店库、西区门店库。仓库信息见表3.67。

注:东区门店库和西区门店库实际上仓库和店面是一体的,不单独设立仓管员。

表 3.67 仓库信息表

仓库编码	仓库名称	可存放商品
ZBCK01	仓储中心库	经济型童车、舒适型童车、豪华型童车
AZCK02	东区门店库	经济型童车、舒适型童车、豪华型童车
DDCK03	西区门店库	经济型童车、舒适型童车、豪华型童车

仓储中心负责企业所需商品的采购入库、配送出库和保管。采购商品信息见表3.68。

表 3.68 采购商品信息表

商品编码	商品名称	规格型号	计量单位
JJTC0111	经济型童车		辆
SSTC0112	舒适型童车		辆
HHTC0113	豪华型童车		辆

门店负责销售所需的商品补货入库、销售出库和保管。销售商品信息见表3.69。

表 3.69 销售商品信息表

商品编码	商品名称	规格型号	计量单位
JJTC0111	经济型童车		辆
SSTC0112	舒适型童车		辆
HHTC0113	豪华型童车		辆

6）财务规则

本版本财务实训由会计师事务所代理记账。

制造业、经销商、工贸企业、国贸企业、连锁企业可向工商银行申请抵押贷款。贷款金额 0～1 000 万元,贷款期限 1～12 个月,企业可根据自身情况申请贷款金额与期限。企业抵押贷款利率见表3.70。

表 3.70 企业抵押贷款利率表

利率	期限						
年利率(%)	6	7	8	9	10	11	12
月利率(%)	0.50	0.58	0.67	0.75	0.83	0.92	1.00

申请企业抵押贷款所需基本资料:营业执照、法人代表身份证、银行开户许可证、最近一期财务报表(均需加盖财务印鉴),抵押保证:房屋产权,还款方式:一次还本付息。

3.4.5 会计师事务所基本规则

会计师事务所岗位职责如图 3.7 所示。

图 3.7 会计师事务所岗位职责图

1)项目经理岗前培训

组织部门人员学习审计的基本概念和理论,布置学习任务。

2)审计师认知

①了解审计准则的分类及一般构成。
②掌握内部审计基本准则内容。
③掌握审计抽样的种类和样本的选取方法。

3)审计助理认知

①了解审计过程每一个阶段的具体工作内容。
②了解审计证据可靠性的判定标准。
③了解审计工作底稿的基本要素及分类内容。

3.4.6 新闻中心规则

新闻中心作为跨专业企业运营管理综合实训的后勤保障和宣传部门,是不可或缺的一部分。新闻中心的岗位设置和人员筛选由 CEO 模块指导教师根据参训人数设置。新闻中心的岗位安排和人数设置可根据每期参训人数做适当的调整。

1）岗位设置规则

新闻中心的岗位为7～9人，岗位分别为新闻中心主任、海报专员、日报专员、文字编辑专员、活动专员、视频拍摄专员和视频剪辑专员等。具体岗位职责见表3.71。

表3.71 新闻中心岗位职责表

岗位	岗位职责	岗位人数（人）
新闻中心主任	组织制定公司总体战略与年度经营规划，建立健全公司的管理体系与组织结构，组织制定公司基本管理制度，主持公司的日常经营管理工作，对公司经营管理目标负责，主持召开企业重大决策会议，负责各职能部门经理的任免	1
活动专员	所有活动安排与组织（通知、组织、实施、结果汇总）	1
海报专员	新闻墙设计与创意	1
日报专员	每日编撰实训中的新闻稿1～3篇，审核各公司每日报送的公司日报	1
稽查考勤专员	考勤与打卡管理、人事调配转岗管理	1
文字编辑专员	所有新闻活动文字编辑（自备电脑）、视频文字处理	1
视频拍摄专员	所有新闻活动文字编辑（自备电脑）、视频文字处理、新闻墙设计与创意	1
视频剪辑专员	收集实训中的各种视频片段，运用视频剪辑软件剪辑与实训主题相关的视频	1

2）人员筛选规则

新闻中心人员的筛选由CEO模块的指导教师根据每个岗位报名人数择优竞选。一般新闻中心的竞选原则为同一岗位如只有1人报名，指导教师根据该生有无新闻中心的相关工作经验及从事该工作的意愿决定，如有经验并从事该工作的意愿较高，可直接应聘上岗。如同一岗位有多人竞聘（大于2人），则需要指导教师统一组织线上或者线下面试进行竞选。在竞选过程中，学生需要提供一份个人简历及对该岗位的工作认知和事先准备情况。

第 4 章

业务流程

根据实训课程安排,业务流程分为三大阶段,分别是经营准备阶段、固定经营阶段和自主经营阶段。本章将根据业务流程中任务发生的逻辑顺序及跨专业综合实训平台提供的任务代码逐一阐述。实训前经营准备阶段的任务多为线下任务,无代码。自主经营阶段与固定经营阶段的同一任务,任务代码与固定经营阶段相同,因此自主经营阶段的任务参照固定经营阶段的任务代码即可,除部分特殊任务外。固定经营阶段的任务代码为0201-0205 岗位认知、0301-0305 经营准备、0401-0405 月初经营、0501-0505 月末经营。每个任务下又根据业务发生需要进行具体业务的编码,详见具体章节。

4.1 经营前准备——实训前准备

经营准备阶段的任务一般会在实训正式开始之前进行,由 3 位主讲教师分别做好实训准备工作。其中,CEO 模块业务指导教师负责课程系统设置、实习动员与团队组建工作,业务模块的指导老师负责系统操作培训工作,财务模块的指导教师负责财务系统(U8)操作培训等任务。

4.1.1 课程系统设置

任务描述:系统设置的教师一般为 CEO 模块指导教师,也可为其他模块教师。主讲教师登录新道 VBSE 综合实践教学平台,根据提供的登录名和密码进入教师端,进行公司信息设置、岗位信息设置及学生名单的导入。

系统操作:①指导教师登录新道主页面后,点击"创建教学",编辑班级信息后,点击"创建",下一步点击"进入班级"→"进行合岗设置"。合岗设置有两种方式:自动合岗和手动合岗。采用自动合岗时只需要设置每个组织的数量和岗位的数量,由系统随机匹配,该方法较为迅速,但岗位合并是随机的。而手动合岗则需要由教师根据实际岗位设置进行选择,费时但选择岗位的精度高。

②进入新道平台主页,点击左侧的任务条中的"学生管理",批量导入学生信息。这一步可以事先下载模板,填入学生的相关信息,然后直接将编辑完成的表格点击"导入文件"添加已经编辑完成的模板文件。

4.1.2 团队组建

任务描述:完整的团队构架是业务开展的前提,团队组建的任务链条下包括实习动员、系统操作培训、培训测试、CEO 候选人报名、CEO 候选人竞选演讲、投票选举 CEO、了解各组织岗位招聘需求、现场招聘团队组建和员工上岗 9 个具体任务。

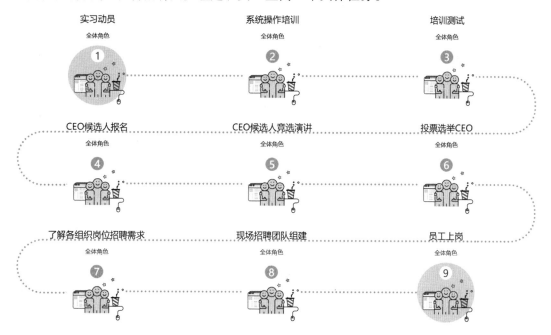

1)实习动员

任务描述:课程实习前的动员工作和 V 综课程简介。

系统操作:实训第一天由三位主讲教师的其中一位主持实习动员大会,向参训学生阐述课程的主要内容、参训的目的与重要性、如何做好实训及实训中的注意事项,为接下来实训顺利开展做好心理建设和思想准备。

2)系统操作培训

任务描述:学习系统操作,熟悉系统内容。
操作步骤:点击系统操作培训,自动跳转至操作界面。鼠标轻触系统操作培训,界面将提示角色名称、岗位名称、活动名称、活动描述。此环节提示各岗位员工了解此项工作的具体情况。

鼠标点击右下角"任务地图",界面将自动跳转至此项业务在整个业务系统中所处的关键节点状态,便于查看上一步骤和下一步骤。如果出现了错误,可以通过下一步骤的岗位角色回退,将任务回退至此环节进行修改完善。

进入操作界面后,点击网页右边任务栏分享的教学资源,点击"学生系统操作"进行查看阅读。固定经营阶段,系统将在每一个工作任务中提供可参照的教学资源,学生可以根据系统提供的模板进行业务处理;自主经营环节将不再提供教学资源参照。学生系统操作内容包括进入与退出、主界面基本操作、报名参选、投票选举、任务操作。

①进入与退出。学生输入账号和密码进入课程班级界面,选择自己所在的教学班级,进入系统。完成所有任务后,学生点击界面右上方"退出登录"按钮,即可退出系统返回首页。

②主界面基本操作。主界面基本操作包括三类任务:待办任务、已办任务、发起任务。待办任务是所在岗位需要完成的任务,固定经营阶段将由指导教师推送任务,自主经营阶段按照各企业业务需要进行发起流转。待办任务下方的数字表示待办任务的数量,选择某一任务,鼠标点击后进入到任务界面。已办任务是指已经完成的任务项目。发起任务主要用于自主经营阶段,由任务地图上流水作业线的最小业务编号岗位发起。

③任务操作。选择待办任务,点击后出现任务操作界面。学生将处于工作流程界面,注意系统色彩提示差别。黄色表示待办任务,绿色表示已经完成的任务。点击黄色的待办任务,界面右边将显示任务描述,以及可供查阅下载的教学资源。教学资源将说明任务操作的样例和需要运行的数据。在实训过程的固定经营阶段,学生可以参照样例,根据实际所在企业和岗位名称进行调整。

3)培训测试

任务描述:测试系统培训内容、岗位认知。

操作步骤:点击任务操作界面,选择"培训测试",参加第一次培训测试。测试题目为单项选择题,共50道题,内容主要涉及系统操作培训、管理学素养、岗位认知、性格及心理测试。测试成绩将计入该课程期末成绩,占总分的10%。

4)CEO候选人报名

任务描述:学生自主报名参与CEO候选人的竞选。

操作步骤:①由CEO指导教师根据本次参训人数和组织岗位设置CEO候选人的需求量,表4.1为某一期CEO竞选的需求名单。②学生端选择要报名的机构类型,包括制造业、经销商、工贸企业、政府部门、服务公司、物流公司、银行等。然后查找该机构下的任意一个公司,查看空缺岗位及要求,点击进入。确认岗位后,点击"确认报名",报名后不能再更改岗位。学生在选择岗位确认报名前需要点击F5刷新系统,避免系统延迟,以防有其他人员竞选该岗位。

表4.1　第××期综合实训CEO招聘需求表

组织类型	单位	所聘职位	单位总人数
制造业CEO	北京五彩梦童车制造有限公司	总经理（CEO）	18人（包括CEO本人）
	北京豆豆熊童车制造有限公司	总经理（CEO）	18人（包括CEO本人）
	北京爱贝尔童车制造有限公司	总经理（CEO）	18人（包括CEO本人）
	北京小精灵童车制造有限公司	总经理（CEO）	18人（包括CEO本人）
	北京童飞童车制造有限公司	总经理（CEO）	18人（包括CEO本人）
	北京宝乐童车制造有限公司	总经理（CEO）	18人（包括CEO本人）
经销商CEO	旭日商贸有限责任公司	总经理（CEO）	7人（包括CEO本人）
	华晨商贸有限责任公司	总经理（CEO）	7人（包括CEO本人）
工贸企业CEO	邦尼工贸有限责任公司	总经理（CEO）	5人（包括CEO本人）
	恒通工贸有限责任公司	总经理（CEO）	5人（包括CEO本人）
	思远工贸有限责任公司	总经理（CEO）	5人（包括CEO本人）
	新耀工贸有限责任公司	总经理（CEO）	5人（包括CEO本人）
新闻中心CEO	新闻中心	主任	8人（包括CEO本人）
服务大厅CEO	服务大厅	总经理（CEO）	12人（包括CEO本人）

5）CEO候选人竞选演讲

任务描述：各组织竞选CEO，竞选演讲时的基本要求。

操作步骤：由CEO模块指导教师组织各报名CEO岗位的候选人参加CEO岗位的竞选工作，各位CEO通过竞选演讲的形式展示自身的优势和为CEO岗位的各种储备，以便获得团队的认可。

6)投票选举 CEO

任务描述:由学生投票,在各机构的候选人中,为各机构选出 CEO。

操作步骤:当存在多个候选人时,企业内部需要进行投票。点击其中一个,即代表对该候选人进行投票。若已对所有投票项目进行投票,则点击"确认投票"按钮完成投票;若未点击,则投票无效。投票结束后,可以点击"刷新"按钮查看投票结果。

7)了解各组织岗位招聘需求

任务描述:学生通过培训了解各组织岗位招聘需求。

操作步骤:学生通过查看各企业的岗位设置图和岗位职责获取每个组织的招聘需求,根据自身专业和个人意愿准备应聘岗位。

8)现场招聘团队组建

任务描述:公司 CEO 协调人力资源部门进行招聘。

操作步骤:CEO 竞选成功后,挑选和任命各企业的人力资源总监,由人力资源总监和人力资源助理根据各企业的岗位设置信息情况进行线上和现场招聘。

9)员工上岗

任务描述:全体参训学生按岗位的分配进行上岗操作。

操作步骤:全体参训学生根据前期的岗位招聘需求结合自身的专业和兴趣与各企业人力资源人员协商后,确定自己的实习岗位。登录 VBSE 系统后,点击个人头像边的"待上岗",选择已选定的岗位进行上岗操作。

4.1.3 财务模块准备

1)认知企业及会计工作

财务人员需要提前了解企业的基本情况、企业内部会计环境、企业会计制度、企业内部管理制度、会计工作岗位设置、会计业务处理流程。

2)手工和信息化环境下的基础设置

根据实训要求,结合企业的基本情况,建立账簿文件,设置会计科目。如果启用了用友 U8 财务系统,需要完成信息化环境下部门档案、会计科目等基础档案和期初数据的设置。

3)日常经济业务处理

对主要涉及的经济业务事项进行总体介绍,主要包括期初的经营准备业务,日常发生的供产销业务、投融资业务,月末进行的成本核算、各项费用的计提、本月各种税费的计算结转、结转损益、利润分配、期末对账与结账、三大报表的编制、纳税申报等核心内容。

4)成本核算的主要方法

制造业成本核算采用产品品种法,主要成本包括料、工、费三大块,制造费用归集范围有水电费、计提折旧、车间管理员薪资,所有存货全部采用全月一次加权平均法进行核算,工人薪资由人力资源部门核算并提供。

5)财务分析与决策

财务经理定期分析财务数据,梳理业财融合思维,及时为公司筹资决策、投资决策、销售决策等提供有用的财务信息。

4.2　固定经营——岗位认知

根据课程体系,岗位认知依然属于实训准备阶段的任务,主要任务包括查看办公用品清单、分发办公用品,了解各岗位职责、熟悉各岗位规则、各企业各岗位进行工作交接、第一阶段考核、收集各企业基本存款账户和银行预留签章、学习公司注册流程、ZJ90051 税务知识讲解(税务局)、市场监督管理检查(市监局)、ZJ90091 虚拟商业社会社会保障制度编制(人社局)。0201 为制造业、工贸企业和经销商的任务代码,0202 为招投标公司的任务代码,0203 为国贸企业的任务代码,0204 为连锁企业的任务代码,0205 为会计师事务所的任务代码。

4.2.1　经营准备——0201 岗位认知(制造业、经销商、工贸企业)

1)0201 岗位认知——查看办公用品清单、分发办公用品

任务描述:由指导教师在教师端系统上点击"查看办公用品清单和分发办公用品"任务,进行任务推送,学生在学生端的代办任务中查看该任务,点击进入"查看需要领用的办公用品"并根据通知及时领用所属组织的办公用品。

操作步骤:主讲 CEO 模块教师提前根据业务进度整理出办公用品清单和所用的纸质单据,带领新闻中心的人员准备好工装、工牌、各公司的单据、新道币及各公司公章等,由新闻中心分组织按照顺序分发给各企业的代表(一般为该公司的行政人员)。

2)0201 岗位认知——了解各岗位职责

任务描述：了解各个企业（制造业、工贸企业、经销商、外围公司等）的各岗位职责。

操作步骤：由指导教师在教师端点击"了解各岗位职责"任务，进行任务推送，学生即可在学生端的待办任务中查找到该任务，点击进入"了解各岗位的具体职责"，为接下来的经营打好基础。岗位职责是先分组织类型（制造业、经销商、工贸企业和外围服务公司），然后再分岗位，不同组织的学生会收到相应组织部门的岗位职责细则，具体如下。

（1）制造业企业的组织结构与岗位设置

制造业企业为实训中的核心企业，也是组织构架（7 个部门）最复杂和岗位最多（18 岗）的企业，如图4.1 和表4.2 所示。

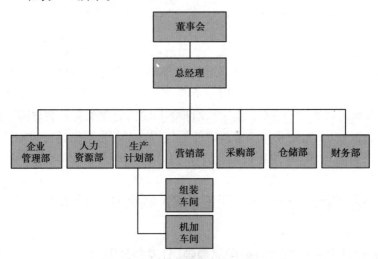

图4.1　制造业企业组织结构图

表4.2　制造业企业各岗位设置表

部门	岗位名称	在编人数	直接上级
企管部	总经理	1	—
企管部	行政助理	1	总经理
人力资源部	人力经理	1	总经理
人力资源部	人力助理	1	人力经理
生产计划部	生产经理	1	总经理
生产计划部	生产计划员	1	生产经理
生产计划部	车间管理员	1	生产经理
营销部	营销经理	1	总经理

部门	岗位名称	在编人数	直接上级
营销部	销售专员	1	营销经理
营销部	市场专员	1	营销经理
采购部	采购经理	1	总经理
采购部	采购专员	1	采购经理
仓储部	仓储经理	1	总经理
仓储部	仓管员	1	仓储经理
财务部	财务经理	1	总经理
财务部	出纳	1	财务经理
财务部	财务会计	1	财务经理
财务部	成本会计	1	财务经理

总经理岗位职责：

①组织制定公司的总体战略与年度经营规划；

②建立健全公司的管理体系与组织结构；

③组织制定公司的基本管理制度；

④主持公司的日常经营管理工作；

⑤对公司经营管理目标负责；

⑥主持召开企业重大决策会议；

⑦各职能部门经理的任免。

行政助理岗位职责：

①对各类文档进行分类整理并归档；

②对企业购销合同进行管理；

③招投标管理；

④负责总经理日常行程安排、协助起草报告、组织会议及其他工作；

⑤公司证照的办理、年审、更换、作废等，公司印章保管、使用管理；

⑥企业资产管理；

⑦负责召集公司办公会议，做好会议记录；

⑧接待内外部来访。

财务经理岗位职责：

①编制公司财务管理制度；

②编制公司财务预算；

③日常财务审批；

④企业资金筹集及资金计划；

⑤财务分析；

⑥凭证审核；

⑦日常费用报销；

⑧编制财务报表；

⑨负责公司员工考勤管理；

⑩负责公司全员薪资核算与发放；

⑪负责办理社会保险、住房公积金申报、变更、缴纳等相关工作；

⑫负责上级领导交办的其他临时性工作。

出纳岗位职责：

①现金收付、盘点；

②办理银行业务；

③登记日记账；

④月末银行对账；

⑤编制资金报表；

⑥去税务局报税；

⑦销售收款及开票；

⑧会计档案管理。

财务会计岗位职责：

①建立账簿；

②日常费用报销；

③编制科目余额表；

④填制纳税申报表；

⑤配合会计师事务所进行年审；

⑥凭证填制；

⑦固定资产购置及折旧；

⑧月末结账；

⑨公司总经理交办的其他工作。

成本会计岗位职责：

①制定产品成本核算制度；

②收集成本核算资料；

③制定各种成本费用定额；

④各种费用分配；

⑤产品成本计算；

⑥产品成本分析；

⑦编制产品成本报表；

⑧材料成本账登记；

⑨月末库存盘点及对账。

采购经理岗位职责：

①制订采购计划，保证满足经营活动的需要；

②供应商开发、评估与管理；

③采购物流、资金流、信息流的管理；

④制定、审核、签署与监督执行采购合同；

⑤控制采购成本和费用；

⑥日常费用报销。

采购专员岗位职责：

①根据生产计划和安全库存，编制物料采购计划；

②询价、议价，与供应商接触并谈判；

③起草并签订采购合同；

④根据计划下达采购订单；

⑤协助仓储部办理采购货物的入库；

⑥跟踪采购订单执行情况；

⑦负责建立供应商档案并及时更新。

仓储经理岗位职责：

①年度计划与预算；

②记录材料收发，做好物料存放管理和出入库管理；

③核定和掌握物料的储备定额，保证仓库的合理使用；

④编制库存报表，作为各部门与财务对账的依据；

⑤盘点及盘盈盘亏处理；

⑥对账；

⑦库存分析。

仓管员岗位职责：

①填写物料出入库单据，办理物料出入库手续；

②填写物料卡；

③负责原料的质检，出具质检报告；

④办理销售出库；

⑤仓库盘点；

⑥监控库存变化，及时补充库存。

人力经理岗位职责：

①制订年度人力资源规划与预算；

②制订部门工作目标和计划；

③制定公司的招聘、培训、薪酬评价、员工档案管理等制度并组织实施；

④进行工作分析、岗位说明书与定岗定编工作；

⑤参与招聘，核定聘约人员；

⑥核定人员工资和奖金；

⑦负责干部培训及绩效考核；

⑧负责处理各种与劳动合同相关的事宜。

人力助理岗位职责：

①收集各部门人员需求信息；

②参加招聘会,初试应聘人员;

③执行并完善员工入职、转正、离职、辞退手续;

④组织新员工、在职人员培训;

⑤统计考勤,计算员工薪酬和奖金;

⑥维护员工信息、管理职工档案。

车间管理员岗位职责:

①生产领料;

②生产加工;

③成品完工入库管理;

④生产统计;

⑤设备维修管理;

⑥日常费用报销。

生产经理岗位职责:

①制订新年度经营计划;

②生产能力建设;

③产品研发管理;

④生产过程管理;

⑤生产派工;

⑥审核各项业务计划;

⑦日常费用报销。

生产计划员岗位职责:

①编制主生产计划;

②编制物料需求计划;

③原料质检;

④人员、设备需求;

⑤厂房、设备购买/出售申请;

⑥日常费用报销。

营销经理岗位职责:

①制订全年销售目标和销售计划;

②销售制度制定及考核、费用预算;

③营销策划、销售运作与管理、进度控制;

④重要销售谈判、销售订单汇总;

⑤管理日常销售业务,控制销售活动;

⑥客户关系管理。

销售专员岗位职责:

①执行销售计划;

②销售接单,签订销售合同;

③客户联系及管理;

④应收账款管理,跟催货款;

⑤销售发货管理;

⑥跟踪销售订单执行。

市场专员岗位职责:

①搜集相关行业政策信息,进行市场预测;

②配合制订企业年度经营计划和销售计划,进行公司市场开发、推广及潜在客户的挖掘分析;

③进行竞争对手、竞争产品、竞争策略信息的收集分析;

④进行市场趋势和市场潜力分析;

⑤进行相关资料统计、分析。

(2)工贸企业的组织结构与岗位设置

工贸企业的组织结构相对简单,包括3个部门和5个岗位,如图4.2和表4.3所示。

图4.2 工贸企业组织结构图

表4.3 工贸企业岗位表

部门	岗位名称	在编人数	直接上级
企管部	总经理	1	—
企管部	行政主管	1	总经理
营销部	业务主管	1	总经理
财务部	财务主管	1	总经理
财务部	财务助理	1	财务主管

总经理岗位职责:

①组织制定公司总体战略与年度经营规划;

②建立和健全公司的管理体系与组织结构;

③组织制定公司基本管理制度;

④主持公司的日常经营管理工作;

⑤对公司的经营管理目标负责;

⑥主持召开有关企业重大决策会议;

⑦各职能部门经理的任免。

行政主管岗位职责(在本课程中,行政主管负责人力资源及企业现金管理):

①人力资源管理:缴纳社会保险、公积金,核算工资,劳动关系管理;

②财务工作:现金收付、银行结算等有关账务处理,保管库存现金。

业务主管岗位职责：

①负责采购、销售及仓储岗位的业务；

②采购岗位的主要任务是与虚拟市场签订原材料的采购订单、采购入库等；

③销售岗位的主要任务是与制造企业签订购销合同，确认制造企业的采购订单、销售发货等；

④仓储管理包括验收入库管理、储存保管、出库配送管理、物料盘点、库存控制。

财务主管岗位职责：

①负责公司资金运作管理、日常财务管理与分析、资本运作、筹资方略、对外合作谈判等；

②负责项目成本核算与控制；

③负责公司财务管理及内部控制，根据公司业务发展的计划完成年度财务预算，并跟踪其执行情况；

④制定、维护、改进公司财务管理程序和政策，以满足控制风险的要求；

⑤监控可能会对公司造成经济损失的重大经济活动；

⑥全面负责财务部的日常管理工作；

⑦负责编制及组织实施财务预算报告、月/季/年度财务报告；

⑧管理与银行、税务、工商及其他机构的关系，并及时办理公司与其之间的业务往来。

财务助理岗位职责：

①协助财务会计开展工作，做好会计业务，搞好会计核算和分析；

②按时记账、结账和报账，定期核对现金、银行存款，盘点物资，做到账务、账账、账证、账表、账款"五相符"；

③认真核对收支单据，凡未按规定审批的单据，一律不得入账；

④积极配合和支持理财小组的活动，及时做好理财准备工作，提供真实完整的财务资料；

⑤加强原始凭证审核，编制好记账凭证，及时登记各类账簿；

⑥办理其他有关的财会事务，做好文书及日常事务工作。

（3）经销商企业的组织结构与岗位设置

经销商企业一般设置为 2 家，其组织结构为 5 个部门，7 个岗位，如图 4.3 和表 4.4 所示。

图 4.3　经销商企业组织结构图

表4.4　经销商企业岗位设置表

部门	岗位名称	在编人数	直接上级
企管部	总经理	1	—
企管部	行政经理	1	总经理
营销部	营销经理	1	总经理
采购部	采购经理	1	总经理
仓储部	仓储经理	1	总经理
财务部	财务经理	1	总经理
财务部	出纳	1	财务经理

总经理岗位职责：

①组织制定公司总体战略与年度经营规划；

②建立和健全公司的管理体系与组织结构；

③组织制定公司基本管理制度；

④主持公司的日常经营管理工作；

⑤对公司的经营管理目标负责；

⑥主持召开有关企业重大决策会议；

⑦各职能部门经理的任免。

财务经理岗位职责：

①根据公司发展战略,协助公司领导组织制定公司财务部的战略规划,制订部门工作目标和计划并分解到个人；

②负责公司的全面财务会计工作；

③负责制定并完成公司的财务会计制度、规定和办法；

④分析检查公司财务收支和预算的执行情况；

⑤审核公司的原始单据和办理日常的会计业务；

⑥编制财务报表、登记总账及审定财务数据；

⑦日常会计凭证审核,包括总账会计的凭证审核和成本会计的凭证审核；

⑧部门预算制定；

⑨负责定期财产清查；

⑩负责公司预算制定与监控,包括预算体系建设、日常预算控制、预算支出审核；

⑪资金管理、筹融资管理、资金使用计划等；

⑫组织期末结算与决算,进行经营分析；

⑬保证按时纳税,按照国家税法和其他规定,严格审查应交税费,督促有关岗位人员及时办理手续；

⑭管理与维护更新部门所需的信息。

行政经理岗位职责：

①负责协助制定公司各项管理规章制度；

②负责各种合同、公文、档案等文字资料的整理归档；

③负责企业证照的办理、年审、更换、作废等管理，印章的保管、使用管理等；

④负责公司固定资产设备的管理；

⑤负责制定公司人力资源管理制度；

⑥负责人事材料及报表的检查、监督；

⑦负责组织制定公司绩效考核体系，定期进行员工考核；

⑧负责筛选应聘简历、预约、安排面试、跟进面试流程；

⑨负责员工入职、调动、离职等手续办理；

⑩负责员工档案、劳动合同管理；

⑪负责公司员工考勤管理；

⑫负责公司全员薪资核算与发放；

⑬负责办理社会保险、住房公积金申报、变更、缴纳等相关工作；

⑭负责上级领导交办的其他临时性工作。

出纳岗位职责：

①负责办理银行账户的开立、变更和撤销业务；

②负责现金收支管理，做到账款相符，确保现金的安全；

③定期进行银行对账，编制银行余额调节表；

④负责银行结算业务的办理；

⑤签发支票、汇票等重要空白凭证并登记；

⑥保管库存现金、有价证券、重要空白凭证、印章等；

⑦登记现金日记账和银行存款日记账；

⑧及时整理并传递原始票据，完成协同工作；

⑨编制资金报表，按月装订并定期归档；

⑩办理贷款卡的年检；

⑪完成领导交给的其他各项临时工作。

采购经理岗位职责：

①统筹采购规划和确定采购内容，保证满足经营活动的需要，降低库存成本；

②制订采购计划和目标，改进采购的工作流程和标准，降低库存成本；

③参与收集供应商信息，开发、选择、处理与考核供应商，建立供应商档案管理制度；

④负责采购物流、资金流、信息流的管理工作；

⑤审核、签署与监督执行采购合同，审核采购订单和物资调拨单；

⑥根据需要采取相应的应急行动或进行后续跟踪，保证完成紧急采购任务；

⑦解决与业务主管在合同上产生的分歧及支付条款问题；

⑧负责制定本部门各级人员的职责和权限，负责指导、管理、监督本部门人员的业务工作，做好下属人员的绩效考核和奖励惩罚工作，进行部门建设、部门内员工的管理培训工作；

⑨负责并确保所采取的采购行为符合有关政策、法规和道德规范；

⑩完成上级领导交办的其他临时性工作。

营销经理岗位职责:

①根据公司发展战略和总体目标,负责制定企业营销总体规划并组织实施;

②负责制订本部门业务计划并监督执行;

③负责营销经费的预算和控制;

④负责营销方案审核、批准与监督执行;

⑤负责营销管理制度的拟定、实施与改善;

⑥负责对本部门员工的绩效结果进行评定;

⑦负责本部门年度经营分析;

⑧负责本部门员工的培训工作;

⑨负责本部门员工的队伍建设工作;

⑩公司总经理交办的其他工作。

仓储经理岗位职责:

①根据公司经营计划,配合公司总目标,制定本部门的目标及工作规划;

②根据仓储规划和目标,改进仓库的工作流程和标准,优化库存方案,加快存货周转速度,降低库存成本;

③合理规划公司仓储场所,对公司仓储场所进行全面管理,达到最佳利用率;

④监督执行仓库的安全管理和现场规范管理;

⑤督促仓库管理员对物料收发存的管理,并监督仓库进行盘点清查,发现账、物、卡不符时,找出原因并予以调账或上报处理;

⑥设计、推行及改进仓储管理制度,并确保其有效实施;

⑦分析与制定安全库存,通过以往经验对每个季度销售或会计周期进行预测、库龄评估,避免呆滞死货占用资金;

⑧负责制定本部门各级人员的职责和权限,负责指导、管理、监督本部门人员的业务工作,做好下属人员的绩效考核和奖励惩罚工作,进行部门建设、部门内员工的管理培训工作;

⑨运用有效领导方法,有计划地培养教育和训练人员,激励所属人员的士气,提高工作效率,并督导其按照工作标准或要求,有效执行其工作,确保本部门的目标高效完成;

⑩完成上级领导交办的其他临时性工作。

(4)综合服务大厅

综合服务大厅是为制造业、工贸企业和经销商提供商务合作的服务机构,包含招投标公司 1 岗,会计师事务所 3 岗,银行 2 岗,服务公司 2 岗,市监局 1 岗,税务局 1 岗和社保局 1 岗。各岗位职责如下。

招投标总经理岗位职责:

①负责拟定并完善招投标管理办法及招投标工作流程,负责采购项目的招投标工作,根据计划安排招标时间;

②编写招标文件、整理投标单位资料、发放招标文件、组织考察、询标、编写《评标结果报告》、发放中标通知书。

会计师事务所项目经理岗位职责:

①能够独立完成童车制造业的常规审计工作项目管控,例如,内部审计、财务报表审计、

代理记账业务承接的洽谈与审核等,并有能力进行有效的风险评估,及时确认问题并提出解决方案;

②有效管理审计团队。

会计师事务所审计师岗位职责:

①熟知公司法、审计准则、会计制度、税收法规、地方规定和审计准则,具有注册会计师执业资格。制订审计计划、项目方案,复核工作底稿,汇总审计差异并进行审计调整,出具审计报告等,代理记账业务中重点偏向报税、缴税、报表分析等;

②需要具有良好的写作技能,草拟重要文件,包括客户交换意见书、管理建议书等。

会计师事务所审计助理岗位职责:

①完成项目组分配的所有工作,包括被审计制造企业原始凭证的收集,访谈笔录的调研,审计报告底稿的整理;

②审计意见附表准备,代理记账业务处理;

③具有良好的写作技能,能够有效草拟重要文件,包括客户交换意见书、管理建议书等。

银行岗位职责:

①银行开户、银行转账、代发工资、委托收款业务、银行信贷、档案管理、国际结算、与信用证进行检查核对;

②代(开证行)支付货款;

③提供结汇水单。

服务公司岗位职责:

服务公司主要是为各组织顺利完成生产经营活动提供必要的服务,其主要职能包括人力推荐、人才培训、广告服务、市场开发、认证管理、产品研发、代买火车票和机票、办公用品经销、厂房仓库租赁与销售、生产设备销售与回购等。

税务局岗位职责:

①及时了解国家、地方的财税新政策,承办有关税务方面的事务工作;

②税务稽查、纳税申报、纳税辅导、税务登记、发票领购、纳税检查、办税指南、税率税种。

市监局岗位职责:

确认市场主体资格,规范市场主体行为,维护市场经济秩序,保护商品生产者和消费者的合法权益,促进市场经济的健康发展。其职责包括受理企业核名,工商注册登记,工商监督,广告、合同和商标管理。

社保局岗位职责:

社保局和住房公积金管理中心是两个独立的部门,分别开展各自的业务。但是在 VBSE 中为业务简化处理,社保局和住房公积金管理中心的职能进行合并介绍。其职责包括为参保单位、职工和个体进行参保登记,建立、修改参保人员基础资料,建立个人账户、记账;企业多险种社保基金征集、社会保险关系转移、社会保险费征收、档案管理、咨询服务(提供社保相关政策咨询)。

3)0201 岗位认知——熟悉各岗位规则

任务描述:各组织员工熟悉各岗位规则。

操作步骤:待教师端推送完熟悉规则任务后,学生在学生端口的代办任务中,点击"熟悉各岗位规则"任务链条,进入学习各组织及岗位的操作规则。通过点击首页→资源共享→教学案例,根据自己所在组织及岗位学习与熟悉规则,也可以参考第 3 章的具体规则内容。

4)0201 岗位认知——各企业各岗位进行工作交接

任务描述:读懂前任的工作交接文档。

操作步骤:点击任务操作界面,选择工作交接,点击任务中心界面右边的教学资源文件,建立相应工作台账,填写纸质版交接文档资料,选择界面右上方完成,点击"保存"。

5)0201 岗位认知——第一阶段考核

任务描述:测试系统培训内容、岗位认知。

操作步骤:经过第一阶段的学习后,各岗位点击任务操作界面,选择"培训测试",参加第一次培训测试。测试题目为单项选择题,共 50 道题,内容主要涉及系统操作培训、管理学素养、岗位认知、性格及心理测试。测试成绩将计入该课程期末成绩,占总分的 10%。

6)0201 岗位认知——收集各企业基本存款账户和银行预留签章

任务描述:银行柜员需根据要求设计和制作企业信息统计表样式,并收集各企业的基本账户信息和预留各个企业的签章。

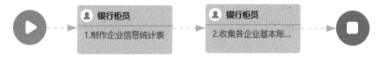

操作步骤:各企业由行政部门将企业基本信息报送银行,并将企业的公章预留到工商银行做备案。银行柜员接收到各企业的基本信息后制作企业信息统计表,并将收集到的各企业的基本账号信息注册备案。

7)0201 岗位认知——学习公司注册流程(市监局、税务局、人社局、银行和综合服务公司)

任务描述:市监局、税务局、人社局、银行和综合服务公司的相关人员根据要求学习公司的注册流程。

操作步骤:根据任务推送的要求,市监局、税务局、人社局、银行和综合服务公司的相关人员要根据教学资源提供的信息及查询公司注册流程的相关内容掌握公司注册的基本知识及基本操作。

8)0201 岗位认知——ZJ90051 税务知识讲解(税务局)

任务描述:学习税务知识,制作成文档或课件,与主讲教师沟通确认后,对税务知识进行讲解。

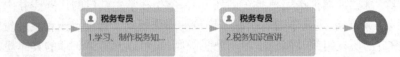

操作步骤:税务专员点击"任务中心",选择任务"ZJ90051 税务知识讲解"。通过系统右侧的资源提供税务知识讲解资料并结合实训运营规则的学习,制作税务知识的相关文档或者课件。税务专员将需讲解内容与财务教师沟通确认后向各企业的相关人员进行宣讲,并实时记录各企业对财务内容存在的问题,查找资料后给予答复。

9)0201 岗位认知——ZJ90061 市场监督管理检查(市监局)

任务描述:学习 VBSE 虚拟商业社会运营规则、工商知识,制定本次课程的《市场监督管理执法监督暂行规定》并制作成文档或课件,与主讲教师沟通确认后,对《市场监督管理执法监督暂行规定》进行讲解。

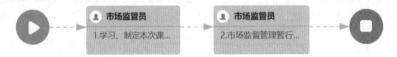

操作步骤:市场监管员点击"任务中心",选择任务"ZJ90061 市场监督管理检查"。通过系统右侧的资源提供资料,学习掌握社会虚拟商业规则和《市场监督管理执法监督暂行规定》,本次实训课程的《市场监督管理执法监督暂行规定》以课件或者文档形式呈现。市场监管员在与主讲教师沟通后确定讲解方式和讲解时间,将《市场监督管理执法监督暂行规定》向各企业的相关部门讲解,并实时记录各企业对暂行规定存在的问题,查找资料后给予答复。

10)0201 岗位认知——ZJ90091 虚拟商业社会社会保障制度编制(人社局)

任务描述:学习 VBSE 虚拟商业社会运营规则、社保及住房公积金知识,制定本次课程的社会保障制度并制作成文档或课件,与主讲教师沟通确认后,对社会保障制度进行讲解。

操作步骤:人社局社保公积金专员点击"任务中心",选择任务"ZJ90091 虚拟商业社会社会保障制度编制"。通过系统右侧的资源提供资料,学习掌握社会保障制度和五险一金知识,并结合相关政策,将学习内容制作成课件或者文档。社保公积金专员在与主讲教师沟通后确定讲解方式和讲解时间,将社会保障制度向各企业的相关部门讲解,并实时记录各企业对社会保障制度的问题,查找资料后给予答复。

4.2.2 固定经营——0202 岗位认知(招标代理)

1)学习公司注册流程

任务描述:学习公司注册流程。

操作步骤:招投标总经理点击"任务中心",点击"学习公司注册流程"任务,查看右侧资源内容,学习和掌握公司注册流程的相关知识,为接下来的公司注册工作的开展做准备。

2)名称预先核准申请

任务描述:企业取名。

操作步骤:招投标总经理点击"任务中心",选择"名称预先核准申请"。申办人提前准备好 3~5 个企业名称,名称要符合规范,具体格式如:某地(地区名)+某某(企业名)+贸易(行业名)+有限公司(类型)。在实训过程中,按照给定的预设,在 VBSE 系统中填写企业名称,检查是否可用并填写基本信息。招投标总经理找到"企业名称预先核准申请书",填写已经准备好的企业名称,完成"企业名称预先核准申请书",并递交至市监局,等待市监局审批。市监局市场监管员审核企业递交的"企业名称预先核准申请书",审核后为企业发放"企业名称预先核准通知书"。

3)企业设立登记

任务描述:企业设立登记。

操作步骤:招投标总经理点击"任务中心",选择"企业设立登记"。招投标总经理找到"企业设立登记申请表",填写已经准备好的企业名称,完成"企业设立登记申请表"。招投标总经理携带房屋租赁合同、房产证复印件(实训中未提供,可以不用带)、公司章程、企业名称预先核准通知书到市监局进行企业设立登记,等待市监局人员进行审核。市监局市场监管员接收企业申请的"企业设立登记申请表",在 VBSE 系统中审核企业信息,并开设该企业统一社会信用代码,审核"企业设立登记申请表"并发放营业执照。

4)银行开户申请

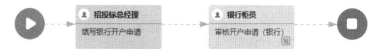

任务描述:银行开户。

操作步骤:招投标总经理点击"任务中心",选择"银行开户申请"。招投标总经理到银行领取并填写"银行结算账户申请书",将单据与营业执照、法人身份证、经办人身份证交由银行进行审核。银行柜员收到企业填写的"银行结算账户申请书",审核协议并签署相关部分,然后在 VBSE 系统中开设该企业银行账号。

5)税务登记

任务描述:招投标公司办理税务登记。

操作步骤:招投标总经理点击"任务中心",选择"税务登记"。招投标总经理到银行领取并填写《同城委托收款协议》,银行柜员收到企业填写的《同城委托收款协议》后进行审核,并签署相关部分。招投标总经理到税务局领取并填写"税务登记表",将"税务登记表"提交税务局进行审核。税务局税务专员审核企业提交的"税务登记表",在 VBSE 系统中办理税务登记。

6)社保登记

任务描述:招投标公司办理社保登记。

操作步骤:招投标总经理点击"任务中心",选择"社保登记"。招投标总经理到银行领取并填写《委托银行代收合同》,银行柜员收到企业填写的《委托银行代收合同》后审核协议,并签署相关部分。招投标总经理到人社局领取并填写"社会保险单位信息登记表",将"社会保险单位信息登记表"提交人社局进行审核。人社局社保公积金专员审核企业提交的"社会保险单位信息登记表",在 VBSE 系统中办理社保登记。

4.2.3　固定经营——0203 岗位认知(国贸企业)

1)了解国贸企业各岗位职责

任务描述:阅读并了解国贸企业各岗位职责,如图 4.4 所示。

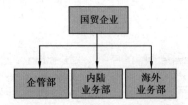

图 4.4　国贸企业组织结构图

操作步骤:国贸企业的总经理、进出口经理和内陆业务经理点击该任务,进入界面后,点击右侧资源,了解国贸企业的组织结构和各岗位的主要职责,具体岗位见表 4.5。

表 4.5　国贸企业岗位设置表

部门	岗位名称	在编人数	直接上级
企管部	国贸总经理	1	—

部门	岗位名称	在编人数	直接上级
内陆业务部	国贸内陆业务经理	1	总经理
海外业务部	国贸进出口经理	1	总经理

国贸总经理岗位职责：

①负责组织制定公司经营方针、经营目标、经营计划,分解到各部门并组织实施；

②负责制定并落实公司各项规章制度、改革方案、改革措施；

③提出公司组织结构设置方案；

④提出公司经营理念,主导企业文化建设的基本方向,创建良好的工作环境、生活环境,培养员工归属感,提升企业的向心力、凝聚力、战斗力；

⑤负责处理部门之间的矛盾问题；

⑥负责审核公司经营费用支出；

⑦决定公司各部门人员聘用任免；

⑧对公司的经济效益负责,分配各种资源。

国贸进出口经理岗位职责：

①负责进出口业务的订单管理,带领外贸部积极开拓国际市场,联系国外客户,寻求订单,并领导商务谈判与签订合同；

②负责进出口订单的洽谈、签约、单证审核、订单管理、运输、报关、收汇等；

③负责对进出口订单的评估、跟踪、管理和风险控制；

④负责所接订单的生产和货源、货物检验、商检报关等过程的跟踪,及时处理各环节出现的问题；

⑤负责客户资料的整理,做好客户要求的及时反馈和处理；

⑥负责合同履行过程中紧急意外情况的妥善处理；

⑦负责下属业务员的培养和指导。

国贸内陆业务经理岗位职责：

①负责销售计划的制订与执行,检查、监督销售计划的完成情况,出现偏差及时纠正,保证实现本区域的市场占有率和销售目标；

②负责销售费用预算、控制和管理；

③负责推行公司的售后服务规定及产品特点,与相关部门及人员配合实现售后服务目标；

④负责收集本区域的产品市场行情变化及重点竞争对手的销售策略、市场策略等信息,并对市场信息进行分析、预测并制定对策,及时向相关部门提供建议；

⑤负责合同履行过程中紧急意外情况的妥善处理；

⑥负责下属员工的招聘、培训、工作任务分配及业务指导等,支持销售目标的达成。

2)熟悉国贸企业规则

任务描述:阅读并了解国贸企业规则。

操作步骤:国贸总经理、进出口经理和内陆业务经理点击该任务,进入界面后,查看右侧资源:国贸企业规则,也可参考第 3 章的企业规则部分学习。

3)总经理工作交接

任务描述:读懂前任的工作交接文档,并填写库存台账。

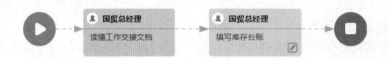

操作步骤:国贸总经理选择"任务中心",点击"工作交接",选择"与前任进行工作交接",可点击右侧资源处,读懂前任的工作交接文档。任务完成后进入填写库存台账任务,按照交接信息的期初库存填写库存台账。

4)进出口、内陆业务经理工作交接

任务描述:国贸进出口经理和内陆业务经理读懂工作交接文档。
操作步骤:国贸进出口经理和内陆业务经理选择"任务中心",点击"工作交接",选择"与前任进行工作交接",点击右侧资源处,读懂前任的工作交接文档。

5)第一阶段考核

任务描述:国贸总经理、进出口经理和内陆业务经理参与阶段性考核。
操作步骤:经过第一阶段学习后,各岗位点击任务操作界面,选择"培训测试",参加第一次培训测试。测试题目为单项选择题,内容主要涉及系统操作培训、管理学素养、岗位认知、性格及心理测试。测试成绩将计入该课程期末成绩,占总分的 10%。

4.2.4 固定经营——0204 岗位认知(连锁企业)

1)各岗位认知

任务描述:连锁总部熟悉企业规则、连锁店长熟悉企业规则、连锁门店了解各岗位职责、连锁总部了解各岗位职责,可以参照第 3 章中企业规则进行了解。

2)工作交接

任务描述:连锁总经理工作交接,读懂前任的工作交接文档。连锁仓储经理、连锁东区店长、连锁西区店长工作交接。
操作步骤:连锁仓储经理、连锁东区店长、连锁西区店长选择"任务中心",点击"工作交接",选择"与前任进行工作交接",读懂前任的工作交接文档,按照交接的期初库存填写库存台账。

3)第一次阶段性考核

任务描述:连锁总经理、连锁店长、连锁仓储经理参与阶段性考核。

操作步骤:经过第一阶段学习后,各岗位点击任务操作界面,选择"培训测试",参加第一次培训测试。测试题目为单项选择题,共 50 道题,内容主要涉及系统操作培训、管理学素养、岗位认知、性格及心理测试。测试成绩将计入该课程期末成绩,占总分的 10%。

4.2.5 固定经营——0205 岗位认知(会计师事务所)

1)各岗位认知

任务描述:熟悉会计师事务所规则,了解会计师事务所各岗位职责。

操作步骤:会计师事务所项目经理、审计师、审计助理点击任务操作界面,选择"熟悉会计师事务所规则和岗位职责"。会计师事务所主要服务于制造业,业务涉及财务报告审计、内部控制审计和专项审计服务。

2)了解审计相关概念

任务描述:熟悉审计相关概念。

操作步骤:会计师事务所项目经理点击任务操作界面,选择"了解审计相关概念"。项目经理组织部门人员学习审计的基本概念和理论,布置学习任务。审计师通过网络等途径查阅资料并形成学习笔记,重点了解审计准则的分类和一般构成,掌握内部审计基本准则内容,掌握审计抽样的种类和样本的选取方法。审计助理通过网络等途径查阅资料并形成学习笔记,了解审计过程中每一阶段的具体工作内容,了解审计证据可靠性的判定标准,了解审计工作底稿的基本要素及分类内容。

3)熟悉制造业内部控制制度

任务描述:熟悉制造业内部控制制度。

操作步骤:会计师事务所项目经理、审计师、审计助理点击任务操作界面,选择"熟悉制造业内部控制制度",读懂并熟悉制造业各部门内部控制,了解各部门主要业务,初步测试控制制度和评价控制风险,以及设计和实施进一步审计程序的性质、时间安排和范围。

4)第一阶段考核

任务描述:项目经理、审计师、审计助理参与阶段性考核。

操作步骤:经过第一阶段学习后,各岗位点击任务操作界面,选择"培训测试",参加第一次培训测试。测试题目为单项选择题,共 50 道题,内容主要涉及系统操作培训、管理学素养、岗位认知、性格及心理测试。测试成绩将计入该课程期末成绩,占总分的 10%。

5)承接物流企业代理记账业务

任务描述:会计师事务所承接物流企业代理记账业务。

操作步骤:会计师事务所项目经理与物流企业财务经理进行洽谈,询问物流企业基本情况,了解项目委托的目的,确定服务项目及收费标准。项目经理与物流企业就项目业务达成一致意见,签署代理记账合同并签字盖章。审计助理建立客户档案,登记客户的基本信息。审计助理接收物流企业交来的财务资料,填写"资料移交清单",并在接收人处签字。审计助理将移交的资料进行整理并妥善保管,熟悉物流企业业务以及常用的会计科目,准备期初建账。

6)承接连锁企业代理记账业务

任务描述:会计师事务所承接连锁企业代理记账业务。

操作步骤:会计师事务所项目经理与连锁企业财务经理进行洽谈,询问连锁企业基本情况,了解项目委托的目的,确定服务项目及收费标准。项目经理与连锁企业就项目业务达成一致意见,签署代理记账合同并签字盖章。审计助理建立客户档案,登记客户的基本信息。审计助理接收连锁企业交来的财务资料,填写"资料移交清单",并在接收人处签字。审计助理将移交的资料进行整理并妥善保管,熟悉连锁企业业务以及常用的会计科目,准备期初建账。

4.3　固定经营——经营准备

4.3.1　0301 经营准备——政务服务

政务服务在经营准备阶段主要涉及综合服务大厅内的业务准备,主要涉及服务公司、物流公司、市监局、税务局和人社局的业务内容。主要任务包括 ZJ90052 税务检查制度和奖惩机制的制定(税务局)、ZJ90062 市场监督管理检查(市监局)、ZJ90066 商标制作及注册(物流公司)、ZJ90067 商标制作及注册(服务公司)、ZJ90092 下达社保稽查通知书(人社局)、ZJ90098 就业指导-职业规划(人社局)。

1)0301 经营准备——ZJ90052 税务检查制度和奖惩机制的制定(税务局)

任务描述:税务专员学习虚拟商业社会的运营规则,根据规则制定本次课程的税务监察制度和奖惩办法,并将制定完成的制度与奖惩办法向各组织部门进行公示。

操作步骤:税务专员点击任务操作界面,选择"任务中心",点击"ZJ90052 税务检查制度和奖惩机制的制定"。税务专员根据右侧资源处的资料查询和运营规则的学习,制定和公示本次实训课程的税务稽查制度和奖惩办法。后与主讲教师商讨确定讲解的方式和时间,向企业的相关部门宣讲税务检查和奖惩制度,并对企业提出的疑问查阅资料和咨询教师后及时给予答复。

2)0301 经营准备——ZJ90062 市场监督管理检查(市监局)

任务描述:市场监管员根据《市场监督管理执法监督暂行规定》进入企业进行检查,记录结果,对确认存在问题的企业开具工商行政处罚决定书,并跟踪整改情况。

操作步骤:市场监管员进入"任务中心",点击"ZJ90062 市场监督管理检查"。市场监管员在学习和熟悉《市场监督管理执法监督暂行规定》的基础上,在接到主讲教师市场稽查的任务指示后,抽取某个企业,进入该企业的相关部门找到对应的负责人进行现场检查。根据检查结果,市场监管员对存在问题的企业下达行政处罚决定书。根据行政处罚决定书,市场监管员定期检查整改情况,已经整改完成缴纳罚款后,恢复信用评级;对于未定期整改的企业,不予信用评级并给予警告或暂停营业、生产等处罚。

3)0301 经营准备——ZJ90066 商标制作及注册(物流公司)

任务描述:制作本企业的商标标识,制作完成后提交市监局审核公示并备案。

操作步骤:物流总经理点击任务操作界面,选择"任务中心",点击"ZJ90066 商标制作及注册"。物流总经理在接受该任务后组织公司所有员工进行公司的商标制作,包括公司 Logo 图片、商标说明、商标意义等内容,将制作好的商标标识的图片、其他说明文件复制到 U 盘提交给市场监管员。市场监管员接收和审核物流公司提交的商标标识申请资料,审核无误后在指定的区域进行公示。

4)0301 经营准备——ZJ90067 商标制作及注册(服务公司)

任务描述:制作本企业的商标标识,制作完成后提交市监局审核公示并备案。

操作步骤:服务公司总经理点击任务操作界面,选择"任务中心",点击"ZJ90067 商标制作及注册"。服务公司总经理在接受商标制作及注册任务后,组织公司所有员工进行公司的商标制作,包括公司 Logo 图片、商标说明、商标意义等内容,将制作好的商标标识的图片、其他说明文件复制到 U 盘提交到市场监管员。市场监管员接收和审核服务公司提交的商标标识申请资料,审核无误后在指定的区域进行公示。

5)0301 经营准备——ZJ90092 下达社保稽查通知书(人社局)

任务描述:填写社保稽查通知书,下发至制造企业、经销商、工贸企业。

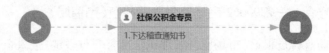

操作步骤：人社局社保公积金专员点击任务操作界面，点击"任务中心"，点击"ZJ90092下达社保稽查通知书"。社保公积金专员根据业务开展需要，填写"社保稽查通知书"，完成后下发给制造业的企管部、经销商和工贸企业的行政经理。接受稽查的企业相关部门将所需资料(原始凭证)备查。

6)0301 经营准备——ZJ90098 就业指导-职业规划(人社局)

任务描述：学习制作职业生涯规划文档，并组织企业培训学习。

操作步骤：人社局社保公积金专员点击任务操作界面，点击"任务中心"，点击"就业指导-职业规划"。社保公积金专员先自行学习职业生涯规划相关知识和自我管理相关技能，与主讲教师沟通职业生涯规划培训的时间、方式等后，组织各企业人员开展职业生涯规划的培训。

4.3.2 0301 经营准备——制造业企业、工贸企业和经销商

制造业企业、工贸企业和经销商在经营准备阶段的任务，主要包括商标制作及注册、ISO 9000 认证业务链、制造业产品分销 DCG 系列(DCG1—DCG4)、物料外部流转 MCG 系列、物料内部流转 MSC 系列(MSC1—MSC3)、经销商销售 DYX 系列(DYX1—DYX6)、薪酬核算准备工作、借款、工贸企业采购系列(TCG1—TCG2)和物流公司签订运输合同(MYS1—MYS2，DYS1—DYS2)。

1)0301 经营准备——ZJ90063 商标制作及注册(制造业)

任务描述：制作本企业的商标标识，制作完成后提交市监局审核公示并备案。

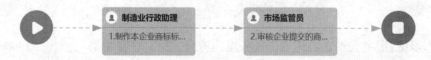

操作步骤：制造业行政助理点击任务操作界面，选择"任务中心"，点击"ZJ90063 商标制作及注册"。制造业行政助理根据企业商标制作的要求，制作符合要求的企业商标并提交到市监局审核公示并备案。市场监管员接收和审核制造业企业提交的商标标识申请资料，审核无误后在指定的区域进行公示。

2）0301 经营准备——ZJ90064 商标制作及注册（经销商）

任务描述：制作本企业的商标标识，制作完成后提交市监局审核公示并备案。

操作步骤：经销商行政经理点击任务操作界面，选择"任务中心"，点击"ZJ90064 商标制作及注册"。经销商行政经理根据企业商标制作的要求，制作符合要求的企业商标并提交到市监局审核公示并备案。市场监管员接收和审核经销商提交的商标标识申请资料，审核无误后在指定的区域进行公示。

3）0301 经营准备——ZJ90065 商标制作及注册（工贸企业）

任务描述：制作本企业的商标标识，制作完成后提交市监局审核公示并备案。

操作步骤：工贸行政经理点击任务操作界面，选择"任务中心"，点击"ZJ90065 商标制作及注册"。工贸行政经理根据企业商标制作的要求，制作符合要求的企业商标并提交到市监局审核公示并备案。市场监管员接收和审核工贸企业提交的商标标识申请资料，审核无误后在指定的区域进行公示。

4）0301 经营准备——ISO9000 认证业务链

此项业务主要由制造业开展，内容包括 MRZ1 申请和办理 ISO9000 认证、MRZ2 收到 ISO9000 认证发票，以及 MRZ3 支付 ISO9000 认证费。

（1）MRZ1 申请和办理 ISO9000 认证（制造业）

任务描述：MRZ1 申请和办理 ISO9000 认证，内容主要为开发公司产品，使产品符合市场销售的要求并提升其竞争力，申请办理 ISO9000 认证。

操作步骤：制造业生产计划经理点击任务操作界面,选择"任务中心",点击"MRZ1 申请和办理 ISO9000 认证"。制造业生产计划经理填写 ISO9000 认证申请表单后提交,参照教学资源中的模板完善纸质版增值税专用发票。制造业总经理登录系统,点击待办任务,选择审核 ISO 认证申请,对照公司的经营策略、产品规格,审核办理 ISO9000 认证的合理性,确认无误后签字,将认证申请表发送给制造业行政助理。制造业行政助理收到制造业总经理发送的认证申请表,查看制造业总经理的审核批复及签字,将认证申请表发送给制造业生产计划经理。制造业生产计划经理收到制造业行政助理发送的认证申请表后,去服务公司办理 ISO9000 认证。服务公司业务员接收到制造业生产计划经理提交的线上线下 ISO9000 申请单后,核对制造业企业缴纳的办理费用,为制造业企业办理 ISO9000 认证。

（2）MRZ2 收到 ISO9000 认证发票（制造业）

任务描述：MRZ2 收到 ISO9000 认证发票（制造业）,内容主要为服务公司开具 ISO9000 认证的发票,制造业企业完善记账凭证。

操作步骤：制造业生产计划员点击任务操作界面,选择"任务中心",点击"MRZ2 收到 ISO9000 认证发票"。制造业生产计划员去服务公司领取 ISO9000 认证的发票。服务公司业务员根据 ISO9000 认证的金额和制造业生产计划员提供的企业信息开具增值税专用发票,并将增值税专用发票的发票联、抵扣联交给制造业生产计划员,将增值税专用发票记账联备案留档。制造业生产计划员从服务公司收取 ISO9000 认证费用专用发票并登记备案,将 ISO9000 认证费用专用发票送至制造业财务会计处并登记发票。

账务处理：先办理 ISO 认证服务,收到发票后支付账款。制造业财务会计收到制造业生产计划员提交的 ISO9000 认证费用专用发票,根据 ISO9000 认证费用专用发票填制记账凭证。制造业财务经理审核制造业财务会计编制的记账凭证并对照相关附件检查是否正确,审核无误后,在记账凭证上签字或盖章。制造业财务会计根据记账凭证登记科目明细账,记账后在记账凭证上签字或盖章。制造业财务经理根据记账凭证登记总账,记账后在记账凭证上签字或盖章。具体分录如下:

借	管理费用——ISO 认证费	增值税专用发票中价款金额	
	应交税费——应交增值税——进项税额	增值税专用发票中税款金额	
贷	应付账款——服务公司		增值税专用发票中价税合计数

（3）MRZ3 支付 ISO9000 认证费（制造业）

任务描述：MRZ3 支付 ISO9000 认证费（制造业）,内容主要为制造业企业支付 ISO9000 认证的费用。

操作步骤：制造业生产计划员点击任务操作界面，选择"任务中心"，点击"MRZ3 支付 ISO9000 认证费"。制造业生产计划员根据 ISO9000 认证的发票填写付款申请表，将发票粘贴在付款单后面。制造业生产计划经理收到制造业生产计划员交给的付款申请表，查看 ISO9000 认证合同的执行情况，审核付款申请表的准确性和合理性，确认后在付款申请表上签字，并将付款单送交制造业财务经理审核。制造业财务经理收到制造业生产计划经理审核同意的付款申请表，审核付款申请表的准确性和合理性，确认后在付款申请表上签字。制造业出纳填写转账支票，制造业财务经理审核 ISO9000 认证的发票是否正确，审核支票填写是否正确，确认无误后签字。制造业财务经理将支票正联交给制造业生产计划员，让制造业生产计划员在支票登记簿上签收。制造业生产计划员将支票送往服务公司。服务公司总经理向办理 ISO 认证的企业催收 ISO 认证费用。拿到 ISO 认证的企业办理 ISO 认证费用转账支票，根据转账支票填写进账单，携带转账支票与进账单到银行进行转账。银行柜员收到企业提交的进账单与支票，根据进账单信息办理转账业务，根据办理的转账业务打印银行业务回单，将银行业务回单交给企业办事员。

账务处理：制造业财务会计接收制造业出纳交来的 ISO9000 认证发票的付款单，核对制造业出纳交来的 ISO9000 认证发票，根据付款申请表、支票金额及银行回单编制记账凭证。制造业财务经理审核制造业财务会计提交的记账凭证，审核后在记账凭证上签字或盖章，将记账凭证交给制造业出纳作为记账依据。制造业出纳根据记账凭证登记银行存款日记账，在记账凭证上签字或盖章，将记账凭证交制造业财务会计登账。制造业财务会计根据记账凭证登记明细账，在记账凭证上签字或盖章，将记账凭证交给制造业财务经理登记总账。具体分录如下：

借	应付账款——服务公司	对方取数	
贷	银行存款——工行		银行业务回单金额

注：当缴纳服务费的银行回单回来时一并做账。注意应付账款管理，及时核销债务。

5)0301 经营准备——制造业产品分销 DCG 系列（DCG1—DCG4）

此项业务是由制造业与经销商开展商品贸易时进行的业务内容，该内容共包括 DCG1—DCG17 的 17 个任务节点。在经营准备阶段，为 DCG1 与制造业签订购销合同（经销商）、DCG2 与经销商签订购销合同（制造业）、DCG3 录入采购订单（经销商）、DCG4 确认经销商的采购订单（制造业）4 个业务。（DCG5—DCG11 为月初经营阶段任务，DCG12—DCG17 为月末经营阶段任务，这些节点任务将在后续章节详细介绍。）

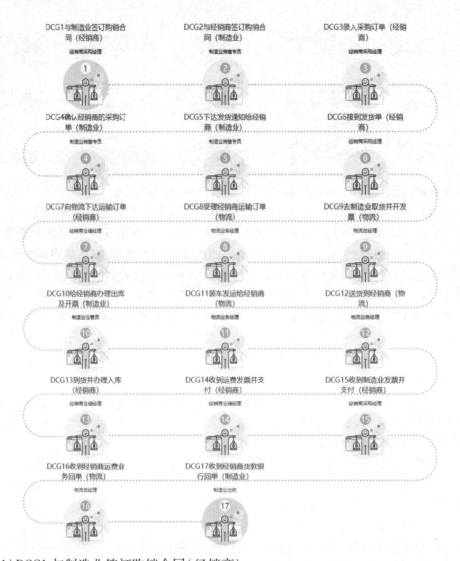

（1）DCG1 与制造业签订购销合同（经销商）

任务描述：经销商采购经理与制造业签订购销合同。

操作步骤：经销商采购经理点击任务操作界面，选择"任务中心"，点击选择"DCG1 与制造业签订购销合同"。经销商采购经理与制造业销售专员通过商务洽谈，确定交易商品价格、交货日期、交货地点和其他交易条件后签订一式两份的购销合同。购销合同签订完成后，经销商采购经理根据购销合同的内容在 VBSE 系统和线下填写合同会签单，并将购销合同和合同会签单提交经销商财务经理审核。经销商财务经理审核接收到的购销合同和合同会签单的正确性与合法性，审核无误后在合同会签单上签字盖章并将审核通过的购销合同和合同会签单送到经销商总经理处审核。经销商总经理审核收到的购销合同和合同会签单的合同条款、期限等是否符合公司要求，审核无误后在合同会签单上签字盖章并将审核通过的购销合同和合同会签单交由经销商行政经理加盖公司合同章。经销商行政经理审核送至的购销合同和合同会签单,审核无误后在购销合同上加盖公司合同章。同时,经销商行政经理在公章印鉴使用登记表上登记并签字,并及时更新合同管理表——购销合同,最后将盖章后的合同交给经销商采购经理。经销商采购经理将盖章的购销合同进行登记并送至供应商,并及时更新采购合同执行情况表。

(2)DCG2 与经销商签订购销合同(制造业)

任务描述:营销部为开展商业活动,保护公司利益,与经销商签订购销合同。

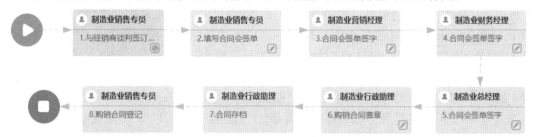

操作步骤:制造业销售专员点击任务操作界面,选择"任务中心",点击选择"DCG2 与经销商签订购销合同"。制造业销售专员与经销商采购经理通过商务洽谈,确定交易商品价格、交货日期、交货地点和其他交易条件后签订一式两份的购销合同。购销合同签订完成后,制造业销售专员根据购销合同的内容在 VBSE 系统和线下填写合同会签单,并将购销合同和合同会签单提交制造业营销经理审核。制造业营销经理审核接收到的购销合同和合同会签单的正确性与合法性,审核无误后在合同会签单上签字盖章并将审核通过的购销合同和合同会签单送到制造业财务经理处审核。制造业财务经理审核接收到的购销合同和合同会签单的正确性与合法性,审核无误后在合同会签单上签字盖章并将审核通过的购销合同和合同会签单送到制造业总经理处审核。制造业总经理审核收到的购销合同和合同会签单的合同条款、期限等是否符合公司要求,审核无误后在合同会签单上签字盖章并将审核通过的购销合同和合同会签单交由制造业行政助理加盖公司合同章。制造业行政助理审核送至的购销合同和合同会签单,审核无误后在购销合同上加盖公司合同章。同时,制造业行政助理将合同会签单和其中一份购销合同一起进行存档。最后将盖章后的购销合同交给制造业销售专员。制造业销售专员将盖章后的购销合同进行登记并送至对方企业的合同当事人。

(3)DCG3 录入采购订单(经销商)

任务描述:经销商采购经理依据采购合同填写采购订单。

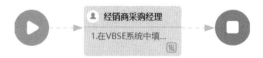

操作步骤:经销商采购经理点击任务操作界面,选择"任务中心",点击选择"DCG3 录入采购订单"。经销商采购经理根据前期签订的购销合同内容在 VBSE 系统上填写采购订单,并通知制造业的销售专员在系统上确认订单。

(4)DCG4 确认经销商的采购订单(制造业)

任务描述:营销部为规范地开展商业活动,保证企业经营利益,便于跟踪了解市场信息,将经销商的采购订单存档保存。

操作步骤:制造业销售专员点击任务操作界面,选择"任务中心",点击选择"DCG4 确认经销商的采购订单"。制造业销售专员根据前期签订的购销合同内容在 VBSE 系统上确认采购订单,并根据系统上的采购订单信息填写销售订单。

6)0301 经营准备——物料外部流转 MCG 系列

在物料流转管理过程中,制造业要与工贸企业、物流企业合作完成。物料的外部流转主要是制造业为满足生产需要购买原材料。主要业务包括 MCG1 与工贸企业签订购销合同(制造业)、MCG2 与制造业签订购销合同(工贸企业)、MCG3 录入采购订单(制造业)、MCG4 确认制造业的采购订单(工贸企业),MCG1—MCG4 为经营准备阶段任务。MYS1 与制造业签订运输合同(物流企业)、MYS2 与物流公司签订运输合同(制造业)、MCG5 准备发货并通知制造业取货(工贸企业)、MCG6 接到发货单准备取货(制造业)、MCG7 向物流下达运输订单(制造业)、MCG8 受理制造业运输订单(物流企业)、MCG9 去工贸企业取货并开发票(物流企业)、MCG10 给制造业办理出库并开发票(工贸企业)、MCG11 装车发运给制造业(物流企业),MCG5—MCG11 为月初经营阶段任务[此项任务的后续环节将在固定经营的月末经营阶段完成,包括 MCG12 送货到制造业(物流企业)、MCG13 到货并办理入库(制造业)、MCG14 支付运输费(制造业)、MCG15 支付工贸企业货款(制造业)、MCG16 收到制造业运输费业务回单(物流企业)、MCG17 收到制造业货款银行回单(工贸企业)]。

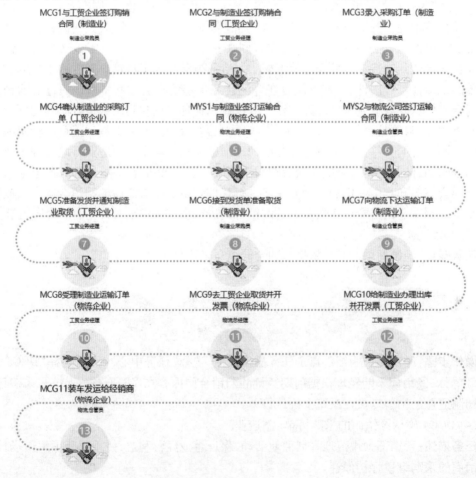

（1）MCG1 与工贸企业签订购销合同（制造业）

任务描述：MCG1 与工贸企业签订购销合同，内容主要为制造业企业签订采购合同。

操作步骤：制造业采购员点击任务操作界面，选择"任务中心"，点击选择"MCG1 与工贸企业签订购销合同"。制造业采购员拟定谈判策略、整理谈判资料，根据谈判约定拟制购销合同，双方确认一致后签订购销合同，一式两份。需要考虑供应商交货及时率、现存量分析、市场价格分析、市场需求分析、采购计划完成率、采购总额分析、年度采购计划、供应商信息等指标。制造业采购员根据合同的信息填写合同会签单，将购销合同和合同会签单提交给制造业采购经理。制造业采购经理接收制造业采购员提交的购销合同及合同会签单后，审核购销合同内容填写的准确性和合理性，审核同意后在合同会签单上签字确认，将购销合同和合同会签单送给制造业财务经理。制造业财务经理接收制造业采购经理交送的购销合同及合同会签单后，审核购销合同的准确性和合理性，审核同意后在合同会签单上签字，将购销合同和合同会签单提交给制造业总经理。制造业总经理接收制造业财务经理提交的购销合同及合同会签单后，审核制造业采购经理和制造业财务经理是否审核签字，审核购销合同的准确性和合理性，审核同意后在合同会签单、购销合同上签字，将购销合同和合同会签单发送给制造业行政助理。制造业行政助理接收制造业总经理发送的购销合同和合同会签单后，检查合同会签单上是否有制造业总经理签字，确认无误后给合同盖章，发送给制造业采购员。制造业采购员接收制造业行政助理发送的购销合同后，根据制造业与工贸企业签订好的购销合同，登记采购合同执行情况表，将购销合同送交供应商。

（2）MCG2 与制造业签订购销合同（工贸企业）

任务描述：MCG2 与制造业签订购销合同（工贸企业），内容主要为工贸企业与制造业企业谈判，签订销售合同，并进行合同会签。

操作步骤：工贸业务经理点击任务操作界面，选择"任务中心"，点击选择"MCG2 与制造业签订购销合同"。工贸业务经理拟定谈判策略，根据谈判约定拟制购销合同，双方确认一致并签订合同。工贸业务经理填写合同会签单，连同合同一并送交至工贸财务经理审核。可以参考销售收入占比分析、现存量分析、产成品占比分析、客户订单统计、年度销售计划、年度生产计划和客户信息等。工贸财务经理收到工贸业务经理交给的购销合同及合同会签单，审核购销合同的准确性和合理性，审核无误后在合同会签单上签字，将购销合同和会签单一并提交至工贸总经理审核。工贸总经理审核购销合同的条款、期限、付款信息等是否符合公司要求，审核无误后在合同会签单上签字，并将审核后的购销合同和合同会签单流转至工贸行政经理。工贸行政经理接收到工贸总经理审核通过的合同会签单，在购销合同上盖章。同时,工贸行政经理在公章印鉴使用登记表上登记并签字,更新合同管理表,将合同会签单与一份盖章后的购销合同进行归档处理,将一份盖章后的合同交给工贸业务经理。工贸业务经理登记盖章后的购销合同,并交给合同当事人,更新采购合同执行情况表。

(3)MCG3 录入采购订单(制造业)

任务描述:MCG3 录入采购订单(制造业),内容主要为采购员在系统中录入采购订单。

操作步骤:制造业采购员点击任务操作界面,选择"任务中心",点击选择"MCG3 录入采购订单"。根据制造业与工贸企业签订好的购销合同,将采购订单信息录入 VBSE 系统,通知供货方确认订单。

(4)MCG4 确认制造业的采购订单(工贸企业)

任务描述:工贸业务经理在 VBSE 系统中确认制造业的采购订单。

操作步骤:工贸业务经理点击任务操作界面,选择"任务中心",点击选择"MCG4 确认制造业的采购订单"。工贸业务经理在系统中确认制造业的采购订单,根据系统的采购订单信息填制销售订单。

7)0301 经营准备——物料内部流转 MSC 系列(MSC1—MSC3)

物料内部流转是指制造业与工贸企业交易成功后,原材料到达制造业仓库后,生产环节的一系列运转过程。在办理完 ISO9000 认证资格后,制造业企业就拥有生产相关产品的生产资格。此项业务主要包括 MSC1 整理销售需求(制造业)、MSC2 编制主生产计划(制造业)、MSC3 编制物料净需求计划(制造业)。[此项任务的后续环节将在固定经营的月初经营阶段完成,包括 MSC4 派工领料——车架(制造业)、MSC5 派工领料——童车(制造业)、MSC6 车架完工入库(制造业)、MSC7 整车完工入库(制造业)。]

(1)MSC1 整理销售需求(制造业)

任务描述:MSC1 整理销售需求,内容主要为制造业企业整理各类销售产品数量。

操作步骤:制造业销售专员点击任务操作界面,选择"任务中心",点击任务"MSC1 整理销售需求"。制造业销售专员根据销售订单和销售预测整理编制销售订单汇总表(一式两份),编制完成后报给制造业营销经理进行审核。制造业销售专员在操作系统上点击"任务中心",选择"整理销售需求",点击"编制销售订单汇总表",点击右下角图标,进入操作步骤系统界面,完成销售订单汇总表。制造业营销经理接收到制造业销售专员编制的销售订单汇总表后,根据市场状况进行审核,审核无误后签字并返回给制造业销售专员。制造业销售专员将制造业营销经理审核过的销售订单汇总表送至生产部生产计划员处,并现场签收,作为制定 MPS 的主要依据。同时,另送一份制造业营销经理审核过的销售订单汇总表至采购部采购员,并现场签收,作为采购计划的整体指导。

（2）MSC2 编制主生产计划（制造业）

任务描述:MSC2 编制主生产计划（制造业）,内容主要为制造业企业确定生产任务、编制主生产计划、核验审核。

操作步骤:制造业生产计划员点击任务操作界面,选择"任务中心",点击选择"MSC2 编制主生产计划"。制造业生产计划员向营销部索要销售订单汇总表,明确已接订单及销售预测,确定生产任务;参考教学资源中"主生产计划表",自行编制主生产计划电子表单,并将计算结果填写在线下主生产计划单完成主生产计划的编制;将主生产计划表交给制造业车间管理员核验,然后交给制造业生产计划经理审批。注意现存量分析、客户订单统计、年度销售计划、年度生产任务计划、车间产能等。制造业车间管理员根据车间产能检查主生产计划是否可行,如果不可行,返回第一步重新调整编制计划,核对确认后签字,交还给制造业生产计划员。制造业生产计划经理审批制造业车间管理员核验的主生产计划,签字后交还给制造业生产计划员。

（3）MSC3 编制物料净需求计划（制造业）

任务描述:MSC3 编制物料净需求计划（制造业）,内容主要为制造业企业确定采购任务、编制物料净需求计划。

操作步骤:制造业生产计划员点击任务操作界面,选择"任务中心",点击选择"MSC3 编制物料净需求计划"。制造业生产计划员根据主生产计划及物料清单,确定各原材料生产需求量;查询所需原材料库存情况,确认各原材料净需求;参考教学资源中"主生产计划计算表"编制物料净需求计划,将计算结果填写在线下物料净需求表单;将物料净需求计划单送至制造业车间管理员核对后,再送制造业生产计划经理审批。注意现存量分析、客户订单统计、年度销售计划、年度生产任务计划、车间产能、主生产计划和 BOM 等。制造业生产计划经理收到制造业生产计划员的物料净需求计划后,核对计算是否正确,审核物料净需求计划中物料需求时间与数量是否同主生产计划一致,确认后批准交还给制造业生产计划员。制造业生产计划员将物料净需求计划表第一联留下用来安排生产,第二联送交制造业采购经理以便其安排采购。

8）经销商销售 DYX 系列（DYX1—DYX6）

经销商作为产品制造商和零售商之间的桥梁,连接产品的生产、流通和消费环节。为了更好地服务制造业和零售商,也为了企业的生存发展,经销商须做好在识别市场需求、采购、存储、销售、宣传、配送等环节的业务。经销商销售环节的业务共包括 12 个任务链,分别为 DYX1 申请和办理市场开拓(经销商)、DYX2 收到市场开拓费发票(经销商)、DYX3 支付市场开拓费(经销商)、DYX4 申请和办理广告投放(经销商)、DYX5 收到广告费发票(经销商)、DYX6 支付广告投放费用(经销商)、DYX7 查看虚拟销售订单(经销商)、DYX8 组织经销商竞单(服务公司)、DYX9 查看竞单结果(经销商)、DYX10 给虚拟经销商发货(经销商)、DYX11 给虚拟经销商办理出库并开票(经销商)、DYX12 收到虚拟经销商货款(经销商)。在经营准备阶段,经销商销售主要任务为 DYX1—DYX6,DYX7—DYX12 的任务将在后续的月初经营和月末经营阶段具体阐述。

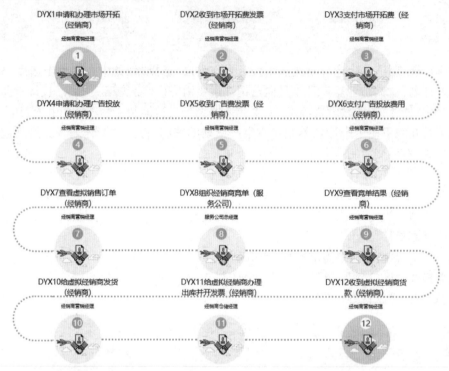

(1)DYX1 申请和办理市场开拓(经销商)

任务描述:经销商营销经理根据市场预测,提交市场开拓申请(经销商)。

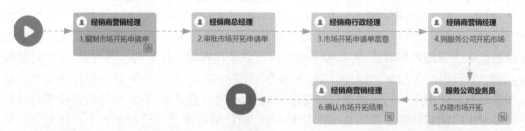

操作步骤:经销商营销经理点击任务操作界面,选择"任务中心",点击选择"DYX1 申请和办理市场开拓"。经销商营销经理根据公司战略、市场预测确定目标市场和广告费金额后,填写市场开拓申请单(注:经销商拥有开拓东、西、南、北四个市场的权利)交由经销商总经理审核。经销商总经理审核市场开拓申请单的合理性,确认无误后签字交由经销商行政经理。经销商营销经理在公章印鉴使用登记表签字后,经销商行政经理审核市场开拓申请单信息并加盖企业公章。经销商营销经理将盖章签字后的市场开拓申请单拿到服务公司,审核办理市场开拓。服务公司业务员根据提交的市场开拓申请单和经销商营销经理确认的市场区域,在 VBSE 系统上为经销商办理市场开拓业务并告知经销商营销经理业务办理完成后到服务公司 CEO 处开具发票。得到服务公司的业务办理完成通知后,经销商营销经理在 VBSE 系统查看市场开拓结果。

(2)DYX2 收到市场开拓费发票(经销商)

任务描述:经销商营销经理收取服务公司的市场开拓费用发票。

操作步骤:经销商营销经理点击任务操作界面,选择"任务中心",点击选择"DYX2 收到市场开拓费发票"。经销商营销经理在市场开拓业务办理完成后,准备好企业的开票信息,到服务公司业务员处办理开票。服务公司业务员根据市场开拓申请单和经销商营销经理提供的企业信息开具市场开拓增值税专用发票(税率为 6%),并将增值税专用发票的发票联和抵扣联交给经销商营销经理,将发票记账联备案留档。经销商营销经理将收到的市场开拓增值税专用发票登记备案后,将发票提交经销商出纳登记。

账务处理:经销商出纳根据收到的市场开拓增值税专用发票在系统上填写记账凭证,并将记账凭证提交经销商财务经理处审核。经销商财务经理审核接收到的记账凭证并对照其他附件检查信息的正确性,审核无误后在记账凭证上签字或盖章,并根据记账凭证登记科目明细账和总账。具体分录如下:

借	管理费用——市场开拓费	增值税专用发票中价款金额	
	应交税费——应交增值税——进项税额	增值税专用发票中税款金额	
贷	应付账款——服务公司		增值税专用发票中价税合计数

(3)DYX3 支付市场开拓费(经销商)

任务描述:经销商营销经理根据市场开拓费用发票,提交支付市场开拓费申请并进行付款处理。

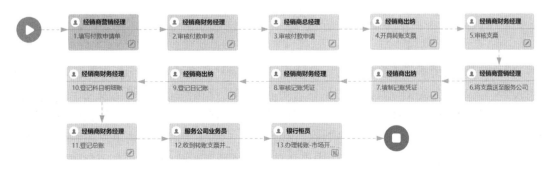

操作步骤:经销商营销经理点击任务操作界面,选择"任务中心",点击选择"DYX3 支付市场开拓费"。经销商营销经理查看发票记录表,确认未支付的发票信息,对照相关信息填写付款申请单(线上及线下)并提交经销商财务经理审核。经销商财务经理审核付款申请单的金额和发票金额是否一致,审核通过后签字或盖章后返还经销商营销经理。经销商营销经理将签字后的付款申请单递交经销商总经理审核。经销商总经理审核付款单信息的正确性,审核无误后签字盖章并返还给经销商营销经理。经销商营销经理将复批后的付款申请单递交经销商出纳。经销商出纳确认信息后按照付款申请单的金额开具转账支票,在转账支票登记簿上进行登记,要求支票领用人(经销商营销经理)签字后,将转账支票正联交由经销商财务经理审核。经销商财务经理审核接收的转账支票填写是否正确,审核无误后签字并加盖公司财务章和法人章,并将盖章后的转账支票返还给经销商营销经理。经销商营销经理在支票簿完成登记后将转账支票送至服务公司。服务公司业务员在接收到转账支票后,根据信息填写进账单,并携带转账支票与进账单到银行办理转账业务。银行柜员根据转账支票与进账单办理转账业务,打印银行业务回单交由企业办事人(经销商营销经理)。

账务处理:经销商出纳根据付款申请单和转账支票存根填写记账凭证(线上和线下),并将付款申请单和转账支票存根粘贴到记账凭证背面作为附件,递交经销商财务经理审核。经销商财务经理审核记账凭证信息的正确性,确认无误后签字盖章并传递至经销商出纳。经销商出纳根据记账凭证信息填写银行存款日记账并在记账凭证上签字或盖章,并将记账凭证递交经销商财务经理。经销商财务经理在记账凭证上签字后,填写科目明细账和总账。具体分录如下:

借	应付账款——服务公司	对方取数	
贷	银行存款——工行		银行业务回单金额

注:当支付市场开拓费的银行回单回来时一并做账。注意应付账款管理,及时核销债务。

(4)DYX4 申请和办理广告投放(经销商)

任务描述:提交广告投放申请(经销商)。

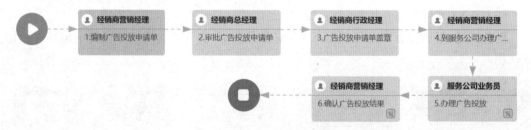

操作步骤:经销商营销经理点击任务操作界面,选择"任务中心",点击选择"DYX4 申请和办理广告投放"。经销商营销经理依据公司战略、市场预测、开拓的市场及商定好的广告费投入金额,填写广告投放申请单交由经销商总经理审核。经销商总经理审核广告投放申请单的金额、市场等信息的合理性,审核无误后签字,并将签字后的申请单返还经销商营销经理。经销商营销经理将签字后的广告申请单递交经销商行政经理,并在公章印鉴使用登记表签字登记后,由经销商行政经理审核后加盖企业公章。经销商营销经理将申请表提交服务公司申请办理广告投放。服务公司业务员再根据接收到的广告申请单上的信息在 VBSE 系统上办理对应市场的广告投放,业务办理成功后通知对应公司的经销商营销经理。经销商营销经理在 VBSE 系统上确认广告投放结果。

(5)DYX5 收到广告费发票(经销商)

任务描述:收取广告投放费用发票(经销商)。

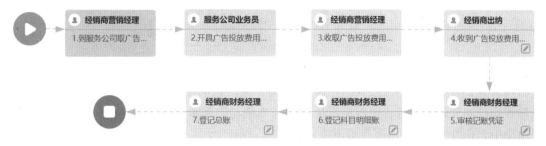

操作步骤:经销商营销经理点击任务操作界面,选择"任务中心",点击选择"DYX5 收到广告费发票"。经销商营销经理确认广告投放成功后,携带公司的开票信息到服务公司开具广告投放费用发票。服务公司业务员根据经销商营销经理提交的广告申请单的金额和对方提供的企业开票信息开具增值税专用发票,将增值税专用发票的发票联和抵扣联交给经销商营销经理,将发票的记账联留存归档。经销商营销经理收到发票登记备案后将广告投放费用发票送往经销商出纳登记。经销商出纳依据接收的发票填制记账凭证并将发票送往经销商财务经理处审核。经销商财务经理审核记账凭证及相关附件的正确性,确认无误后在记账凭证上签字或盖章,并登记科目明细账和总账。

账务处理:经销商收到广告费发票业务是前期申请和办理广告投放业务的延续。经销商出纳根据接收到的经销商营销经理的广告投放费用发票填制记账凭证,并将发票送往经销商财务经理处审核。经销商财务经理审核记账凭证及相关附件的正确性,确认无误后在记账凭证上签字或盖章,并登记科目明细账和总账。具体分录如下:

借	销售费用——广告费	增值税专用发票中价款金额	
	应交税费——应交增值税——进项税额	增值税专用发票中税款金额	
贷	应付账款——服务公司		增值税专用发票中价税合计数

(6)DYX6 支付广告投放费用(经销商)

任务描述:支付广告投放费用(经销商)。

操作步骤:经销商营销经理点击任务操作界面,选择"任务中心",点击选择"DYX6 支付广告投放费用"。经销商营销经理查看发票记录表,确认未支付的发票信息,对照相关信息填写付款申请单(线上及线下)并提交经销商财务经理审核。经销商财务经理审核付款申请单的金额和发票金额是否一致,审核通过后签字或盖章,返还给经销商营销经理。经销商营销经理将签字后的付款申请单递交经销商总经理审核。经销商总经理审核付款单信息的正确性,审核无误后签字盖章并返还给经销商营销经理。经销商营销经理将批复后的付款申

请单递交经销商出纳。经销商营销经理在经销商出纳完成支票簿登记后将转账支票送至服务公司。服务公司业务员在接收到转账支票后,根据信息填写进账单,并携带转账支票与进账单到银行办理转账业务。银行柜员根据转账支票与进账单办理转账业务,打印银行业务回单交由企业办事人(经销商营销经理)。

账务处理:经销商出纳确认信息后按照付款申请单的金额开具转账支票,在转账支票登记簿上进行登记,要求支票领用人(经销商营销经理)签字后,将转账支票正联交由经销商财务经理审核。经销商财务经理审核转账支票填写是否正确,审核无误后签字并加盖公司财务章和法人章,并将盖章后的转账支票返还经销商营销经理。经销商出纳根据付款申请单和转账支票存根填写记账凭证(线上和线下),并将付款申请单和转账支票存根粘贴到记账凭证背面作为附件,递交经销商财务经理审核。经销商财务经理审核记账凭证信息的正确性,确认无误后签字盖章传递至经销商出纳。经销商出纳根据记账凭证信息填写银行存款日记账并在记账凭证上签字或盖章,并将记账凭证递交经销商财务经理。经销商财务经理在记账凭证签字后,填写科目明细账和总账。具体分录如下:

借	应付账款——服务公司	对方取数	
贷	银行存款——工行		银行业务回单金额

注:当支付广告费的银行回单回来时一并做账。注意应付账款管理,及时核销债务。

9)薪酬核算准备工作

(1)制造业企业的薪酬核算准备

在员工管理过程中,企业要为员工提供薪酬和福利。制造业企业在经营准备阶段的薪酬核算准备任务主要包括 MKK1 批量办理个人银行卡(制造业)、MSS1 签订税务同城委托收款协议(制造业)、MGZ1 签订代发工资协议(制造业)、MSB1 签订社保公积金同城委托收款协议(制造业)、MXC2 发放薪酬(制造业)、MGS1 申报个人所得税(制造业)。此项任务的后续环节将在固定经营的月初经营阶段完成,包括 MWX1 扣缴五险一金(制造业)、MGS2 缴纳个人所得税(制造业)、MXC1 核算薪酬(制造业)、MZY1 社会保险和公积金增(减)员(制造业)。

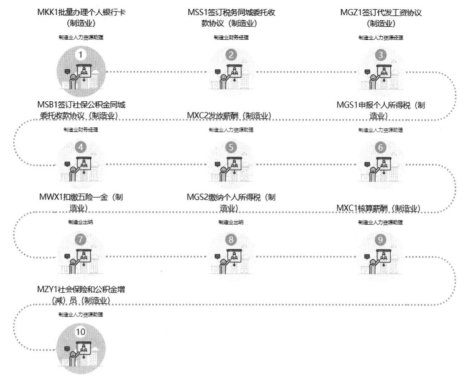

①MKK1 批量办理个人银行卡(制造业)。

任务描述:人力资源部根据本企业员工人数,办理发放工资的银行卡。

操作步骤:制造业人力资源助理点击任务操作界面,选择"任务中心",点击选择"MKK1 批量办理个人银行卡"。制造业人力资源助理收集员工姓名、身份证号信息,并录入"借记卡集体申领登记表",填写信息完毕后交由员工核对并签字确认信息,"负责人姓名"处由制造业人力资源助理签字并交由制造业人力资源经理审核。制造业人力资源经理收到制造业人力资源助理提交的"借记卡集体申领登记表"后进行审核,确认无误后签字通过。制造业人力资源助理带上身份证原件到银行柜台递交"借记卡集体申领登记表"办理银行开卡。银行柜员接到申请后审核登记表,确认无误后在系统上为企业办理开卡业务,办理成功后将卡交由制造业人力资源助理带回企业。制造业人力资源助理从银行带回银行卡后核对银行卡号与登记表信息是否一致,无误后将银行卡号、姓名等信息进行归档备案,并提交一份银行卡信息给制造业财务经理备案。

②MSS1 签订税务同城委托收款协议(制造业)。

任务描述:财务经理与银行签订税务同城委托收款协议,代理本企业扣缴税款。

操作步骤:制造业财务经理点击任务操作界面,选择"任务中心",点击选择"MSS1 签订税务同城委托收款协议"。制造业财务经理携带相关资料到税务局申请办理三方协议。税

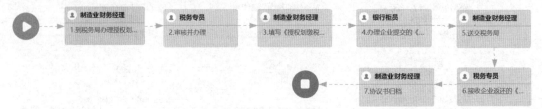

务局专员接收企业提交的资料并审核,通过后下发《授权划缴税款协议书》。制造业财务经理填写《授权划缴税款协议书》并盖企业公章,协议书一式三份,填写完后到银行办理委托收款手续,将资料交给银行柜员。银行柜员接收企业提交的一式三份的《授权划缴税款协议书》并审核盖章,留存一份,另两份返还客户。制造业财务经理收到银行签字盖章的《授权划缴税款协议书》后,将一份协议书归档,将另外一份交给税务局。税务局税务专员接收企业返还的《授权划缴税款协议书》后,在协议书上盖章、归档,并登记合同管理表,填写协议书信息。

③MGZ1 签订代发工资协议(制造业)。

任务描述:MGZ1 签订代发工资协议(制造业),主要内容为制造业企业办理银行代发企业工资的合作协议。

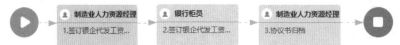

操作步骤:制造业人力资源经理点击任务操作界面,选择"任务中心",点击选择"MGZ1 签订代发工资协议"。制造业人力资源经理通过注明整理资料,带好营业执照、法人身份证、公章、预留印鉴到银行签订银企代发工资合作协议。在实训中,制造业人力资源经理只需带上营业执照、公章即可去银行签订银企代发工资合作协议,并加盖单位公章。银行柜员审核内容填写是否完整、规范,确认无误后在银企代发工资合作协议上签字盖章,将一份交给客户,一份自己保存。制造业人力资源经理收到银行签字盖章的银企代发工资合作协议后,进行归档保存。

④MSB1 签订社保公积金同城委托收款协议(制造业)。

任务描述:制造业财务经理与银行签订社保公积金同城委托收款协议。

操作步骤:制造业财务经理点击任务操作界面,选择"任务中心",点击选择"MSB1 签订社保公积金同城委托收款协议"。制造业财务经理去银行领取委托银行代收合同书,合同书一式三份。制造业财务经理按照要求填写《委托银行代收合同书》,加盖单位公章后,将合同书送交银行办理委托收款业务。银行柜员核对内容是否填写完整、规范,确认无误后在委托银行代收合同书上签字盖章,将一份交给客户,一份自己保存,一份交给人社局。制造业财务经理收到银行签字盖章的《委托银行代收合同书》进行归档。

⑤MXC2 发放薪酬(制造业)。

任务描述:制造业人力资源助理依据本企业员工的在职状况,核算本企业的员工薪酬,并按月做出薪酬发放表,由财务部依据此表发放员工薪酬。

操作步骤:制造业人力资源助理点击"任务中心",选择"MXC2发放薪酬"。在VBSE系统中打开薪资录盘界面,检查员工的相关信息、工资等。根据"职工薪酬发放表",在系统中修改并保存职工基本工资。修改完毕后,点击"导出"按钮,将导出的工资表复制到U盘。制造业人力资源助理依据"职工薪酬发放表"数据填写支出凭单,将复制的工资表的U盘交给制造业人力资源经理和制造业财务经理进行审核。制造业人力资源经理、制造业财务经理审核支出凭单信息和薪酬发放表是否一致、正确,审核支出凭单的日期、金额、支出方式、支出用途及金额大小写是否正确,审核完成后在支出凭单上签字确认。制造业出纳根据支出凭单的信息开具转账支票,检查支票填写无误后加盖公司财务专用章和法人章。制造业出纳根据签发的支票登记支票登记簿,支票领用人在支票登记簿上签字,并带齐职工薪酬发放表、转账支票、薪资录盘等薪资发放资料去银行办理工资发放。银行柜员按照企业提交的职工薪酬发放表导入系统,按照金额发放薪酬,发放后打印银行回单。

账务处理:工资薪金月末计提月初发放,发放时需要计提个人缴纳的五险一金、个税。制造业财务会计取得银行的业务回单,可以直接在柜台办理时由银行柜员打印取回。制造业财务会计根据银行业务回单、转账支票存根、支出凭单填制记账凭证。编制记账凭证时,将原始单据作为附件粘贴在记账凭证后面,将记账凭证和相关原始单据交给制造业财务经理审核。制造业财务经理核对记账凭证与原始凭证的一致性,审核无误后签字或盖章,将审核后的记账凭证交给制造业出纳登记日记账。制造业出纳根据审核后的记账凭证登记银行存款日记账,记账后在记账凭证上签字或盖章,将记账凭证交回制造业财务会计登记科目明细账。制造业财务会计根据记账凭证登记科目明细账,记账后在记账凭证上签字或盖章。制造业财务经理接收制造业财务会计交给的记账凭证,在记账凭证上签字或盖章,根据记账凭证登记科目总账。具体分录如下:

借	应付职工薪酬——工资	上月末工资计提表中应发工资合计数	
贷	银行存款——工行		职工薪酬发放表中合计数
	其他应付款——五险一金个人部分		上月末工资计提表中个人需缴纳的五险一金合计数
	应交税费——应交个人所得税		上月末工资计提表中应纳税额合计数

注:通过薪资发放业务,应付职工薪酬——工资余额为0;在账务处理时一定要核对金额,做到账实相符。

（2）经销商企业的薪酬核算准备

经销商企业在经营准备阶段的薪酬核算准备任务主要包括 DKK1 批量办理个人银行卡（经销商）、DGZ1 签订代发工资协议（经销商）、DSB1 签订社保公积金同城委托收款协议（经销商）、DSS1 签订税务同城委托收款协议（经销商）、DXC2 发放薪酬（经销商）、DGS1 申报个人所得税（经销商）。此项任务的后续环节将在固定经营的月初经营阶段完成，包括 DGS2 缴纳个人所得税（经销商）、DWX1 扣缴五险一金（经销商）、DXC1 核算薪酬（经销商）、DZY1 社会保险和公积金增（减）员（经销商）。

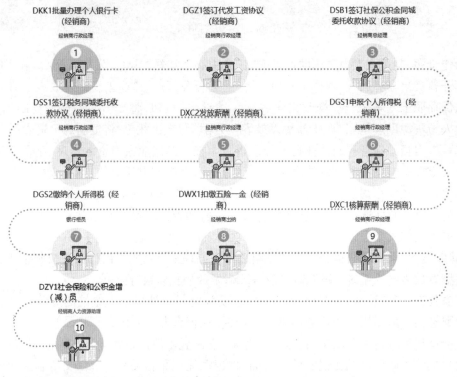

①DKK1 批量办理个人银行卡（经销商）。

任务描述：经销商行政经理收集员工信息，审核后到银行办理个人银行卡。

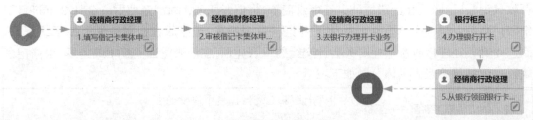

操作步骤：经销商行政经理点击"任务中心"，选择"DKK1 批量办理个人银行卡"。经销商行政经理收集员工姓名、身份证号信息，并录入"借记卡集体申领登记表"。填写信息完毕后由员工核对并签字确认信息，"负责人姓名"处由经销商行政经理签字并交由经销商财务经理审核。经销商财务经理收到经销商行政经理提交的"借记卡集体申领登记表"后进行审核，确认无误后签字返还登记表给经销商行政经理。经销商行政经理带上身份证原件到银行柜台递交"借记卡集体申领登记表"办理银行开卡。银行柜员接到申请后审核登记表，确认无误后在系统上为企业办理开卡业务,办理成功后将卡交由经销商行政经理带回企业。经销商行政经理从银行带回银行卡后核对银行卡号与登记表信息是否一致,确认无误后将银行卡号、姓名等信息进行归档备案,并提交一份银行卡信息给经销商财务经理备案。

②DGZ1 签订代发工资协议(经销商)。

任务描述:经销商行政经理签订工资代发协议。

操作步骤:经销商行政经理点击"任务中心",选择"DGZ1 签订代发工资协议"。经销商行政经理填写公章、印鉴、资质证件使用申请表(注明缘由为与银行签订代发工资协议使用)交由经销商总经理审核。经销商总经理审核申请表信息无误后签字或盖章并返还经销商行政经理。经销商行政经理通过注明整理资料,带好营业执照、法人身份证、公章、预留印鉴去银行签订银企代发工资合作协议。在实训中,经销商行政经理只需带上营业执照、公章即可去银行签订银企代发工资合作协议,并加盖单位公章。银行柜员审核内容填写是否完整、规范,确认无误后在银企代发工资合作协议上签字盖章,将一份交给客户,一份自己保存。经销商行政经理收到银行签字盖章的银企代发工资合作协议,进行归档保存。

③DSB1 签订社保公积金同城委托收款协议(经销商)。

任务描述:经销商财务经理与银行签订社保公积金同城委托收款协议。

操作步骤:经销商行政经理点击"任务中心",选择"DSB1 签订社保公积金同城委托收款协议"。经销商行政经理填写公章、印鉴、资质证件使用申请表(注明缘由为与人社局签订社保公积金同城委托收款协议使用)交由经销商总经理审核。经销商总经理审核申请表信息无误后签字或盖章并返还经销商行政经理。经销商行政经理携带相关资料到人社局申请办理委托银行代收合同书。社保公积金专员审核提交的材料,审核通过后下发《委托银行代收合同书》交给经销商行政经理。经销商行政经理将合同书送至经销商财务经理,经销商财务经理按照要求填写《委托银行代收合同书》(一式三份)并加盖单位公章,将合同书送交银行办理委托收款业务。银行柜员接收并审核《委托银行代收合同书》(一式三份),审核通过后加盖银行公章,将其中一份留档,另外两份交还经销商财务经理。经销商财务经理将银行签字盖章后的合同书一份送到人社局交由社保公积金专员归档,另外一份送还经销商行政经理进行归档。

④DSS1 签订税务同城委托收款协议(经销商)。

任务描述:经销商财务经理与银行签订税务同城委托收款协议,代理本企业扣缴税款。

操作步骤:经销商财务经理点击"任务中心",选择"DSS1 签订税务同城委托收款协议"。经销商财务经理携带相关资料到税务局办理三方协议。税务局税务专员接收企业提交的资料并审核,通过后下发《授权划缴税款协议书》。经销商财务经理填写《授权划缴税

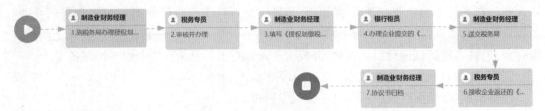

款协议书》并盖企业公章,协议书一式三份,填写完后到银行办理委托收款手续,将资料交给银行柜员。银行柜员接收企业提交的一式三份的《授权划缴税款协议书》并审核盖章,留存一份,另两份返还客户。经销商财务经理收到银行签字盖章的授权划缴税款协议书,将一份银行签字盖章的协议书归档,将另外一份交给税务局。税务局税务专员接收企业返还的《授权划缴税款协议书》,在协议书上盖章、归档并登记合同管理表,填写协议书信息。

⑤DXC2 发放薪酬(经销商)。

任务描述:经销商行政经理依据本企业员工的在职状况,核算本企业的员工薪酬,并按月做出薪酬发放表,由财务部依据此表发放员工薪酬。

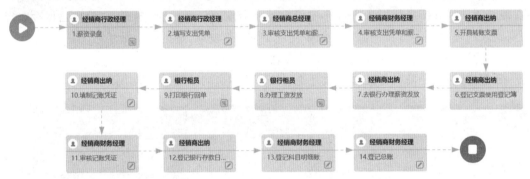

操作步骤:经销商行政经理点击"任务中心",选择"DXC2 发放薪酬"。经销商行政经理在 VBSE 系统中打开薪资录盘界面,检查员工的相关信息、工资等。依据"职工薪酬发放表"在系统中修改并保存职工基本工资。在系统中修改完毕后,点击"导出"按钮,将导出的工资表复制到 U 盘并依据"职工薪酬发放表"数据填写支出凭单,将复制的工资表的 U 盘交给经销商总经理进行审核。经销商总经理审核支出凭单信息和薪酬发放表是否一致、正确,审核指出凭单的日期、金额、支出方式、支出用途及金额大小写是否正确,审核完成后在支出凭单上签字确认后返还经销商行政经理。经销商行政经理将签字盖章的支出凭证和薪酬发放表交由经销商财务经理审核,审核通过签字或盖章后交由经销商出纳。经销商出纳根据支出凭单的信息开具转账支票,检查支票填写无误后加盖公司财务专用章和法人章。经销商出纳根据签发的支票登记支票登记簿,支票领用人在支票登记簿上签字,带齐职工薪酬发放表、转账支票、薪资录盘等薪资发放资料去银行办理工资发放。银行柜员按照企业提交的职工薪酬发放表导入系统,按照金额发放薪酬,发放后打印银行回单。

账务处理:工资薪金月末计提月初发放,发放时需要计提个人缴纳的五险一金、个税。经销商出纳依据银行业务回单、转账支票存根、支出凭单填制记账凭证并将原始单据作为附件粘贴在记账凭证后面,将记账凭证和相关原始单据交给经销商财务经理审核。经销商财务经理审核出纳提交的记账凭证,核对记账凭证与原始凭证的一致性,审核无误后签字或盖章,将审核后的记账凭证交给经销商出纳登记日记账。经销商出纳根据审核后的记账凭证登记银行存款日记账,记账后在记账凭证上签字或盖章,将记账凭证交回经销商财务经理登记科目明细账。经销商财务经理接收经销商出纳交给的记账凭证,在记账凭证上签字或盖章,根据记账凭证登记科目总账。具体分录如下:

借	应付职工薪酬——工资	上月末工资计提表中应发工资合计数	
贷	银行存款——工行		职工薪酬发放表中合计数
	其他应付款——五险一金个人部分		上月末工资计提表中个人需缴纳的五险一金合计数
	应交税费——应交个人所得税		上月末工资计提表中应纳税额合计数

注:通过薪资发放业务,应付职工薪酬——工资余额为0;在账务处理时一定要核对金额,做到账实相符。

（3）工贸企业薪酬核算准备

工贸企业在经营准备阶段的薪酬核算准备任务主要包括 TKK1 批量办理个人银行卡（工贸企业）、TSS1 签订税务同城委托收款协议（工贸企业）、TGZ1 签订代发工资协议（工贸企业）、TSB1 签订社保公积金同城委托收款协议（工贸企业）、TXC2 发放薪酬（工贸企业）、TGS1 申报个人所得税（工贸企业）。此项任务的后续环节将在固定经营的月初经营阶段完成,包括 TGS2 缴纳个人所得税（工贸企业）、TWX1 扣缴五险一金（工贸企业）、TXC1 核算薪酬（工贸企业）、TZY1 社会保险和公积金增（减）员（工贸企业）。

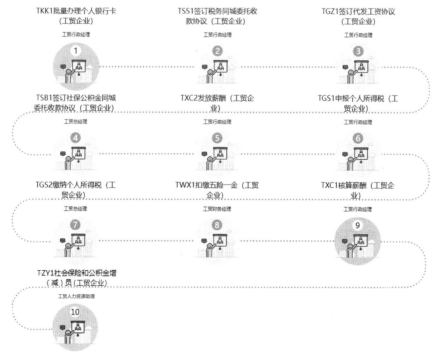

①TKK1 批量办理个人银行卡（工贸企业）。

任务描述:工贸行政经理收集员工信息,审核后到银行办理个人银行卡。

操作步骤：工贸行政经理点击"任务中心"，选择"TKK1 批量办理个人银行卡"。工贸行政经理收集员工姓名、身份证号信息，并录入"借记卡集体申领登记表"，由员工核对并签字确认信息，"负责人姓名"处由工贸行政经理签字交由工贸财务经理审核。工贸财务经理收到工贸行政经理提交的"借记卡集体申领登记表"后进行审核，确认无误后签字返还登记表给工贸行政经理。工贸行政经理带上身份证原件到银行柜台递交"借记卡集体申领登记表"办理银行开卡。银行柜员接到申请后审核登记表，确认无误后在系统上为企业办理开卡业务，办理成功后将卡交由工贸行政经理带回企业。工贸行政经理从银行带回银行卡后核对银行卡号与登记表信息是否一致，确认无误后将银行卡号、姓名等信息进行归档备案并提交一份银行卡信息给工贸财务经理备案。

②TSS1 签订税务同城委托收款协议（工贸企业）。

任务描述：工贸行政经理与银行签订税务同城委托收款协议，代理本企业扣缴税款。

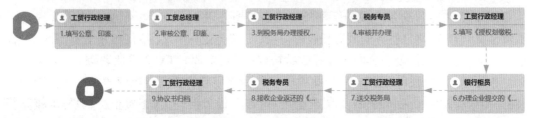

操作步骤：工贸行政经理点击"任务中心"，选择"TSS1 签订税务同城委托收款协议"。工贸行政经理填写公章、印鉴、资质证件使用申请表（注明缘由为与银行签订代发工资协议使用）交由工贸总经理审核。工贸总经理审核申请表信息无误后签字或盖章返还工贸行政经理。工贸行政经理通过注明整理资料，带好营业执照、法人身份证、公章、预留印鉴去银行签订银企代发工资合作协议。在实训中，工贸行政经理只需带上营业执照、公章即可去银行签订银企代发工资合作协议，并加盖单位公章。税务局税务专员接收企业提交的资料并审核，通过后下发《授权划缴税款协议书》。工贸行政经理填写《授权划缴税款协议书》并盖企业公章，协议书一式三份，填写完后到银行办理委托收款手续，将资料交给银行柜员。银行柜员接收企业提交的一式三份的《授权划缴税款协议书》并审核盖章，留存一份，另两份返还客户。工贸行政经理收到银行签字盖章的授权划缴税款协议书，将一份银行签字盖章的协议书归档，将另外一份交给税务局。税务局税务专员接收企业返还的《授权划缴税款协议书》，在协议书上盖章、归档并登记合同管理表，填写协议书信息。

③TGZ1 签订代发工资协议（工贸企业）。

任务描述：工贸行政经理签订工资代发协议。

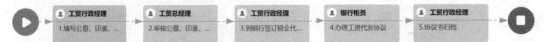

操作步骤：工贸行政经理点击"任务中心"，选择"TGZ1 签订代发工资协议"。工贸行政经理填写公章、印鉴、资质证件使用申请表（注明缘由为与银行签订代发工资协议使用）交由工贸总经理审核。工贸总经理审核申请表信息无误后签字或盖章返还工贸行政经理。工贸行政经理通过注明整理资料,带好营业执照、法人身份证、公章、预留印鉴去银行签订银企代发工资合作协议。在实训中,工贸行政经理只需带上营业执照、公章即可去银行签订银企代发工资合作协议,并加盖单位公章。银行柜员审核内容填写是否完整、规范,确认无误后在银企代发工资合作协议上签字盖章,将一份交给客户,一份自己保存。工贸行政经理收到银行签字盖章的银企代发工资合作协议,进行归档保存。

④TSB1 签订社保公积金同城委托收款协议(工贸企业)。

任务描述:工贸财务经理与银行签订社保公积金同城委托收款协议。

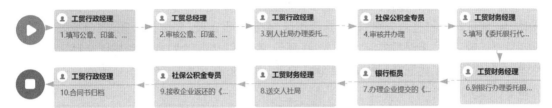

操作步骤:工贸行政经理点击"任务中心",选择"TSB1 签订社保公积金同城委托收款协议"。工贸行政经理填写公章、印鉴、资质证件使用申请表(注明缘由为与人社局签订社保公积金同城委托收款协议使用)交由工贸总经理审核。工贸总经理审核申请表信息无误后签字或盖章,返还工贸行政经理。工贸行政经理携带相关资料到人社局申请办理委托银行代收合同书。社保公积金专员审核提交的材料,审核通过后下发《委托银行代收合同书》并交给工贸行政经理。工贸行政经理将合同书送至工贸财务经理,工贸财务经理按照要求填写《委托银行代收合同书》(一式三份)并加盖单位公章,将合同书送交银行办理委托收款业务。银行柜员接收并审核《委托银行代收合同书》(一式三份),审核通过后加盖银行公章,将其中一份留档,另外两份交还工贸财务经理。工贸财务经理将银行签字盖章后的合同书一份送到人社局交由社保公积金专员归档,另外一份送还工贸行政经理进行归档。

⑤TXC2 发放薪酬(工贸企业)。

任务描述:工贸行政经理依据本企业员工的在职状况,核算本企业的员工薪酬,并按月做出薪酬发放表,由财务部依据此表发放员工薪酬。

操作步骤:工贸行政经理点击"任务中心",选择"TXC2 发放薪酬"。工贸行政经理在VBSE 系统中打开薪资录盘界面,检查员工的相关信息、工资等。依据"职工薪酬发放表"在系统中修改并保存职工基本工资。在系统中修改完毕后,点击"导出"按钮,将导出的工资表复制到 U 盘并依据"职工薪酬发放表"数据填写支出凭单,将复制的工资表的 U 盘交给工贸总经理进行审核。工贸总经理审核支出凭单信息和薪酬发放表是否一致、正确,审核凭单的日期、金额、支出方式、支出用途及金额大小写是否正确,审核完成后在支出凭单上签字并返还工贸行政经理。工贸行政经理将签字盖章的支出凭证和薪酬发放表交由工贸财务经理审核,审核通过签字或盖章后交由工贸财务经理。工贸财务经理根据支出凭单的信息开具转账支票,检查支票填写无误后加盖公司财务专用章和法人章。工贸出纳根据签发的支票登记支票登记簿,支票领用人在支票登记簿上签字,并带齐职工薪酬发放表、转账支票、薪资录盘等薪资发放资料去银行办理工资发放。银行柜员按照企业提交的职工薪酬发放表导入系统,按照金额发放薪酬,发放后打印银行回单。

账务处理:工贸财务经理依据银行回单、支出凭单、薪酬发放表等原始凭证填制记账凭证,然后将原始凭证作为附件粘贴在记账凭证后面,一并交给工贸总经理审核。工贸总经理核对记账凭证的项目是否齐全、科目是否正确、金额是否正确、手续是否完备、与原始凭证的内容是否一致,审核无误后签字或盖章,并登记银行日记账,然后将记账凭证交回工贸财务经理,由其根据记账凭证登记相关明细账、总账,登账后在记账凭证上签字或盖章。具体分录如下:

借	应付职工薪酬——工资	上月末工资计提表中应发工资合计数	
贷	银行存款——工行		职工薪酬发放表中合计数
	其他应付款——五险一金个人部分		上月末工资计提表中个人需缴纳的五险一金合计数
	应交税费——应交个人所得税		上月末工资计提表中应纳税额合计数

注:工资薪金上月末计提本月初发放,发放时需要将公司代扣代缴的五险一金、个税从应付职工薪酬——工资计提出来,待月初发放薪酬后,应付职工薪酬——工资余额为0;在账务处理时一定要核对金额,做到账实相符。

10)借款

(1)制造业企业的借款业务

制造业企业的借款业务包括 MJK1 企管部借款、MJK2 人力资源部借款、MJK3 采购部借款、MJK4 营销部借款、MJK5 仓储部借款和 MJK6 生产计划部借款。

①MJK1 企管部借款。

任务描述:制造业行政助理因业务需求,进行借款业务。

操作步骤:制造业行政助理在 VBSE 系统中填写借款单(实际工作中可能填写纸质借款单),借款作为部门备用金,拿借款单找部门经理(总经理兼)审核。总经理在 VBSE 系统中对借款用途、金额、付款条款进行审核,审核无误后在审核意见处签字确认。财务经理在 VBSE 系统中对借款用途、金额、付款条款进行审核,审核无误后在审核意见处签字确认。出纳接收财务经理交给的已审核过的借款单,支付现金给借款人,并由借款人签字。借款人签字盖章并将借款单交给财务会计做凭证。财务会计接收出纳交给的借款单,填制记账凭证,将借款单粘贴在后面作为附件,送财务经理审核,财务经理接收财务会计交给的记账凭证进行审核,审核无误后在记账凭证上签字或盖章,交出纳登记日记账。出纳接收财务经理审核后的记账凭证,在记账凭证上签字或盖章,根据记账凭证登记现金日记账,将记账凭证交给财务会计登记科目明细账。财务经理接收财务会计交给的记账凭证,在记账凭证上签字或盖章,根据记账凭证登记总账。

账务处理:各部门提取备用金是为了更好地开展部门日常经济业务。出纳根据签署完毕的借款单支付借款金额,并盖现金付讫章,将借款单移交给财务会计。财务会计根据审核无误的借款单填制记账凭证。财务经理审核记账凭证与原始凭证的一致性,审核无误后签字或盖章,将审核后的记账凭证交给出纳登记日记账,记账后在记账凭证上签字或盖章。财务会计登记科目明细账,记账后在记账凭证上签字或盖章。财务经理根据记账凭证登记科目总账,记账后在记账凭证上签字或盖章。具体分录如下:

借	其他应收款——某人	借款单中显示的借款金额	
贷	库存现金		借款单中显示的借款金额

②MJK2 人力资源部借款。

任务描述:制造业人力资源助理因业务需求,进行借款业务。

操作步骤:制造业人力资源助理在 VBSE 系统中填写借款单(实际工作中可能填写纸质借款单),借款作为部门备用金,拿借款单找人力资源经理审核。人力资源经理在 VBSE 系统中对借款用途、金额、付款条款进行审核,审核无误后在审核意见处签字确认。财务经理在 VBSE 系统中对借款用途、金额、付款条款进行审核,审核无误后在审核意见处签字确认。出纳接收人力资源助理交给的已审核过的借款单,支付现金给借款人,并由借款人签字。借款人签字盖章并将借款单交给财务会计做凭证。财务会计接收出纳交给的借款单,填制记账凭证,将借款单粘贴在后面作为附件,送财务经理审核。财务经理接收财务会计交给的记账凭证进行审核,审核无误后在记账凭证上签字或盖章,交出纳登记日记账。出纳接收财务经理审核后的记账凭证,在记账凭证上签字或盖章,根据记账凭证登记现金日记账,将记账凭证交给财务会计登记科目明细账。财务经理接收财务会计交给的记账凭证,在记账凭证上签字或盖章,根据记账凭证登记总账。

账务处理:各部门提取备用金是为了更好地开展部门日常经济业务。出纳根据签署完毕的借款单支付借款金额,并盖现金付讫章,将借款单移交给财务会计。财务会计根据审核无误的借款单填制记账凭证。财务经理审核记账凭证与原始凭证的一致性,审核无误后签字或盖章,将审核后的记账凭证交给出纳登记日记账,记账后在记账凭证上签字或盖章。财务会计登记科目明细账,记账后在记账凭证上签字或盖章。财务经理根据记账凭证登记科目总账,记账后在记账凭证上签字或盖章。具体分录如下:

借	其他应收款——某人	借款单中显示的借款金额	
贷	库存现金		借款单中显示的借款金额

③MJK3 采购部借款。

任务描述:制造业采购员因业务需求,进行借款业务。

操作步骤:制造业采购员在 VBSE 系统中填写借款单(实际工作中可能填写纸质借款单),借款作为部门备用金,拿借款单找采购经理审核。采购经理在 VBSE 系统中对借款用途、金额、付款条款进行审核,审核无误后在审核意见处签字确认。财务经理在 VBSE 系统中对借款用途、金额、付款条款进行审核,审核无误后在审核意见处签字确认。出纳接收采购员交给的已审核过的借款单,支付现金给借款人,并由借款人签字。借款人签字盖章并将借款单交给财务会计做凭证。财务会计接收出纳交给的借款单,填制记账凭证,将借款单粘贴在后面作为附件,送财务经理审核。财务经理接收财务会计交给的记账凭证进行审核,审核无误后在记账凭证上签字或盖章,交出纳登记日记账。出纳接收财务经理审核后的记账凭证,在记账凭证上签字或盖章,根据记账凭证登记现金日记账,将记账凭证交给财务会计登记科目明细账。财务经理接收财务会计交给的记账凭证,在记账凭证上签字或盖章,根据记账凭证登记总账。

账务处理:各部门提取备用金是为了更好地开展部门日常经济业务。出纳根据签署完毕的借款单支付借款金额,并盖现金付讫章,将借款单移交给财务会计。财务会计根据审核无误的借款单填制记账凭证。财务经理审核记账凭证与原始凭证的一致性,审核无误后签字或盖章,将审核后的记账凭证交给出纳登记日记账,记账后在记账凭证上签字或盖章。财务会计登记科目明细账,记账后在记账凭证上签字或盖章。财务经理根据记账凭证登记科目总账,记账后在记账凭证上签字或盖章。具体分录如下:

借	其他应收款——某人	借款单中显示的借款金额	
贷	库存现金		借款单中显示的借款金额

④MJK4 营销部借款。

任务描述:制造业销售专员因业务需求,进行借款业务。

操作步骤:制造业销售专员在 VBSE 系统中填写借款单(实际工作中可能填写纸质借款单),借款作为部门备用金,拿借款单找营销经理审核。营销经理在 VBSE 系统中对借款用

途、金额、付款条款进行审核,审核无误后在审核意见处签字确认。财务经理在 VBSE 系统中对借款用途、金额、付款条款进行审核,审核无误后在审核意见处签字确认。出纳接收销售专员交给的已审核过的借款单,支付现金给借款人,并由借款人签字。借款人签字盖章并将借款单交给财务会计做凭证。财务会计接收出纳交给的借款单,填制记账凭证,将借款单粘贴在后面作为附件,送财务经理审核。财务经理接收财务会计交给的记账凭证进行审核,审核无误后在记账凭证上签字或盖章,交出纳登记日记账。出纳接收财务经理审核后的记账凭证,在记账凭证上签字或盖章,根据记账凭证登记现金日记账,将记账凭证交给财务会计登记科目明细账。财务经理接收财务会计交给的记账凭证,在记账凭证上签字或盖章,根据记账凭证登记总账。

账务处理:各部门提取备用金是为了更好地开展部门日常经济业务。出纳根据签署完毕的借款单支付借款金额,并盖现金付讫章,将借款单移交给财务会计。财务会计根据审核无误的借款单填制记账凭证。财务经理审核记账凭证与原始凭证的一致性,审核无误后签字或盖章,将审核后的记账凭证交给出纳登记日记账,记账后在记账凭证上签字或盖章。财务会计登记科目明细账,记账后在记账凭证上签字或盖章。财务经理根据记账凭证登记科目总账,记账后在记账凭证上签字或盖章。具体分录如下:

借	其他应收款——某人	借款单中显示的借款金额	
贷	库存现金		借款单中显示的借款金额

⑤MJK5 仓储部借款。

任务描述:制造业仓管员因业务需求,进行借款业务。

操作步骤:制造业仓管员在 VBSE 系统中填写借款单(实际工作中可能填写纸质借款单),借款作为部门备用金,拿借款单找仓储经理审核。仓储经理在 VBSE 系统中对借款用途、金额、付款条款进行审核,审核无误后在审核意见处签字确认。财务经理在 VBSE 系统中对借款用途、金额、付款条款进行审核,审核无误后在审核意见处签字确认。出纳接收仓管员交给的已审核过的借款单,支付现金给借款人,并由借款人签字。借款人签字盖章并将借款单交给财务会计做凭证。财务会计接收到出纳交给的借款单,填制记账凭证,将借款单粘贴在后面作为附件,送财务经理审核。财务经理接收财务会计交给的记账凭证进行审核,审核无误后在记账凭证上签字或盖章,交出纳登记日记账。出纳接收财务经理审核后的记账凭证,在记账凭证上签字或盖章,根据记账凭证登记现金日记账,将记账凭证交给财务会计登记科目明细账。财务经理接收财务会计交给的记账凭证,在记账凭证上签字或盖章,根据记账凭证登记总账。

账务处理:各部门提取备用金是为了更好地开展部门日常经济业务。出纳根据签署完毕的借款单支付借款金额,并盖现金付讫章,将借款单移交给财务会计。财务会计根据审核无误的借款单填制记账凭证。财务经理审核记账凭证与原始凭证的一致性,审核无误后签字或盖章,将审核后的记账凭证交给出纳登记日记账,记账后在记账凭证上签字或盖章。财务会计登记科目明细账,记账后在记账凭证上签字或盖章。财务经理根据记账凭证登记科目总账,记账后在记账凭证上签字或盖章。具体分录如下:

借	其他应收款——某人	借款单中显示的借款金额	
贷	库存现金		借款单中显示的借款金额

⑥MJK6 生产计划部借款。

任务描述:制造业生产计划员因业务需求,进行借款业务。

操作步骤:制造业生产计划员在 VBSE 系统中填写借款单(实际工作中可能填写纸质借款单),借款作为部门备用金,拿借款单找生产计划经理审核。生产计划经理在 VBSE 系统中对借款用途、金额、付款条款进行审核,审核无误后在审核意见处签字确认。财务经理在 VBSE 系统中对借款用途、金额、付款条款进行审核,审核无误后在审核意见处签字确认。出纳接收生产计划员交给的已审核过的借款单,支付现金给借款人,并由借款人签字。借款人签字盖章并将借款单交给财务会计做凭证。财务会计接收出纳交给的借款单,填制记账凭证,将借款单粘贴在后面作为附件,送财务经理审核。财务经理接收财务会计交给的记账凭证进行审核,审核无误后在记账凭证上签字或盖章,交出纳登记日记账。出纳接收财务经理审核后的记账凭证,在记账凭证上签字或盖章,根据记账凭证登记现金日记账,将记账凭证交给财务会计登记科目明细账。财务经理接收财务会计交给的记账凭证,在记账凭证上签字或盖章,根据记账凭证登记总账。

账务处理:各部门提取备用金是为了更好地开展部门日常经济业务。出纳根据签署完毕的借款单支付借款金额,并盖现金付讫章,将借款单移交给财务会计。财务会计根据审核无误的借款单填制记账凭证。财务经理审核记账凭证与原始凭证的一致性,审核无误后签字或盖章,将审核后的记账凭证交给出纳登记日记账,记账后在记账凭证上签字或盖章。财务会计登记科目明细账,记账后在记账凭证上签字或盖章。财务经理根据记账凭证登记科目总账,记账后在记账凭证上签字或盖章。具体分录如下:

借	其他应收款——某人	借款单中显示的借款金额	
贷	库存现金		借款单中显示的借款金额

（2）经销商企业借款

经销商企业借款业务包括4个部门的借款任务,分别是DJK1企管部借款、DJK2营销部借款、DJK3采购部借款和DJK4仓储部借款。

①DJK1企管部借款。

任务描述：经销商行政经理因业务需求,进行借款业务。

操作步骤：经销商行政经理在VBSE系统中填写借款单(实际工作中可能填写纸质借款单),借款作为部门备用金,拿借款单找总经理审核。总经理在VBSE系统中对借款用途、金额、付款条款进行审核,审核无误后在审核意见处签字确认。财务经理在VBSE系统中对借款用途、金额、付款条款进行审核,审核无误后在审核意见处签字确认。出纳接收财务经理交给的已审核过的借款单,支付现金给借款人,并由借款人签字,在借款单签章处加盖签章。出纳根据支付的借款单填制记账凭证,将借款单粘贴在后面作为附件,将记账凭证交由财务经理审核。财务经理审核出纳填制的记账凭证并对照借款单审核是否正确,审核无误后在记账凭证上签字或盖章,将审核后的记账凭证交给出纳登记日记账。出纳根据审核后的记账凭证登记库存现金日记账,记账后在记账凭证上签字或盖章,将记账凭证交回财务经理登记科目明细账。财务经理接收出纳交还的记账凭证,根据记账凭证登记科目明细账和总账,记账后在记账凭证上签字或盖章。(注：账务处理参照制造业企业各部门。)

②DJK2营销部借款。

任务描述：经销商营销经理因业务需求,进行借款业务。

操作步骤：制造业销售专员在VBSE系统中填写借款单(实际工作中可能填写纸质借款单),借款作为部门备用金,将填写好的借款单提交总经理审核。总经理在VBSE系统中对借款用途、金额、付款条款进行审核,审核无误后在审核意见处签字确认。财务经理在VBSE系统中对借款用途、金额、付款条款进行审核,审核无误后在审核意见处签字确认。出纳接收经过财务经理审核签字的借款单,确认无误后支付现金给借款人,并由借款人签字,在借款单出纳签章处加盖签章。出纳根据已支付的借款单填制记账凭证,将借款单粘贴在后面作为附件,将记账凭证交由财务经理审核。财务经理审核出纳填制的记账凭证并对照借款单检查是否正确,审核无误后在记账凭证上签字或盖章,将审核后的记账凭证交给出纳登记日记账。出纳根据审核后的记账凭证登记库存现金日记账,记账后在记账凭证上签字或盖章,将记账凭证交回财务经理登记科目明细账。财务经理接收出纳交还的记账凭证,根据记账凭证登记科目明细账,记账后在记账凭证上签字或盖章。(注:账务处理参照制造业企业各部门。)

③DJK3 采购部借款。

任务描述:经销商采购经理因业务需求,进行借款业务。

操作步骤:经销商采购经理在 VBSE 系统中填写借款单(实际工作中可能填写纸质借款单),借款作为部门备用金,将填写好的借款单提交总经理审核。总经理在 VBSE 系统中对借款用途、金额、付款条款进行审核,审核无误后在审核意见处签字确认。财务经理在 VBSE 系统中对借款用途、金额、付款条款进行审核,审核无误后在审核意见处签字确认。出纳接收经过财务经理审核签字的借款单,确认无误后支付现金给借款人,并由借款人签字,在借款单出纳签章处加盖签章。出纳根据已支付的借款单填制记账凭证,将借款单粘贴在后面作为附件,送财务经理审核。财务经理审核出纳填制的记账凭证并对照借款单检查是否正确,审核无误后在记账凭证上签字或盖章,将审核后的记账凭证交给出纳登记日记账。出纳根据审核后的记账凭证登记库存现金日记账,记账后在记账凭证上签字或盖章,将记账凭证交回财务经理登记科目明细账。财务经理接收出纳交还的记账凭证,根据记账凭证登记科目明细账,记账后在记账凭证上签字或盖章,并根据记账凭证登记总账,记账后在记账凭证上签字或盖章。(注:账务处理参照制造业企业各部门。)

④DJK4 仓储部借款。

任务描述:经销商仓储经理因业务需求,进行借款业务。

操作步骤:经销商仓储经理点击"任务中心",选择"DJK4 仓储部借款"。仓储经理在 VBSE 系统中填写借款单(实际工作中可能填写纸质借款单),借款作为部门备用金,将填写好的借款单提交总经理审核。总经理在 VBSE 系统中对借款用途、金额、付款条款进行审核,审核无误后在审核意见处签字确认。财务经理在 VBSE 系统中对借款用途、金额、付款条款进行审核,审核无误后在审核意见处签字确认。财务经理在 VBSE 系统中对借款用途、金额、付款条款进行审核,审核无误后在审核意见处签字确认。出纳接收经过财务经理审核签字的借款单,确认无误后支付现金给借款人,并由借款人签字,在借款单出纳签章处加盖签章。出纳根据已支付的借款单填制记账凭证,将借款单粘贴在后面作为附件,将记账凭证交由财务经理审核。财务经理审核出纳填制的记账凭证并对照借款单检查是否正确,审核无误后在记账凭证上签字或盖章,将审核后的记账凭证交给出纳登记日记账。出纳根据审核后的记账凭证登记库存现金日记账,记账后在记账凭证上签字或盖章,将记账凭证交回财务经理登记科目明细账。财务经理接收出纳交还的记账凭证,根据记账凭证登记科目明细账,记账后在记账凭证上签字或盖章。财务经理接收财务经理交还的记账凭证,根据记账凭证登记总账,记账后在记账凭证上签字或盖章。(注:账务处理参照制造业企业各部门。)

（3）工贸企业借款

工贸企业借款业务包括两个部门的借款任务,分别是 TJK1 企管部借款、TJK2 业务部借款。

①TJK1 企管部借款。

任务描述:工贸行政经理因业务需求,开展借款业务。

操作步骤:工贸行政经理点击"任务中心",选择"TJK1 企管部借款"。行政经理在 VBSE 系统中填写借款单(实际工作中可能填写纸质借款单),借款作为部门备用金,将填写好的借款单提交总经理审核。总经理在 VBSE 系统中对借款用途、金额、付款条款进行审核,审核无误后在审核意见处签字确认,并依据借款单上的数额支付现金给借款人,由借款人签字,并在借款单出纳签章处加盖签章。财务经理根据已支付的借款单填制记账凭证,将借款单粘贴在后面作为附件,将记账凭证交由总经理审核。总经理审核财务经理填制的记账凭证,并对照借款单检查是否正确,审核无误后在记账凭证上签字或盖章,将审核后的记账凭证交给总经理登记日记账。总经理根据审核后的记账凭证登记库存现金日记账,记账后在记账凭证上签字或盖章。财务经理根据记账凭证登记科目明细账,记账后在记账凭证上签字或盖章。财务经理根据记账凭证登记总账,记账后在记账凭证上签字或盖章。(注:在系统中总经理为双重身份,既为总经理,也为该公司出纳。账务处理参照制造业企业各部门。)

②TJK2 业务部借款。

任务描述:工贸业务经理因业务需求,开展借款业务。

操作步骤:工贸业务经理点击"任务中心",选择"TJK2 业务部借款"。业务经理在 VBSE 系统中填写借款单(实际工作中可能填写纸质借款单),借款作为部门备用金,将填写

好的借款单提交总经理审核。总经理在 VBSE 系统中对借款用途、金额、付款条款进行审核,审核无误后在审核意见处签字确认,并根据审核无误后的借款单上的数额支付现金给借款人,由借款人签字,并在借款单出纳签章处加盖签章。财务经理根据已支付的借款单填制记账凭证,将借款单粘贴在后面作为附件,将记账凭证交由总经理审核。总经理审核财务经理填制的记账凭证,并对照借款单检查是否正确,审核无误后在记账凭证上签字或盖章,将审核后的记账凭证交给总经理登记日记账。总经理根据审核后的记账凭证登记库存现金日记账,记账后在记账凭证上签字或盖章。财务经理根据记账凭证登记科目明细账,记账后在记账凭证上签字或盖章。财务经理根据记账凭证登记总账,记账后在记账凭证上签字或盖章。(注:在系统中总经理为双重身份,既为总经理,也为该公司出纳。账务处理参照制造业企业各部门。)

11)0301 经营准备——工贸企业采购系列(TCG1—TCG2)

工贸企业向虚拟供应商采购货物任务由工贸企业发出,共分为 3 个任务节点:TCG1 下达采购订单(工贸企业)、TCG2 支付虚拟工贸企业货款(工贸企业)及 TCG3 到货并办理入库(工贸企业)。经营准备阶段的业务为 TCG1—TCG2,TCG3 工贸企业办理入库业务将在固定经营阶段的月初经营阶段介绍。(TCG3 的任务将在后续讲解。)

(1)TCG1 下达采购订单(工贸企业)

任务描述:向虚拟供应商下达采购订单。

操作步骤:工贸业务经理点击"任务中心",选择"TCG1 下达采购订单"。工贸业务经理根据业务需要在 VBSE 系统上选择要采购的原材料,选择完成后,点击"确认采购"。

(2)TCG2 支付虚拟工贸企业货款(工贸企业)

任务描述:支付虚拟供应商的货款。

操作步骤:工贸业务经理点击"任务中心",选择"TCG2 支付虚拟工贸企业货款"。工贸业务经理根据采购订单信息在 VBSE 系统上和线下分别填写付款申请单交由工贸财务经理。工贸财务经理审核接收到的付款申请单,审核无误后签字盖章,并交由工贸总经理审核。工贸总经理审核提交的付款申请单的信息,确认无误后签字盖章并依据付款申请单在 VBSE 系统上进行付款操作,付款后通知工贸财务经理到银行取得付款业务回单。银行柜员

根据客户需求,在 VBSE 系统上查询并打印付款业务回单交给工贸财务经理。工贸财务经理整理采购订单信息,根据订单信息填写国税局代开增值税专用发票介绍信,填写完成后送往税务专员。税务专员根据介绍信信息为虚拟供应商开具增值税发票,并将发票的发票联和抵扣联送至工贸业务经理。工贸业务经理接收税务专员的增值税专用发票后送往工贸财务经理。

账务处理:工贸财务经理根据审核无误的银行回单、增值税专用发票的发票联和付款申请单填写记账凭证,并将相关原始凭证粘贴到记账凭证后面作为附件,一并送往工贸总经理处。工贸总经理审核该记账凭证及附件的正确性、一致性,确认无误后签字或盖章,然后登记银行存款日记账,再送往工贸财务经理处。工贸财务经理在记账凭证上签字或盖章后,登记明细账和总账。具体分录如下:

借	在途物资	按增值税发票上的金额填列	
	应交税费——应交增值税——进项税额	按增值税发票上的税额填列	
贷	银行存款		按银行回单金额填列

注:该采购业务属于发票先到货物后到的情况,后续应根据入库单进行在途转入在库的账务处理,同时应注意与"货到票未到"的区别及账务处理的不同。

12)0301 经营准备——物流公司签订运输合同(MYS1—MYS2,DYS1—DYS2)

物流公司根据业务发展需要,将谈判通过的内容分别与制造业和经销商签订运输合同。任务代码为 MYS1—MYS2 的物流公司与制造业签订运输合同,任务代码为 DYS1—DYS2 的物流公司与经销商签订运输合同。

(1)物流公司与制造业签订运输合同

①MYS1 与制造业签订运输合同(物流公司)。

任务描述:物流公司与制造业签订运输合同(物流公司)。

操作步骤:物流业务经理点击"任务中心",选择"MYS1 与制造业签订运输合同"。物流业务经理根据运输计划与制造业仓管员商谈合作内容,达成一致意见后起草填写一式两份

的物流运输合同(在固定经营阶段,物流时间默认为 1 个虚拟日,运输费用为对方购销合同中销售收入总额的 5%,但在自主经营阶段的物流时间有两种,可以为 1 个虚拟日,也可为即发即到,具体费用在主讲教师的规定范围内,与客户协商决定),后依据物流运输合同填写合同会签单(线上和线下),将运输合同和合同会签单送至物流总经理审核。物流总经理审核接收到的运输合同和合同会签单上信息的准确性和合理性,确认无误后在运输合同和合同会签单上签字,并将签字后的运输合同和合同会签单返还给物流业务经理。物流业务经理在运输合同上盖章,并将其中一份送给制造业仓管员,将合同会签单留存归档。

②MYS2 与物流公司签订运输合同(制造业)。

任务描述:仓储部为规范商业活动,保护公司利益,与物流公司签订物流运输合同。

操作步骤:制造业仓管员点击"任务中心",选择"MYS2 与制造业签订运输合同"。制造业仓管员接收物流公司业务经理送至的盖有物流公司印章的物流运输合同(一式两份),根据运输订单填写合同会签单(线上和线下同时填写)并将运输合同和合同会签单送至制造业仓储经理审核。制造业仓储经理审核接收到的运输合同内容的准确性和合理性,确认无误后在合同会签单上签字,并将运输合同和签字后的合同会签单送至制造业财务经理处审核。制造业财务经理审核接收到的运输合同内容的准确性和合理性,确认无误后在合同会签单上签字,并将运输合同和签字后的合同会签单送至制造业总经理处审核。制造业总经理审核送至的合同会签单有无签字及运输合同内容的准确性和合理性,确认无误后在合同会签单和运输合同上签字,并将已经签字后的运输合同和合同会签单送至制造业行政经理。制造业行政经理在运输合同上盖章并将盖章后的运输合同发送给制造业仓管员,合同会签单存档。制造业仓管员接收到制造业行政助理送至的运输合同后,在确保双方盖章后,将其中一份送返制造业行政助理处归档。

(2)物流公司与经销商签订运输合同

①DYS1 与制造业签订运输合同(物流公司)。

任务描述:物流公司与经销商签订运输合同(物流公司)。

操作步骤:物流业务经理点击"任务中心",选择"DYS1 与制造业签订运输合同"。物流业务经理根据运输计划与经销商仓管员商谈合作内容,达成一致意见后起草填写一式两份的物流运输合同(在固定经营阶段,物流时间默认为 1 个虚拟日,运输费用为对方购销合同中销售收入总额的 5%,但在自主经营阶段的物流时间有两种,可以为 1 个虚拟日,也可为即发即到,具体费用在主讲教师的规定范围内,与客户协商决定),后依据物流运输合同填写合

同会签单(线上和线下),将运输合同和合同会签单送至物流总经理审核。物流总经理审核接收到的运输合同和合同会签单上信息的准确性和合理性,确认无误后在运输合同和合同会签单上签字,并将签字后的运输合同和合同会签单返还给物流业务经理。物流业务经理在运输合同上盖章,并将其中一份送给经销商仓储经理,将合同会签单留存归档。

②DYS2 与物流公司签订运输合同(经销商)。

任务描述: 仓储部为规范商业活动,保护公司利益,与物流公司签订物流运输合同。

操作步骤: 经销商仓储经理点击"任务中心",选择"DYS2 与物流公司签订运输合同"。经销商仓储经理接收物流公司业务经理送至的盖有物流公司印章的物流运输合同(一式两份),根据运输订单填写合同会签单(线上和线下同时填写)并将运输合同和合同会签单送至经销商财务经理审核。经销商财务经理审核接收到的运输合同内容的准确性和合理性,确认无误后在合同会签单上签字,并将运输合同和签字后的合同会签单送至经销商总经理处审核。经销商总经理审核送至的合同会签单有无签字及运输合同内容的准确性和合理性,确认无误后在合同会签单和运输合同上签字,并将已经签字后的运输合同和合同会签单送至经销商行政经理。经销商行政经理在运输合同上盖章并将盖章后的运输合同发送给经销商仓储经理,合同会签单存档。经销商仓储经理接收到物流业务经理送至的运输合同后,在确保双方盖章后,将其中一份送返经销商行政经理处归档。

4.3.3　0302 经营准备——招投标

招投标公司开展完整的招投标业务流程,共包括 13 个任务节点,在经营准备阶段包括 BZB1 签订招标委托合同(招投标)、BZB2 制作招标文件(招投标)、BZB3 发布招标公告(招投标)和 BZB4 投标资格预审(制造业)4 个任务节点。

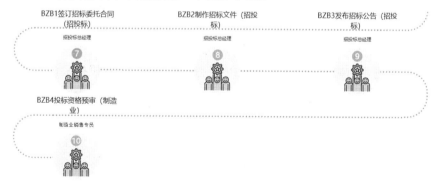

1)0302 经营准备——BZB1 签订招标委托合同(招投标)

任务描述: 与委托方签订招投标委托合同。

操作步骤:招投标总经理点击"任务中心",选择"BZB1 签订招标委托合同"。招投标总经理根据业务发展需要与虚拟公司签订《委托代理合同》,由于虚拟公司没有实体公司,因此委托代理合同由招投标经理代签。

2)0302 经营准备——BZB2 制作招标文件(招投标)

任务描述:招投标总经理编制招标文件。

操作步骤:招投标总经理点击"任务中心",选择任务"BZB2 制作招标文件"。招投标总经理根据虚拟企业(与主讲教师沟通,一般由 CEO 指导教师代替虚拟企业)的业务需求编制招标文件的具体内容,包括产品种类、数量、到货时间等信息。

3)0302 经营准备——BZB3 发布招标公告(招投标)

任务描述:招投标总经理发布招标公告。

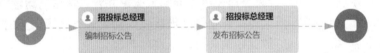

操作步骤:招投标总经理点击"任务中心",选择任务"BZB3 发布招标公告"。招投标总经理将编制好的招标文件打印出来,贴到公告栏中公示并通知各企业前来查看。

4)0302 经营准备——BZB4 投标资格预审(制造业)

任务描述:企业确认投标后,编写并提交资格预审文件。

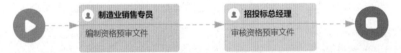

操作步骤:制造业销售专员点击"任务中心",选择任务"BZB4 投标资格预审"。制造业企业确认需要投放的投标后,由制造业销售专员下载资格预审文件并编写资格预审文件,经部门经理审核后交由招投标总经理备查。

4.3.4 0303 经营准备—— 国贸企业

此项业务由国贸企业完成,在经营准备阶段国贸企业需完成国际贸易业务的前期准备工作,包括 ZJ90073 商标制作及注册(国贸企业),ICK1 贸易洽谈(国贸企业),ICK2 出口合同签订(国贸企业),ICK3 催证、审证、改证(国贸企业),ICK4 开商业发票和装箱单(国贸企业), ICK5 订舱(国贸企业)和 ICK6 出口货物发货(国贸企业)。

1)0303 经营准备——ZJ90073 商标制作及注册(国贸企业)

任务描述:制作本企业的商标标识,制作完成后提交市监局审核公示并备案。

操作步骤:国贸总经理点击"任务中心",选择任务"ZJ90073 商标制作及注册"。国贸总经理组织全体员工根据企业商标制作的要求,制作符合要求的该企业商标并提交到市监局审核公示并备案。市场监管员审核提交的商标标识申请,审核无误通过后进行公示,公示无异议后备案存档。

2)0303 经营准备——ICK1 贸易洽谈(国贸企业)

任务描述:国贸企业进行贸易洽谈。

操作步骤:国贸进出口经理点击"任务中心",选择任务"ICK1 贸易洽谈"。国贸进出口经理向进口商发布建交函,向客户介绍公司业务,表达双方建立贸易伙伴关系的意愿,待双方达成合作意向后,国贸进出口经理在 VBSE 系统上选中目标客户。国贸进出口经理在收到进口商的询盘后,请示交易条件和利润率开始计算价格,进行报价核算,得出美元单价。国贸进出口经理起草发盘函送往国贸总经理审核,国贸总经理审核通过后签字确认。国贸进出口经理对外报价,在与对方洽谈过程中不断还盘再还盘,最后双方达成一致。

3)0303 经营准备——ICK2 出口合同签订(国贸企业)

任务描述:国贸企业签订出口合同。

操作步骤:国贸进出口经理点击"任务中心",选择任务"CK2 出口合同签订"。贸易双方经过贸易洽谈,接受销售合同条款,国贸进出口经理根据洽谈内容在 VBSE 系统上填写销售合同与合同会签单交由国贸总经理审核,国贸总经理审核通过后签字盖章,将销售合同和合同会签单返还给国贸进出口经理,由国贸进出口经理将合同寄给进口商。进口商签字盖章后邮寄一份返还给国贸进出口经理。

4)0303 经营准备——ICK3 催证、审证、改证(国贸企业)

任务描述:国贸企业办理信用证。

操作步骤:国贸进出口经理点击"任务中心",选择任务"ICK3 催证、审证、改证"。买卖双方依据签订的贸易合同,在合同支付条款中明确使用信用证及其种类和开证时间。国贸进出口经理在合同签订后,适时敦促进口商及时开具信用证,以保证如期装货。接到催开信用证后进口商到当地银行申请办理以卖方为受益人的信用证,申请人需向银行提供押金或者保证金。买方银行依据贸易合同开具信用证并将信用证以邮寄或电报等方式交给卖方的当地银行,由卖方当地银行转交卖方。中国银行作为卖方的当地银行审核收到的信用证,审核无误后向卖方(国贸进出口经理)下达信用通知书并将信用证转交卖方(国贸进出口经理)。国贸进出口经理要关注通知行(议付行)提出的问题,并依据合同条款与国际商会《跟单信用证统一惯例》审核接收到的信用证是否存在问题,审核无误后提交给国贸总经理审核,如发现信用证出现问题,依据流程进行修改,如无异议,对信用证进行确认。

5)0303 经营准备——ICK4 开商业发票和装箱单(国贸企业)

任务描述:国贸企业开具商业发票和装箱单。

操作步骤:国贸进出口经理点击"任务中心",选择任务"ICK4 开商业发票和装箱单"。国贸进出口经理在确认信用证无误后,依据合同条款填写商业发票,并将开具的发票提交国贸总经理进行审核。国贸总经理审核商业发票信息的正确性、完整性和真实性,无异议后签字盖章并返还国贸进出口经理。国贸进出口经理依据商业发票填写装箱单交由国贸总经理审核,国贸总经理审核无误后签字盖章并返还国贸进出口经理。

6)0303 经营准备——ICK5 订舱(国贸企业)

任务描述:国贸企业租船订舱。

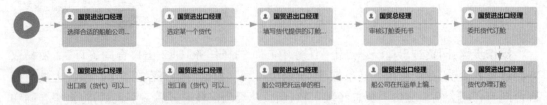

操作步骤:国贸进出口经理点击"任务中心",选择任务"CK5 订舱"。国贸进出口经理根据出口需要通过船舶公司或者货代了解船舶信息以便选择合适的运输方式。国贸进出口经理为节约时间成本一般会选择较为可靠的货代企业协助其办理货物运输(因实训中没有货代企业,由国贸进出口经理替代)。国贸进出口经理代表出口方与货代企业签订订舱委托书,交由国贸总经理审核。国贸总经理审核订舱委托书的准确性,确认无误后签字并返还国贸进出口经理。国贸进出口经理将填好的商业发票、装箱单和订舱委托书提交给货代,委托货代订舱。货代接收委托后开始填制托运单,并将托运单及订舱单、商业发票和装箱单一起交给船公司。船公司根据实际的订舱情况在托货单上填写编号并签字。待业务办理完毕后,船公司将托货单的相关联及商业发票和装箱单交给货代。货代凭借托货单的相关联及商业发票和装箱单等资料办理报关、投保等手续。手续办理结束后,货代凭此资料把货物发到港口,办理装船。

7)0303 经营准备——ICK6 出口货物发货(国贸企业)

任务描述:出口货物办理发货。

操作步骤:国贸进出口经理点击"任务中心",选择任务"ICK6 出口货物发货"。国贸进出口经理收到货代装船信息后,填写发货单并交由国贸总经理审核。国贸总经理审核信息的正确性与真实性,确认无误后,根据发货单填写销售出库单并在 VBSE 系统上办理出库。出库后,国贸总经理根据出库情况,在 VBSE 系统上填写库存台账并更新销售发货明细表。

4.3.5 0304 经营准备——连锁企业

此项业务主要由连锁企业开展,内容包括 ZJ90074 商标制作及注册、门店借备用金(连锁企业)、门店销售收款(连锁企业)、门店零售日结(连锁企业)、门店上缴营业款(连锁企业)和门店向总部请货(连锁企业)。

1)ZJ90074 商标制作及注册

任务描述:ZJ90074 商标制作及注册。
操作步骤:连锁总经理点击任务操作界面,选择"商标制作及注册",组织公司所有员工进行公司商标制作,包括图片、商标说明(除了商标标识的说明内容,还需要增加商标标识适用的产品或服务的类别)、商标含义、企业营业执照复印件、联系人、联系地址、联系电话、邮编等。连锁总经理将制作好的商标标识的图片、说明文档复制到 U 盘中,提交到市监局。市监局市场监管员接收企业提交的商标标识申请资料,对提交的申请资料进行审核,审核通过后进行公示(与主讲教师确认张贴公示地点),公示无异议后备案存档。

2)门店借备用金(连锁企业)

任务描述:门店借备用金。
操作步骤:连锁企业门店店长点击任务操作界面,选择"门店借备用金"。店长去连锁仓储经理处领取借款单,填写借款单,借款 500 元作为找零备用金。连锁仓储经理审核借款单填写的准确性,审核借款业务的真实性,审核无误后签字。连锁总经理接收店长提交的已审核过的借款单,支付现金 500 元给借款人。

3)门店销售收款(连锁企业)

任务描述:门店销售收款。

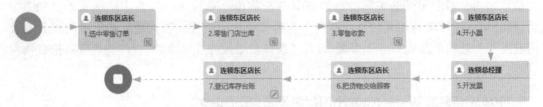

操作步骤:连锁东区店长点击任务操作界面,选择"门店销售收款"。连锁东区店长在 VBSE 系统中选择零售订单,处理零售货物出库。连锁东区店长核对钱数,完成收款。连锁东区店长开具小票,一式三联,在每一联上盖现金收讫章,认真核对商品名称、型号、数量和金额,然后交给顾客。连锁东区店长留一联,其他剩余两联一联给财务,一联给顾客。连锁总经理依据小票开销售发票,认真核对顾客姓名、商品名称、型号、数量和金额。连锁东区店长把货物交给顾客,依据销售小票登记库存台账。

4)门店零售日结(连锁企业)

任务描述:门店零售日结。

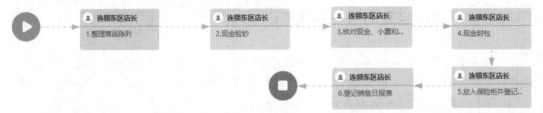

操作步骤:连锁东区店长点击任务操作界面,选择"门店零售日结"。在营业结束前 30 分钟开始整理门店商品陈列,进行现金验钞,核对现金、小票和商品,核对无误后对现金进行封包,并由店长签字。连锁东区店长将现金总额放入保险柜,并在保险柜检查登记本上记录和签字。闭店前,连锁东区店长登记当日的销售日报表。

5)门店上缴营业款(连锁企业)

任务描述:门店上缴营业款。

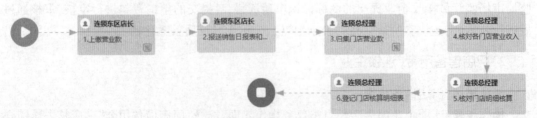

操作步骤:连锁东区店长点击任务操作界面,选择"门店上缴营业款"。连锁东区店长在

VBSE 系统中上缴上一天的营业款给连锁总部,向总部报送销售日报表和销售流水小票。连锁总经理归集各个门店营业款,核对各门店营业收入。连锁总经理核对门店明细核算,包括配货数量、销售数量、存货数量和售价金额,登记门店核算明细表。

6)门店向总部请货(连锁企业)

任务描述:门店向总部请货。

操作步骤:连锁企业门店店长点击任务操作界面,选择"门店向总部请货"。连锁门店店长根据日均销售量、库存下限、在途数量、补货周期及安全库存等因素在 VBSE 系统中填写补货申请单。连锁仓储经理审核补货申请单内容填写的准确性和合理性,在 VBSE 系统中确认补货申请,并根据补货申请对补货情况进行分类(紧急、正常)。

4.3.6　0305 经营准备——会计师事务所

此项任务由会计师事务所开展,经营准备阶段的任务包括商标制作及注册(会计师事务所)、总体审计策略制定与风险识别和评估(会计师事务所)、委托会计师事务所承接审计业务(制造业)、固定资产的实质性测试(会计师事务所)和存货的实质性测试(会计师事务所)。

1)商标制作及注册(会计师事务所)

任务描述:商标制作及注册。

操作步骤:会计师事务所项目经理点击任务操作界面,选择"商标制作及注册"。项目经理组织公司所有员工进行公司商标制作,包括图片、商标说明(除商标标识的说明内容,还需要增加商标标识适用的产品或服务的类别)、商标含义、企业营业执照复印件、联系人、联系地址、联系电话、邮箱等,将制作好的商标标识的图片、说明文档复制到 U 盘中,提交到市监局。市监局市场监管员接收企业提交的商标标识申请资料,对提交的申请资料进行审核,审核通过后进行公示(与主讲教师确认张贴公示地点),公示无异议后备案存档。

2)总体审计策略制定与风险识别和评估(会计师事务所)

任务描述:会计师事务所承接审计业务之后,首先应召开审计预备会议,并制定总体审计策略。根据批准后的总体审计策略,会计师事务所项目经理安排项目组成员与制造企业进行沟通,告知进驻的具体审计时间以及需要准备的审计资料。

操作步骤:制造业财务经理点击任务操作界面,选择"总体审计策略制定与风险识别和

评估"。制造业财务经理召开审计预备会议并记录会议内容,将会议讨论结果传达给会计师事务所项目经理。会计师事务所项目经理根据会议讨论结果制定审计总体策略并编写"整体审计策略"底稿,并通知制造业企业审计的时间及所需要的材料。制造业财务经理接收到审计通知后,按照要求准备审计材料送到会计师事务所等待审核。

3)委托会计师事务所承接审计业务(制造业)

任务描述:委托会计师事务所承接审计业务。

操作步骤:制造业财务经理点击任务操作界面,选择"委托会计师事务所承接审计业务"。制造业财务经理与会计师事务所就委托审计的目的、内容等进行洽谈,提出委托会计师事务所进行年终财务报表审计的请求。会计师事务所项目经理与制造业财务经理洽谈,初步了解制造企业委托审计的目标、范围和内容,会计师事务所项目经理对委托企业的情况进行详细调查和了解。会计师事务所项目经理综合考虑客户情况及会计师事务所人员能否胜任委托审计的业务,决定是否接受该项审计业务,如接受,则签署审计合同。

4)固定资产的实质性测试(会计师事务所)

任务描述:会计师事务所项目经理在对制造业采购与付款内部控制测试的基础上,编制工作底稿,进行固定资产实质性测试。

操作步骤:会计师事务所项目经理点击任务操作界面,选择"固定资产的实质性测试"。会计师事务所项目经理确定审计目标与认定的对应关系,选择计划执行的审计程序,编制"固定资产实质性程序"工作底稿。审计师获取本期固定资产、累计折旧、固定资产减值准备等总账、明细账并复核是否一致,编制"固定资产明细表"工作底稿。审计师检查固定资产明细账,抽取本期外购固定资产样本,追查至记账凭证,查看附件是否包含采购申请单、采购合同、采购发票、运费单等原始凭证,检查采购申请单中是否由审批人签字,重新计算固定资产的入账价值,确定是否与明细账一致,检查会计凭证中的账务处理是否正确,编制"固定资产增加检查情况表"工作底稿。审计助理检查固定资产明细账,按照分类折旧率和固定资产计提折旧的基数重新计算本期计提折旧额,并与累计折旧明细账核对,将本期计提折旧额与成本计算单以及生产成本、制造费用、管理费用等明细账中的折旧额合计进行核对,编制"折旧测算表""固定资产折旧分配检查表"工作底稿。审计师将"固定资产监督检查情况表""固定资产增加检查情况表"、"固定资产减少检查情况表"、"折旧测算表"、"固定资产折旧分配检查表"等工作底稿中需要进行账项调整的金额计入"固定资产审定表"工作底稿,根据本期未审定数、账项调整分录计算本期审定数,编制"固定资产审定表"工作底稿。最后由项目经理审核所有编制完成的工作底稿,审核无误后在复核人处签字确认。

5) 存货的实质性测试(会计师事务所)

任务描述: 会计师事务所项目经理在对制造业生产与仓储内部控制测试的基础上,制定存货实质性测试程序计划,对存货进行监盘、计价测试、产品生产成本的计算测试、存货盘点结果的核对等审计程序,从而确定存货的审定数。

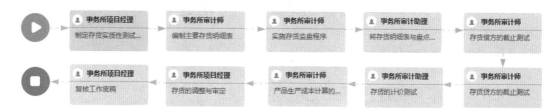

操作步骤: 会计师事务所项目经理点击任务操作界面,选择"存货的实质性测试"任务。项目经理确定审计目标与认定的对应关系,选择计划执行的审计程序,编制"存货的实质性程序"工作底稿。审计师获取本期存货、总账、明细账并复核是否一致,编制"主要存货明细表"工作底稿并检查"主要存货明细表"中是否有异常或者负数。审计师取得制造企业存货盘点计划后,观察制造企业人员是否遵循存货盘点计划,准确记录存货的数量及状况,从存货盘点记录中抽取部分原材料及产成品存货追查至存货实物,从存货实物中抽取部分原材料及产成品存货追查至存货盘点记录,编制"存货抽盘核对表"工作底稿。审计助理从各类存货明细账中选取具有代表性的样本,与盘点记录核对,从盘点记录选取具有代表性的样本,与各类存货明细账核对并编制"存货明细账与监盘报告核对表"工作底稿。审计师在资产负债表日前存货明细账的借方发生额中各选取适量样本,与入库记录(如入库单,或购货发票,或运输单据)核对,确定存货入库被记录在正确的会计期间;在资产负债表日前的入库记录中各选取适量样本,与存货明细账的借方发生额进行核对,确定存货入库被记录在正确的会计期间;在资产负债表日前后的制造费用明细账借方发生额中各选取适量样本,确定有无跨期现象;编制"存货借方截止测试"工作底稿。会计师事务所项目经理审核"存货抽盘核对表"、"存货明细账与监盘报告核对表"、"存货借方截止测试"、"存货贷方截止测试"、"存货计价测试表"、"制造费用明细表"、"产品生产成本计算测试表"等工作底稿是否有误,审核无误后在上述工作底稿的复核人处签字。会计师事务所项目经理将"主要存货明细表"、"存货抽盘核对表"、"存货明细账与监盘报告核对表"、"存货借方截止测试"、"存货贷方截止测试"、"存货计价测试表"、"制造费用明细表"、"产品生产成本计算测试表"等工作底稿中需要进行账项调整的金额过入"存货审定表"工作底稿并根据本期未审定数、账项调整分录计算本期审定数,编制"存货审定表"工作底稿。审计师抽查成本计算单,检查直接材料、直接人工及制造费用的计算和分配是否正确,并与有关佐证文件(如领料记录、生产工时记录、材料费用分配汇总表、人工费用分配汇总表等)核对;核对无误后获取完工产品与在产品的生产成本分配标准和计算方法,重新计算并确认生产成本计算的准确性,编制"产品生产成本计算测试表""制造费用明细表"工作底稿。审计助理在存货明细表中选取适量样本,将其单位成本与购货发票核对,并确认存货成本中不包含增值税,复核发出存货的金额计算是否正确,审核无误后编制"存货计价测试表"工作底稿。审计师在资产负债表日前存货明细账的贷方发生额中各选取适量样本,与出库记录(如出库单、销货发票或运输单据)核对,确定存货出库被记录在正确的会计期间",并在出库记录中选取适量样本,与存货明细账的贷方发生额进行核对,确定存货出库被记录在正确的会计期间,核对无误后编制"存货贷方截止测试"工作底稿。最后由项目经理审核所有编制完成的工作底稿,审核无误后在复核人处签字确认。

4.4 固定经营——月初经营

4.4.1 0401 月初经营——政务服务

政务服务在固定经营月初经营阶段主要涉及综合服务大厅的税务局、市监局和人社局的业务内容。任务代码包括 ZJ90053 税务稽查(税务局)、ZJ90062 市场监督管理检查(市监局)、ZJ90093 社保稽查(人社局)、ZJ90094 行政处罚(人社局)、ZJ90099 就业指导-简历制作(人社局)。

1)0401 月初经营——ZJ90053 税务稽查(税务局)

任务描述:根据税务管理规定对企业进行随机的稽查,记录、公示稽查结果,并对问题企业做出行政处罚。

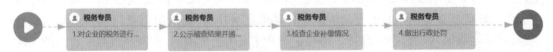

操作步骤:税务专员点击"任务中心",选择"ZJ90053 税务稽查"。税务专员根据业务开展需要,对企业进行随机的稽查,记录、公示稽查的结果,形成稽查报告,并通知问题企业进行补缴。根据后期各企业的补缴情况,按时补缴的企业不进行处罚,对没有按时补缴的企业做出相应的行政处罚。

2)0401 月初经营——ZJ90062 市场监督管理检查(市监局)

任务描述:市场监管员根据《市场监督管理执法监督暂行规定》进入企业进行检查,记录结果,对确认存在问题的企业开具工商行政处罚决定书,并跟踪整改情况。

操作步骤:市场监管员进入"任务中心",点击"ZJ90062市场监督管理检查"。市场监管员在学习和熟悉《市场监督管理执法监督暂行规定》的基础上并接到主讲教师市场稽查的任务指示后,抽取某个企业,进入该企业的相关部门找到对应的负责人进行现场检查。根据检查结果,市场监管员对存在问题的企业下达行政处罚决定书。根据行政处罚决定书,市场监管员定期检查整改情况,已经整改完成缴纳罚款后,恢复信用评级;对于未定期整改的企业不予信用评级并给以警告或暂停营业、生产等处罚。

3)0401月初经营——ZJ90093 社保稽查(人社局)

任务描述:根据制定的社会保障制度对企业进行社保稽查,存在问题的形成稽查整改意见书并送达相关企业。

操作步骤:人社局社保公积金专员进入"任务中心",选择"ZJ90093 社保稽查"。社保公积金专员根据社保稽查通知的时间到企业进行现场稽查,主要检查企业的人力资源参保情况与财务社保缴纳情况,并及时给予接受稽查部门反馈,向无稽查问题的企业出具稽查报告,对稽查有问题的企业下达整改意见书。

4)0401月初经营——ZJ90094 行政处罚(人社局)

任务描述:根据社保稽查检查结果,对问题企业做出行政处罚。

操作步骤:人社局社保公积金专员进入"任务中心",选择"ZJ90094 行政处罚"。社保公积金专员根据社保稽查整改意见书检查企业整改情况,对到期整改过的企业不做出处罚,对到期整改不过的企业给予处罚。

5)0401月初经营——ZJ90099 就业指导-简历制作(人社局)

任务描述:学习制作简历,并组织企业培训学习。

操作步骤:人社局社保公积金专员进入"任务中心",选择"ZJ90099 就业指导-简历制作"。社保公积金专员先自行学习简历制作的技巧与规范,形成范式后,与主讲教师沟通确认培训方式、培训地点和参加培训名单,给各组织成员讲解简历制作。

4.4.2 月初经营——制造业、经销商和工贸企业

制造业、经销商和工贸企业在月初经营阶段的任务,主要包括薪酬核算工作(扣缴五险

一金、缴纳个人所得税、缴纳企业增值税)、企业年度报告公示、制造业分销 DCG 系列（DCG5—DCG11）、物料外部流转 MCG 系列（MCG3—MCG11）、物料内部流转 MSC 系列（MSC4—MSC5）、经销商销售 DYX（DYX7—DYX11）、TCG3 到货并办理入库（工贸企业）。

1)0401 月初经营——扣缴五险一金

（1）MWX1 扣缴五险一金（制造业）

任务描述：制造业出纳取回银行代扣五险一金的回单，并交回办理相关的财务处理。

操作步骤：制造业出纳选择"任务中心"，点击"MWX1 扣缴五险一金"。制造业出纳到银行申请领取五险一金扣款回单，银行柜员接收顾客的申请后在 VBSE 系统上为企业代扣五险一金，并在系统上打印扣缴回单交给制造业出纳。制造业出纳将银行打印扣款回单凭证交由制造业财务会计。制造业财务会计依据银行回单编制记账凭证，并将银行扣款凭证及五险一金扣缴通知作为附件粘贴在记账凭证后，递交制造业财务经理审核。制造业财务经理审核记账凭证，确认无误后在记账凭证上签字或盖章并返还制造业出纳。制造业出纳依据记账凭证登记银行存款日记账，并在日记账上签字或盖章后交给制造业财务会计。制造业财务会计依据记账凭证登记科目明细账，并在记账凭证上签字或盖章后交由制造业财务经理。制造业财务经理依据记账凭证登记科目总账并在记账凭证上签字或盖章。

账务处理：五险一金月末计提，月初扣缴。制造业出纳将银行打印扣款回单凭证交由制造业财务会计。制造业财务会计根据审核无误的银行回单编制记账凭证，并将银行扣款凭证及五险一金扣缴通知作为附件粘贴在记账凭证后，递交制造业财务经理审核。制造业财务经理确认无误后在记账凭证上签字或盖章并返还制造业出纳。制造业出纳依据记账凭证登记银行存款日记账，并在日记账上签字或盖章后交给制造业财务会计。制造业财务会计依据记账凭证登记科目明细账，并在记账凭证上签字或盖章后交由制造业财务经理。制造业财务经理依据记账凭证登记科目总账并在记账凭证上签字或盖章。具体分录如下：

	其他应付款——五险一金个人部分	上月末其他应付款——五险一金个人部分计提挂账金额	
借	应付职工薪酬——社会保险费	单位承担的五险，上月末应付职工薪酬——社会保险费挂账金额	
	应付职工薪酬——住房公积金	单位承担的住房公积金，上月末应付职工薪酬——住房公积金挂账金额	
贷	银行存款——工行		银行回单上显示的金额

注：一般来说，本月缴完社保、填制凭证、登完账簿后，涉及的往来明细账、总账的余额为零，出纳与财务会计登记明细账、总账时应注意账实是否相符。

（2）DWX1 扣缴五险一金（经销商）

任务描述：财务经理收到扣缴五险一金回单，进行账务处理。

操作步骤：经销商出纳选择"任务中心"，点击"DWX1 扣缴五险一金"。经销商出纳到银行申请领取五险一金扣款回单，银行柜员在接收顾客的申请后在 VBSE 系统上为企业代扣五险一金，并在系统上打印扣缴回单交给经销商出纳。

账务处理：五险一金业务每月月末计提，次月月初扣缴。经销商出纳根据银行打印扣款回单填制记账凭证，并将原始凭证及记账凭证交由经销商财务经理审核。经销商财务经理审核出纳填制的记账凭证，确认无误后在记账凭证上签字或盖章并返还经销商出纳。经销商出纳依据记账凭证登记银行存款日记账，并在日记账上签字或盖章后交给经销商财务经理。经销商财务经理依据记账凭证登记科目明细账和总账，并在记账凭证上签字或盖章。具体分录如下：

借	其他应付款——五险一金个人部分	上月末其他应付款——五险一金个人部分计提挂账金额	
	应付职工薪酬——社会保险费	单位承担的五险，上月末应付职工薪酬——社会保险费挂账金额	
	应付职工薪酬——住房公积金	单位承担的住房公积金，上月末应付职工薪酬——住房公积金挂账金额	
贷	银行存款——工行		银行回单上显示的金额

注：一般来说，本月缴完社保、填制凭证、登完账簿后，涉及的往来明细账、总账的余额为零，经销商财务经理登记明细账、总账时应注意是否账实相符。

（3）TWX1 扣缴五险一金（工贸企业）

任务描述：收到银行代扣五险一金的业务回单。

操作步骤：工贸财务经理选择"任务中心"，点击"TWX1 扣缴五险一金"。工贸财务经理到银行申请领取五险一金扣款回单。银行柜员接收申请后在 VBSE 系统上为企业代扣五险一金,并在系统上打印扣缴回单交给工贸财务经理。工贸财务经理依据银行回单编制记账凭证,并将银行扣款凭证及五险一金扣缴通知作为附件粘贴在记账凭证后,递交工贸总经理审核。工贸总经理审核记账凭证确认无误后,在记账凭证上签字或盖章,并依据记账凭证登记银行存款日记账,并在日记账上签字或盖章后交给工贸财务经理。工贸财务经理依据记账凭证登记科目明细账和总账,并在记账凭证上签字或盖章。

账务处理:工贸财务经理依据银行回单、五险一金核算表等原始凭证编制记账凭证,并将其作为附件粘贴在记账凭证后,然后交由工贸总经理审核。工贸总经理审核无误后在记账凭证上签字或盖章,登记银行存款日记账后,交给工贸财务经理。工贸财务经理依据记账凭证登记科目明细账和总账,并在记账凭证上签字或盖章。具体分录如下:

借	其他应付款——五险一金个人部分	上月末其他应付款——五险一金个人部分计提挂账金额	
	应付职工薪酬——社会保险费	单位承担的五险,上月末应付职工薪酬——社会保险费挂账金额	
	应付职工薪酬——住房公积金	单位承担的住房公积金,上月末应付职工薪酬——住房公积金挂账金额	
贷	银行存款——工行		银行回单上显示的金额

2)0401 月初经营——缴纳个人所得税

（1）MGS2 缴纳个人所得税（制造业）

任务描述:制造业出纳取得个税扣款通知后,将取回的税收缴款书按照公司财务的工作流程在财务部依次办理账务处理。

操作步骤:制造业出纳选择"任务中心",点击"MGS2 缴纳个人所得税"。制造业出纳通过 VBSE 系统查询的网银,确认个税是否扣缴成功,确认扣缴成功后到银行申请打印缴税凭证。银行柜员在接受申请后,通过系统查询转账记录,确认无误后打印缴税证明并交给制造业出纳。

账务处理:个税由公司代扣代缴,需要先代扣然后再代缴。制造业出纳将领取的缴税凭证交至制造业财务会计。制造业财务会计依据收到的扣款通知和税收缴纳书填写记账凭证,并提交制造业财务经理审核。制造业财务经理审核记账凭证,确认无误后在记账凭证上签字并传递给制造业出纳。制造业出纳依据记账凭证登记银行存款日记账,并在日记账上签字或盖章后交给制造业财务会计。制造业财务会计依据记账凭证登记科目明细账,并在记账凭证上签字或盖章后交给制造业财务经理。制造业财务经理依据记账凭证登记科目总账并在记账凭证上签字或盖章。具体分录如下：

代缴业务：

借	应交税费——应交个人所得税	缴税凭证显示的金额	
贷	银行存款——工行		缴税凭证显示的金额

注：一般来说，月初发放工资的时候，已代扣个人所得税，当时的分录如下：
借：应付职工薪酬——工资
　贷：应交税费——应交个人所得税

代缴时按应交税费——应交个人所得税显示的上月代扣金额进行预缴处理即可。本月缴完个税后，涉及的应付职工薪酬——应交个人所得税往来明细账、总账的余额为零，出纳与财务会计登记明细账、总账时应注意账实是否相符。

（2）DGS2 缴纳个人所得税（经销商）

任务描述：确认申报状态审核后，提交缴税扣款及账务处理。

操作步骤：经销商出纳选择"任务中心"，点击"DGS2 缴纳个人所得税"。经销商出纳通过 VBSE 系统查询的网银，确认个税是否扣缴成功，确认扣缴成功后到银行申请打印缴税凭证。银行柜员在接受申请后，通过系统查询转账记录，确认无误后打印缴税证明并交由经销商出纳。

账务处理：个人所得税由公司代扣代缴，需要先代扣然后再代缴。经销商出纳依据收到的扣款通知和税收缴纳书填写记账凭证，提交经销商财务经理审核。经销商财务经理审核记账凭证，确认无误后在记账凭证上签字并传递给经销商出纳。经销商出纳依据记账凭证登记银行存款日记账，并在日记账上签字或盖章后交给经销商财务经理。经销商财务经理依据记账凭证登记科目明细账和总账并在记账凭证上签字或盖章。具体分录如下：

代缴业务：

借	应交税费——应交个人所得税	缴税凭证显示的金额	
贷	银行存款——工行		缴税凭证显示的金额

注：一般来说，月初发放工资时，已代扣个人所得税。本月缴完个税后，涉及的应付职工薪酬——应交个人所得税往来明细账、总账的余额为零，经销商财务经理登记明细账、总账时应注意账实是否相符。

（3）TGS2 缴纳个人所得税（工贸企业）

任务描述：确认申报状态，审核通过后提交扣款并进行账务处理。

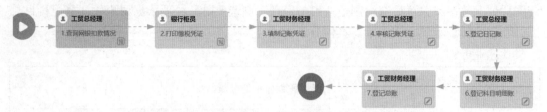

操作步骤：工贸总经理选择"任务中心"，点击"TGS2 缴纳个人所得税"。工贸总经理通过 VBSE 系统查询的网银，确认个税是否扣缴成功，确认扣缴成功后到银行申请打印缴税凭证。银行柜员在接受申请后，通过系统查询转账记录，确认无误后打印缴税证明并交由工贸总经理。工贸总经理将领回的缴税凭证递交给工贸财务经理。

账务处理：工贸财务经理依据扣款个税报告表和个税缴款凭证填写记账凭证，提交工贸总经理审核。工贸总经理在审核无误后的记账凭证上签字，并登记银行存款日记账，然后将记账凭证交给工贸财务经理。工贸财务经理在记账凭证上签字或盖章，并登记科目明细账、总账。具体分录如下：

借	应交税费——应交个人所得税	缴税凭证显示的金额	
贷	银行存款——工行		缴税凭证显示的金额

注：员工个人所得税由员工个人负担，企业代扣代缴。TXC2 任务月初发放工资时，已代扣个人所得税，当时的分录为：
借：应付职工薪酬——工资
　　贷：应交税费——应交个人所得税
代缴时按应交税费——应交个人所得税显示的上月代扣金额进行预缴处理。

3）0401 月初经营——缴纳企业增值税

（1）MZZ2 缴纳企业增值税（制造业）

任务描述：制造业出纳收到增值税扣款通知后，将取回的税收缴款书按照公司财务的工作流程在财务部依次办理账务处理。

操作步骤：制造业财务经理选择"任务中心"，点击"MZZ2 缴纳企业增值税"。制造业财务经理根据企业的经营情况在 VBSE 系统上申报企业增值税，申请通过后点击扣缴并通知制造业出纳。制造业出纳在系统上查询网银扣缴情况，确认扣缴成功后到银行打印凭证。银行柜员在收到业务申请后，查询转账记录后，在系统上打印企业增值税专用发票扣缴凭证并交由制造业出纳。

账务处理：企业增值税是月末计提应交税费未交增值税，月初申报和缴纳增值税。每月终了将本月发生的应交未交增值税税额自"应交增值税"转入"未交增值税"，这样"应交增值税"明细账不会出现贷方余额。然后下月初进行申报与缴纳。实务中,一般采用电子报税方式,每月 20 日至月末前一天将进项税发票录入"增值税纳税申报系统"中进行增值税进项发票的网上认证工作,下月初将抄有申报所属月份销项发票信息的 IC 卡或磁盘信息复制下来,进行抄税,进入防伪税控系统进行电子报税。

出纳将领取的缴税凭证交至制造业财务会计。制造业财务会计依据收到的扣款通知和税收缴纳书填写记账凭证,并提交制造业财务经理审核。制造业财务经理审核记账凭证,确认无误后在记账凭证上签字并传递给制造业出纳。制造业出纳依据记账凭证登记银行存款日记账,并在日记账上签字或盖章后交给制造业财务会计。制造业财务会计依据记账凭证登记科目明细账,并在记账凭证上签字或盖章后交给制造业财务经理。制造业财务经理依据记账凭证登记科目总账并在记账凭证上签字或盖章。具体分录如下:

借	应交税费——未交增值税	月初账上应交而未交的增值税余额	
贷	银行存款——工行		扣缴凭证显示金额

(2)DZZ2 缴纳企业增值税(经销商)

任务描述:经销商财务经理确认申报状态,审核通过后提交扣款并进行账务处理。

操作步骤:经销商财务经理选择"任务中心",点击"DZZ2 缴纳企业增值税"。经销商财务经理根据企业的经营情况在 VBSE 系统上申报企业增值税,申请通过后点击扣缴并通知经销商出纳。经销商出纳在系统上查询网银扣缴情况,确认扣缴成功后到银行打印凭证。银行柜员在收到业务申请后,在查询转账记录后,在系统上打印企业增值税专用发票扣缴凭证并交由经销商出纳。

账务处理:企业增值税是每月月末计提应交税费未交增值税,次月月初申报和缴纳增值税。经销商出纳依据收到的扣款通知和税收缴纳书填写记账凭证,提交经销商财务经理审核。经销商财务经理审核记账凭证,确认无误后在记账凭证上签字并传递给经销商出纳。经销商出纳依据记账凭证登记银行存款日记账,并在日记账上签字或盖章后交给经销商财务经理。经销商财务经理依据记账凭证登记科目明细账和总账,并在记账凭证上签字或盖章。具体分录如下:

借	应交税费——未交增值税	月初账上应交而未交的增值税余额	
贷	银行存款——工行		扣缴凭证显示金额

（3）TZZ2 缴纳企业增值税（工贸企业）

任务描述：工贸出纳收到增值税扣款通知后，将取回的税收缴款书按照公司财务的工作流程在财务部依次办理账务处理。

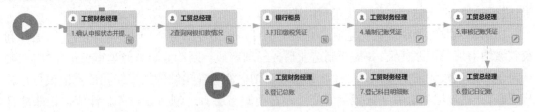

操作步骤：工贸财务经理选择"任务中心"，点击"TZZ2 缴纳企业增值税"。工贸财务经理在 VBSE 系统上申报增值税完成后点击"扣缴"并通知工贸总经理。工贸总经理在系统上查询网银扣缴情况，确认扣缴成功后到银行打印凭证。银行柜员在查询转账记录后打印税收缴纳凭证，并按照公司财务工作流程在财务部依次办理财务手续。

账务处理：每月月末，企业要计算出当月应交未交增值税，并将本月发生的应交未交增值税税额自"应交增值税"转入"未交增值税"，这样"应交增值税"明细账不会出现贷方余额。然后下月初进行申报与缴纳。实务中，一般采用电子报税方式，每月 20 日至月末前一天将进项税发票录入"增值税纳税申报系统"中进行增值税进项发票的网上认证工作，下月初将抄有申报所属月份销项发票信息的 IC 卡或磁盘信息复制下来，进行抄税，进入防伪税控系统进行电子报税。

工贸财务经理依据缴税回单、专用发票明细表、认证结果通知书等填写记账凭证，提交工贸总经理审核。工贸总经理在审核无误的记账凭证上签字，并登记银行存款日记账，后交给工贸财务经理，由其登记科目明细账、科目总账，并在记账凭证上签字或盖章。具体分录如下：

借	应交税费——未交增值税	月初账上应交而未交的增值税余额	
贷	银行存款——工行		扣缴凭证显示金额

4）0401 月初经营——企业年度报告公示

（1）ZJ90068 企业年度报告公示（制造业）

任务描述：在系统上提交本企业的年报数据，由市监局审核、公示。

操作步骤：制造业行政助理选择"任务中心"，点击"ZJ90068 企业年度报告公示"。制造业行政经理确认上一年度在职人员信息，与财务部确认上一年度的销售数据后在 VBSE 系统上（第一次进入企业年度报告系统需先进行企业联络员注册）填写企业的年度报告公示，检查无误后报送市场监管员处审核。市场监管员在 VBSE 系统上审核各企业提交的年报公示，确认无误后出示检查报告并备案。

（2）ZJ90069 企业年度报告公示（经销商）

任务描述：在系统上提交本企业的年报数据，由市监局审核、公示。

操作步骤：经销商行政经理选择"任务中心"，点击"ZJ90069 企业年度报告公示"。经销商行政经理确认上一年度在职人员信息，与财务部确认上一年度的销售数据后在 VBSE 系统上（第一次进入企业年度报告系统需先进行企业联络员注册）填写企业的年度报告公示，检查无误后报送市场监管员处审核。市场监管员在 VBSE 系统上审核各企业提交的年报公示，确认无误后出示检查报告并备案。

（3）ZJ90070 企业年度报告公示（工贸企业）

任务描述：在系统上提交本企业的年报数据，由市监局审核、公示。

操作步骤：工贸行政经理选择"任务中心"，点击"ZJ90070 企业年度报告公示"。工贸行政经理确认上一年度在职人员信息，与财务部确认上一年度的销售数据后在 VBSE 系统上（第一次进入企业年度报告系统需先进行企业联络员注册）填写企业的年度报告公示，检查无误后报送市场监管员处审核。市场监管员在 VBSE 系统上审核各企业提交的年报公示，确认无误后出示检查报告并备案。

（4）ZJ90071 企业年度报告公示（物流企业）

任务描述：在系统上提交本企业的年报数据，由市监局审核、公示。

操作步骤：物流总经理选择"任务中心"，点击"ZJ90071 企业年度报告公示"。物流总经理确认上一年度在职人员信息，与财务部确认上一年度的销售数据后在 VBSE 系统上（第一次进入企业年度报告系统需先进行企业联络员注册）填写企业的年度报告公示，检查无误后报送市场监管员处审核。市场监管员在 VBSE 系统上审核各企业提交的年报公示，确认无误后出示检查报告并备案。

（5）ZJ90072 企业年度报告公示（服务公司）

任务描述：在系统上提交本企业的年报数据，由市监局审核、公示。

操作步骤：服务公司总经理选择"任务中心"，点击"ZJ90072 企业年度报告公示"。服务公司总经理确认上一年度在职人员信息，与财务部确认上一年度的销售数据后在 VBSE 系

统上(第一次进入企业年度报告系统需先进行企业联络员注册)填写企业的年度报告公示,检查无误后报送市场监管员处审核。市场监管员在 VBSE 系统上审核各企业提交的年报公示,确认无误后出示检查报告并备案。

5)0401 月初经营——物料外部流转 MCG 系列(MCG5—MCG11)

在物料流转管理过程中,经营准备阶段制造业企业与工贸企业已经完成商务洽谈,签订了贸易合同。在月初经营阶段,工贸企业需根据合同内容发货给制造业企业。主要业务包括 MCG5—MCG11:MCG5 准备发货并通知制造业取货(工贸企业)、MCG6 接到发货单准备取货(制造业)、MCG7 向物流下达运输订单(制造业)、MCG8 受理制造业运输订单(物流企业)、MCG9 去工贸企业取货并开发票(物流企业)、MCG10 给制造业办理出库并开发票(工贸企业)、MCG11 装车发运给制造业(物流企业)。此项任务的后续环节将在固定经营的月末经营阶段完成,包括 MCG12 送货到制造业(物流企业)、MCG13 到货并办理入库(制造业)、MCG14 支付运输费(制造业)、MCG15 支付工贸企业货款(制造业)、MCG16 收到制造业运输费业务回单(物流企业)、MCG17 收到制造业货款银行回单(工贸企业)。

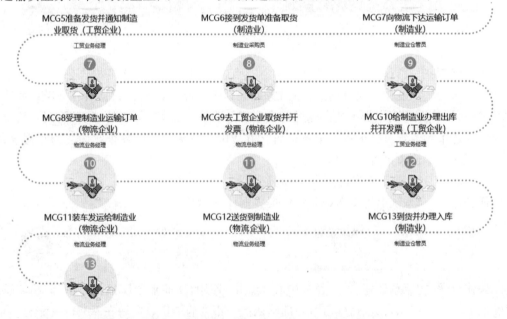

(1)MCG5 准备发货并通知制造业取货(工贸企业)

任务描述:工贸企业业务经理准备发货并通知制造业取货。

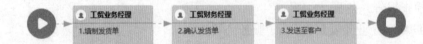

操作步骤:工贸企业业务经理点击"任务中心",选择"MCG5 准备发货并通知制造业取货"。工贸业务经理按照销售发货计划和仓库现状填制发货单(一式四联),将发货单财务部留存联交给工贸财务经理。工贸财务经理收到工贸业务经理流转过来的销售发货单,检查本企业的应收账款额度是否过高。如果过高,应通知工贸业务经理限制发货。工贸业务经理将工贸财务经理确认后的发货单送至客户处。

（2）MCG6 接到发货单准备取货（制造业）

任务描述：制造业采购员接到工贸企业送达的发货单准备取货。

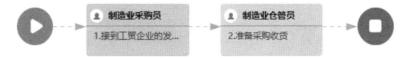

操作步骤：制造业采购员点击"任务中心"，选择"MCG6 接到发货单准备取货"。制造业采购员按照购销合同约定的到货日期与工贸企业联系，工贸企业具备发货条件后通知制造业采购员。制造业采购员收到发货通知后通知制造业仓管员验货收货。制造业仓管员接收制造业采购员发送的工贸企业发货通知，准备采购收货。

（3）MCG7 向物流下达运输订单（制造业）

任务描述：制造业仓管员向物流下达运输订单。

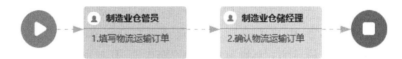

操作步骤：制造业仓管员点击"任务中心"，选择"MCG7 向物流下达运输订单"。制造业仓管员收到制造业采购员的发货通知，按照购销合同约定的到货日期、发货计划、运输方式等要求联系物流公司，手工填制运输订单，提交给制造业仓储经理审核。制造业仓储经理审核运输订单内容的准确性和合理性，确认后签字。

（4）MCG8 受理制造业运输订单（物流企业）

任务描述：物流业务经理受理制造业运输订单。

操作步骤：物流业务经理点击"任务中心"，选择"MCG8 受理制造业运输订单"。物流业务经理接收制造业提交的运输订单，确认运输订单并签字，然后根据运输订单安排线路，调配车辆。

（5）MCG9 去工贸企业取货并开发票（物流企业）

任务描述：物流总经理去工贸企业取货并开发票。

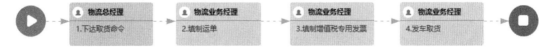

操作步骤：物流总经理点击"任务中心"，选择"MCG9 去工贸企业取货并开发票"。根据运输订单下达取货命令，将取货命令下达给物流业务经理。物流业务经理接收物流总经理取货命令，根据运输订单填制运单及增值税专用发票，然后带齐单据，发车取货。

（6）MCG10 给制造业办理出库并开发票（工贸企业）

任务描述：工贸业务经理给制造业办理出库并开发票。

操作步骤:工贸业务经理点击"任务中心",选择"MCG10 给制造业办理出库并开发票"。工贸业务经理根据发货单填制销售出库单(一式三联),根据销售出库单的数量发货给客户,并登记库存台账、更新销售发货明细表,可以参考现存量分析等指标。工贸业务经理根据销售发货明细表和销售订单的信息提交开具增值税专用发票申请,开票申请单提交至工贸财务经理审核。工贸财务经理审核工贸业务经理提交的开具增值税专用发票申请,审核后提交工贸总经理审核。工贸总经理审核工贸财务经理提交的开具增值税专用发票申请,审核通过后流转至工贸业务经理,由其送至工贸财务经理处开具增值税发票。工贸财务经理根据工贸业务经理送来的审核后的开具增值税专用发票申请,开具增值税专用发票,将增值税专用发票记账联保留,将发票联和抵扣联交给工贸业务经理。工贸业务经理在发票领用表上登记并签字,将发票联和抵扣联转送给客户。

账务处理:工贸财务经理根据发票记账联填制记账凭证,将发票记账联和销售出库单粘贴到记账凭证后面作为附件,将记账凭证提交工贸总经理审核。工贸总经理接收到工贸财务经理送审的记账凭证后进行审核,确认无误后签字或盖章。工贸财务经理根据记账凭证登记科目明细账和总账,记账后在凭证上签字或盖章。具体分录如下:

借	应收账款	销售合同显示的金额	
	主营业务收入		增值税发票显示的金额
贷	应交税费——应交增值税——销项税额		增值税发票显示的税额

注:此笔销售业务是先开销售发票后收款,对于企业来说,一方面,增值税纳税义务发生的时间相对提前,从而增加企业的纳税压力;另一方面,赊销有助于企业去库存,因此企业具体选择哪种销售方式需要综合权衡。

(7)MCG11 装车发运给制造业(物流企业)

任务描述:物流业务经理将货物装车后发运给制造业企业。

操作步骤:物流业务经理点击"任务中心",选择"MCG11 装车发运给制造业"。物流业务经理与工贸企业进行货物交接,点验托运货物,然后对接工贸企业确定运单信息并签字,安排装卸工将货物装车,最后根据规划好的线路运输货物。

6)0401 月初经营——物料内部流转 MSC 系列(MSC4—MSC5)

此项业务由制造业生产部门的生产计划员完成,开展童车制造的派工领料任务,主要业务包括 MSC4 派工领料——车架(制造业)和 MSC5 派工领料——童车(制造业)。

(1)MSC4 派工领料——车架(制造业)

任务描述:制造业生产计划员进行派工,制造业车间管理员填写领料单并去库房领取生产所需物料,制造业仓库管理员按领料单发放并登记库存台账。

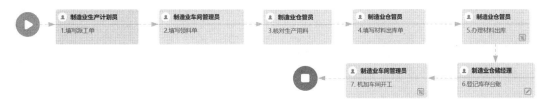

操作步骤:制造业生产计划员点击"任务中心",选择"MSC4 派工领料——车架"。制造业生产计划员根据主生产计划表填写车架派工单(一式两份),将其中一份派工单下达制造业车间管理员,另一份留存归档;制造业车间管理员根据派工单和 BOM 填写领料单(一式两份),并将其中一份下达制造业仓管员办理领料。制造业仓管员核实接到的领料单的物料库存情况,确认可以满足后在领料单上签字,根据领料单填写出库单,在 VBSE 系统上办理原材料领料出库后交由制造业车间管理员在出库单上签字确认,并将出库单的生产计划部联和其他材料交由制造业车间管理员一起带走,将材料出库单的另外一联交由制造业仓储经理。制造业仓储经理根据出库情况填写库存台账,最后由制造业仓管员在 VBSE 系统上进行车架的生产组装。

(2)MSC5 派工领料——童车(制造业)

任务描述:生产计划部安排车间领料生产整车,制造业车间管理员领取物料,库房依据领料单发料并变更库存台账。

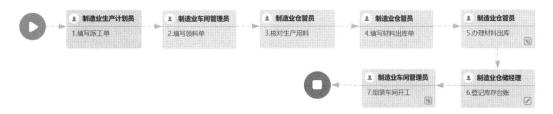

操作步骤:制造业生产计划员点击"任务中心",选择"MSC5 派工领料——童车"。制造业生产计划员根据主生产计划表填写整车派工单(一式两份),将其中一份派工单下达制造业车间管理员,制造业车间管理员根据派工单和 BOM 填写领料单(一式两份),并将其中一份下达制造业仓管员。制造业仓管员根据领料单填写出库单,在 VBSE 系统上办理车架领料出库后交由制造业车间管理员在出库单上签字确认,并将出库单的生产计划部联和其他材料交由制造业车间管理员一起带走,将材料出库单的另外一联交由制造业仓储经理。制造业仓储经理根据出库情况填写库存台账,最后由制造业仓管员在 VBSE 系统上进行车架的生产组装。

7)0401 月初经营——制造业分销 DCG 系列(DCG5—DCG11)

经销商与制造业企业签订和确认贸易合同后,制造业企业作为卖方需根据合同要求进行发货任务,而根据贸易规则,作为买方的经销商则需要按流程走物流运输货物。主要业务包括 DCG5 下达发货通知给经销商(制造业)、DCG6 接到发货单(经销商)、DCG7 向物流下达运输订单(经销商)、DCG8 受理经销商运输订单(物流企业)、DCG9 去制造业取货并开发票(物流企业)、DCG10 给经销商办理出库及开票(制造业)和 DCG11 装车发运给经销(物流企业)。(DCG12—DCG17 属于月末经营阶段的业务,在后续的月末经营阶段再逐一展开阐述。)

(1)DCG5 下达发货通知给经销商(制造业)

任务描述:制造业销售专员填写发货单,交制造业营销经理审核批准后通知经销商。

操作步骤:制造业销售专员点击"任务中心",选择"DCG5 下达发货通知给经销商"。制造业销售专员根据订单要求填写发货单(一式三联),填写完毕后交由制造业营销经理审核,制造业营销经理通过查看销售订单和发货单,审核无误后签字盖章确认后返还给制造业销售专员,制造业销售专员将签字确认的发货单一联送达仓储部,提示仓储部做好发货准备。一联送到经销商采购经理处,提醒其做好接货准备。另外一联放销售部留存。

(2)DCG6 接到发货单(经销商)

任务描述:经销商采购经理接到供应商的发货通知,并通知经销商仓储经理准备收货。

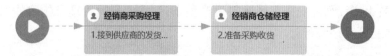

操作步骤:经销商采购经理点击"任务中心",选择"DCG6 接到发货单"。经销商采购经理收到制造业销售专员送来的发货单后,对发货单上的信息与采购合同的内容进行比对,确认发货信息无误后将发货单送往经销商仓储经理,提示经销商仓储经理做好收货准备。

(3)DCG7 向物流下达运输订单(经销商)

任务描述:经销商仓储经理依据发货单填写运输订单,传至物流公司。

操作步骤:经销商仓储经理点击"任务中心",选择"DCG7 向物流下达运输订单"。经销商仓储经理收到供应商送来的发货单后,根据发货单填写运输订单(线下纸质单据)送往物流公司办理物流运输服务。

(4)DCG8 受理经销商运输订单(物流企业)

任务描述:受理经销商下达的运输订单。

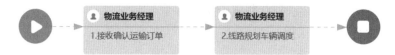

操作步骤:物流业务经理点击"任务中心",选择"DCG8 受理经销商运输订单"。物流业务经理接收和确认经销商仓储经理送来的运输订单,根据运输订单规划运输线路和车辆。

(5)DCG9 去制造业取货并开发票(物流企业)

任务描述:去制造业取货并开具增值税专用发票。

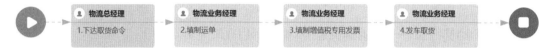

操作步骤:物流总经理点击"任务中心",选择"DCG9 去制造业取货并开发票"。物流总经理根据运输订单向物流业务经理下达取货命令,物流业务经理接收到取货命令后根据运输订单填写运单并开具运费及运费的增值税专用发票,最后带齐单据后进行取货。

(6)DCG10 给经销商办理出库及开票(制造业)

任务描述:仓储部办理经销商出库,并由制造业销售专员申请开具发票后,进行相关账务处理。

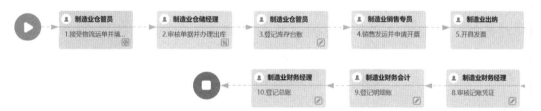

操作步骤:制造业仓管员点击"任务中心",选择"DCG10 给经销商办理出库及开票"。制造业仓管员接收物流运单后,根据运单填写出库单(一式三联)交由制造业仓储经理审核,制造业仓储经理审核无误后在 VBSE 系统上根据出库单上信息办理销售商品的出库,并根据销售出库单在系统上登记库存台账,并将审核通过的销售出库单传递给制造业销售专员告知已出库。制造业销售专员根据出库单和销售订单的信息在业务系统上找到该笔销售订单点击发货,并填写开票申请交由制造业出纳。

账务处理:销售商品确认收入。制造业出纳审核接收到的开票申请,审核无误后开具企业增值税发票。制造业财务会计根据审核无误的增值税发票填写记账凭证,将增值税发票的销售方记账联作为附件粘贴在记账凭证后,递交制造业财务经理审核。制造业财务经理审核无误后在记账凭证上签字盖章并交由制造业财务会计登记明细账。制造业财务会计将登记完成的明细账传递至制造业财务经理处审核。制造业财务经理审核无误后,根据明细账和记账凭证登记总账。具体分录如下:

借	应收账款——具体经销商	增值税发票中价税合计数	
贷	主营业务收入		增值税发票中价款合计数
	应交税费——应交增值税——销项税额		增值税发票中税额合计数

注:增值税专用发票一式三联,购货方发票联、购货方抵扣联、销货方记账联等,购货方发票联和抵扣联需要交给经销商。

（7）DCG11 装车发运给经销商（物流企业）

任务描述：货物装车并送货。

操作步骤：物流业务经理点击"任务中心"，选择"DCG11 装车发运给经销商"。物流业务经理根据运输单清点核查并确认托运物品后，在 VBSE 系统上点击发货进行装车送货操作，将货物按照运输单要求送至经销商仓库。

8）0401 月初经营——经销商销售 DYX 系列（DYX7—DYX11）

该阶段业务由经销商开展，在前期准备阶段经销商的营销经理根据市场预测和企业经营战略确定市场开拓的范围及广告费的投放后，在服务公司的组织下开始竞单和根据订单发货业务，主要包括 DYX7 查看虚拟销售订单（经销商）、DYX8 组织经销商竞单（服务公司）、DYX9 查看竞单结果（经销商）、DYX10 给虚拟经销商发货（经销商）和 DYX11 给虚拟经销商办理出库并开发票（经销商）。（DYX12 收到虚拟经销商货款为月末经营阶段任务，后续再展开描述。）

（1）DYX7 查看虚拟销售订单（经销商）

任务描述：经销商营销经理在系统中查看地区的虚拟订单信息。

操作步骤：经销商营销经理点击"任务中心"，选择"DYX7 查看虚拟销售订单"。经销商营销经理在市场开拓、广告费投放完毕后，通过 VBSE 系统查看可以选择的订单，进行订单的预选。

（2）DYX8 组织经销商竞单（服务公司）

任务描述：服务公司总经理组织经销商进行竞单。

操作步骤：服务公司总经理点击"任务中心"，选择"DYX8 组织经销商竞单"。服务公司总经理指派服务公司业务经理通知已投广告费的经销商企业到服务公司现场选单，按照选单规则在 VBSE 系统上为经销商办理选单。

（3）DYX9 查看竞单结果（经销商）

任务描述：经销商营销经理在系统中查看选择的虚拟订单信息。

操作步骤：经销商营销经理点击"任务中心"，选择"DYX9 查看竞单结果"。经销商业务经理在选单结束后,通过 VBSE 系统查看已选订单信息并核查订单的内容是否有误。

(4)DYX10 给虚拟经销商发货(经销商)

任务描述:经销商营销经理下达发货通知,通知仓储部发货。

操作步骤:经销商营销经理点击"任务中心",选择"DYX10 给虚拟经销商发货"。经销商营销经理根据销售计划填写发货单(一式四联),将发货单的财务联交由经销商财务经理审核,将客户联与仓储留存联送到经销商仓储经理审核。经销商仓储经理审核无误后签字盖章。

(5)DYX11 给虚拟经销商办理出库并开发票(经销商)

任务描述:经销商仓储经理给客户发货,经销商营销经理提交开具增值税专用发票申请,财务部开出增值税专用发票并记账。

操作步骤:经销商仓储经理点击"任务中心",选择"DYX11 给虚拟经销商办理出库并开发票"。根据经销商营销经理传来的发货单,经销商仓储经理填写出库单,在 VBSE 系统上根据出库单的数量和时间进行出库操作并填写库存台账。经销商仓储经理将销售出库单传递给经销商营销经理,并告知其产品已出库。经销商营销经理根据销售出库单更新发货明细表后,提交开具增值税专用发票申请到经销商财务经理。经销商财务经理审核开出增值税专用发票申请,确认无误签字后提交经销商总经理审核并记账。经销商总经理审核增值税专用发票开票申请,确认无误后签字交由经销商营销经理。经销商营销经理将审核通过的开票申请送往经销商出纳。

账务处理:本业务的任务目标为销售商品确认收入。经销商出纳根据经销商营销经理的开票申请信息,开具增值税专用发票。经销商出纳在发票领用簿上签字后将发票的抵扣联和发票联交由经销商营销经理,发票的记账联保留。经销商营销经理将发票的发票联和抵扣联送给客户(由于购货方为虚拟经销商,开具的增值税发票可由经销商营销经理代收也可送到服务公司代收)。经销商出纳根据发票记账联填写记账凭证,并将发票记账联和销售出库单粘贴到记账背面作为附件交由经销商财务经理审核。经销商财务经理审核送至的记账凭证,审核无误后签字或盖章,并依据记账凭证登记科目明细账和总账。具体分录如下:

借	应收账款——具体经销商	增值税发票中价税合计数	
贷	主营业务收入		增值税发票中价款合计数
	应交税费——应交增值税——销项税额		增值税发票中税额合计数

注:增值税专用发票一式多联,分别为购货方记账联、购货方抵扣联、销货方记账联等。购货方由于是虚拟经销商,记账联和抵扣联可由经销商营销经理代收,也可送到服务公司代收。

9)0401 固定经营——TCG3 到货并办理入库(工贸企业)

任务描述:接到虚拟供应商的货物,办理采购入库。

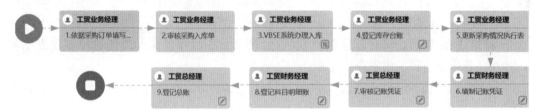

操作步骤:工贸业务经理点击"任务中心",选择"TCG3 到货并办理入库"。工贸业务经理根据采购订单填写和审核采购入库单,在 VBSE 系统上办理原材料入库。工贸业务经理依据采购入库单登记库存台账、更新采购情况执行表,并把入库单传递给工贸财务经理。

账务处理:工贸财务经理依据采购入库单填制记账凭证并将记账凭证交由工贸总经理。工贸总经理审核无误后签字或盖章交由工贸财务经理。工贸财务经理登记科目明细账和总账。具体分录如下:

借	原材料	入库单记账联金额	
贷	在途物资		TCG2 业务显示的金额

注:此笔业务为 TCG2 业务的后续处理,发票已在 TCG2 开具,然后在 TCG3 中验收入库,实务中成本会计依据入库单记账联将在途物资转入在库处理即可。

4.4.3　0402 月初经营——招标代理

招投标公司开展完整的招投标业务流程,共包括 13 个任务节点,在月初经营准备阶段包括 BZB5 出售招标文件(招投标)、BZB6 制作投标文件(制造业)、BZB7 组织开标会(招投标)、BZB8 参加开标会(制造业)和 BZB9 定标并发出中标订单(招投标)5 个任务节点。(BZB10—BZB13 在后续的月末经营阶段再次展开阐述。)

1)BZB5 出售招标文件(招投标)

任务描述:招投标公司出售招标文件。

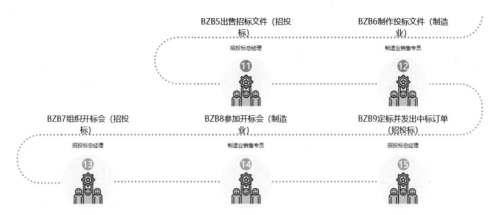

操作步骤：招投标总经理点击"任务中心"，选择"BZB5 出售招标文件"。总经理收到企业购买申请的需求，将招标文件销售给各企业销售员，招标文件 200 元一份。

2）BZB6 制作投标文件（制造业）

任务描述：企业领取招标文件，根据招标文件制作投标文件。

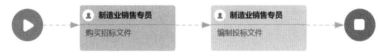

操作步骤：制造业销售专员点击"任务中心"，选择"BZB6 制作投标文件"。制造业销售专员到招投标公司说明要购买招标文件，每份招标文件 200 元，从招投标总经理处接过招标文件。制造业销售专员根据招标文件内容及公司自身情况，编制投标文件。

3）BZB7 组织开标会（招投标）

任务描述：招投标总经理组织开标会。

操作步骤：招投标总经理点击"任务中心"，选择"BZB7 组织开标会"。招投标总经理组织已投标的企业人员进行投标讲演，请 4~5 位评委对指标情况进行评审。

4）BZB8 参加开标会（制造业）

任务描述：招投标总经理组织开标会。

操作步骤：制造业销售专员点击"任务中心"，选择"BZB8 参加开标会"。制造业销售专员准备用于投标讲解的课件，到招投标公司指定地点参加开标会。

5）BZB9 定标并发出中标订单（招投标）

任务描述：招投标总经理定标并发出中标订单。

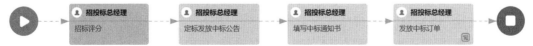

操作步骤：招投标总经理点击"任务中心"，选择"BZB9 定标并发出中标订单"。招投标总经理联合评标委员进行评分，确定评分后确定中标企业，在系统中发布中标公告。招投标总经理填写中标通知书，将中标通知书送交中标企业，在系统中发放中标订单。

4.4.4　0403 月初经营——国贸企业

月初经营阶段,国贸企业的任务包括 ZJ90076 企业年度报告公示(国贸企业)、ICK7 商检(国贸企业)、ICK8 投保(国贸企业)、ICK9 支付保险费获得签发保险单(国贸企业)、ICK10 出口收汇核销单申领与备案(国贸企业)、ICK11 报关(国贸企业)、ICK12 装船(国贸企业)、ICK13 支付海运费换取清洁海运提单(国贸企业)、ICK14 制单(国贸企业)、ICK15 货款议付和信用证下一步处理(国贸企业)和 ICK16 外汇核销(国贸企业)。

1)ZJ90076 企业年度报告公示(国贸企业)

任务描述:在系统提交本企业的年报数据,由市监局审核、公示。

操作步骤:国贸总经理点击"任务中心",选择"ZJ90076 企业年度报告公示"。国贸总经理与人力资源部确认上一年度在职人员信息,与财务部确认上一年度销售数据,根据确认企业的信息在 VBSE 系统中填写年报资料,检查信息无误后提交市监局进行审核。市场监管员接收企业提交的企业年报资料,在 VBSE 系统中对提交的企业年报资料进行审核,审核通过后进行公示,公示无异议后备案存档。

2)ICK7 商检(国贸企业)

任务描述:出口货物办理商检。

操作步骤:国贸进出口经理点击"任务中心",选择"ICK7 商检"。出口商委托报检行在装运或报关七天前填写"出境货物报检单",附上合同、信用证、有关合同货物品质的来往通信内容、凭样成交的样品等,向检验检疫机构申报检验。办事员检查单据及相关材料,接收报检,按照检验标准实施检验,通过检验合格后,制作品质证书,在证书上签字、盖章。国贸进出口经理将货物运送至码头,准备报关。

3)ICK8 投保(国贸企业)

任务描述:出口货物办理保险。

操作步骤:国贸进出口经理点击"任务中心",选择"ICK8 投保"。出口方得到配舱回单可以开始投保,因为配舱回单上已经提供了船名、航次、提单号等保单上所需要的准确的装运信息。出口方根据销售合同、信用证、商业发票和配舱回单填写投保单提交给保险公司。

保险公司审核并接收投保单,提供投保回执给投保人(实训中由国贸进出口经理替代完成),出口方填写保险单提交给保险公司,保险公司对保险单确认,出口方准备支付保险费。

4)ICK9 支付保险费获得签发保险单(国贸企业)

任务描述:支付出口货物保险费。

操作步骤:国贸进出口经理点击"任务中心",选择"ICK9 支付保险费获得签发保险单"。进出口经理按照投保单和保险单填写付款申请单,国贸总经理对付款申请单内容进行审核,签字确认,填写支票,登记支票登记簿。国贸进出口经理把转账支票交给银行,实际上应为保险公司,实训中由服务公司代替。银行柜员转账给保险公司,由服务公司代收,保险公司签发保险单给出口方。

5)ICK10 出口收汇核销单申领与备案(国贸企业)

任务描述:国贸企业出口收汇核销单申领与备案。

操作步骤:国贸进出口经理点击"任务中心",选择"ICK10 出口收汇核销单申领与备案"。国贸进出口经理必须在中国电子口岸上申请,进入主页 http://www. chinaport. gov. cn/,再进入执法口岸,输入密码进入,点申请核销单就会得到一个核销单号码。

6)ICK11 报关(国贸企业)

任务描述:国贸企业进行出口报关。
操作步骤:国贸进出口经理点击"任务中心",选择"ICK11 报关"。国贸进出口经理到外汇管理局后,交上申请书和合同的复印件(若第一次申请,需要准备更多的文件资料),在外汇管理局的登记本上登记就可以领到核销单了。在核销单每联的"出口单位"栏内填写单位名称,在三条之间的两个夹缝"出口单位盖章"处,加盖出口方公司公章。外汇局在核销单上

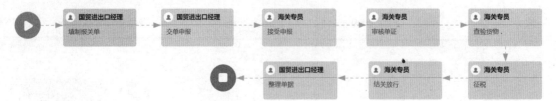

加盖"条码章",发放核销单给申请人。国贸进出口经理取得核销单,然后进行网上备案,以备出口报关时使用。

7）ICK12 装船（国贸企业）

任务描述：国贸企业出口货物装船。

操作步骤：国贸进出口经理点击"任务中心",选择"ICK12 装船"。货代凭借盖有船公司和海关放行章的装货单要求船公司装货并将装货单和大副收据提交给理货公司（由于本次实训没有设置理货公司,由国贸进出口经理替代）。理货公司依据装货单和大副收据进行装船,货物装船后将装货单和大副收据交给船方。大副留存发装货单并签发大副收据交给货代。货代凭借大副收据准备缴海运费,以便换取海运提单。

8）ICK13 支付海运费换取清洁海运提单（国贸企业）

任务描述：国贸企业支付海运费换取清洁海运提单。

操作步骤：国贸进出口经理点击"任务中心",选择"ICK13 支付海运费换取清洁海运提单"。国贸进出口经理凭托运单大副收据填写付款申请单（线上和线下同时填写）交由国贸总经理审核。国贸总经理审核提交的付款申请单的内容的正确性与真实性无误后,签字或盖章并交由国贸进出口经理。国贸进出口经理依据审核通过后的付款申请单填写转账支票,将支票转交货代并在支票登记簿上进行登记。货代将转账支票交给银行。银行柜员根据转账支票的信息转账给海运公司（由服务公司代收）。国贸进出口经理（货代）凭借大副收据从船公司换取清洁海运提单,船方留下大副收据。国贸进出口经理向买方发出装运通知。

9）ICK14 制单（国贸企业）

任务描述：国贸企业依据信用证要求缮制议付所需要提供的单据。

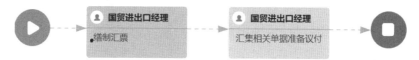

操作步骤：国贸进出口经理点击"任务中心"，选择"ICK14 制单"。国贸进出口经理拿到提单后，根据提单进行制单工作，绘制汇票并依据信用证要求汇集汇票、商业发票、装箱单、保险单和海运提单等单据。

10）ICK15 货款议付和信用证下一步处理（国贸企业）

任务描述：国贸企业货款议付和信用证下一步处理。

操作步骤：国贸进出口经理点击"任务中心"，选择"ICK15 货款议付和信用证下一步处理"。国贸进出口经理在准备好所有单据（汇票、商业发票、装箱单、保险单和海运提单）后，连同信用证在交单日期内到银行进行汇款的议付。中国银行柜员检查核对信用证的内容，审核无误后收下单据支付货款，将货款划拨至出口方的账户（外币形式）并在结汇水单（一般为两联，一联为贷记通知，为公司的财务记账凭证；另一联为出口收汇核销专用联）上填写有关核销单编号，并送至出口方。国贸进出口经理收到结汇水单后通过 VBSE 系统确认是否到账，确认后通知议付行。议付行将所有单据转交开证行并向其索偿。开证行审核单据无误后向议付行兑现款项并要求买方赎单。买方通过支付货款进行赎单并获取提单，凭借提单取货。

11）ICK16 外汇核销（国贸企业）

任务描述：国贸企业办理外汇核销。

操作步骤：国贸进出口经理点击"任务中心"，选择"ICK16 外汇核销"。国贸进出口经理审核销售核销单上的海关验讫章、编号等信息，根据销售核销单的信息填写核销单退税联信息。国贸进出口经理持核销单、报关单（核销联和退税联）、结汇水单（出口收汇核销专用联）到外汇局办理核销。外汇局办事员审核单据无误后在核销单（正本联和退税联）加盖公章和填写签订日期，并将退税联交给出口方。

4.4.5　0404 月初经营——连锁企业

月初经营阶段，连锁企业的任务包括总部请货分析（连锁）、向东区（西区）门店下达配送通知（连锁）、仓储中心配送出库（连锁）、门店到货签收（连锁）、仓储中心补货申请（连锁)、总部编制采购计划(连锁)和 ZJ90077 企业年度报告公示(连锁)。

1)任务描述:总部请货分析(连锁企业)

操作步骤:连锁门店经理点击"任务中心",选择"总部请货分析"。连锁东区店长提供库存结存信息,连锁总经理汇总门店库存结存信息,提供仓储配送中心库存结存信息。连锁仓储经理针对各分店的请货量、请货品种及请货状态分析哪些商品畅销、哪些商品滞销,查看商品数量能否满足请货需求。首先应该满足"紧急"请货商品,其次通过分析制订配送方案(包括配送中心配送方案和供应商配货方案)。连锁仓储经理根据配送方案填写配送通知单,连锁总经理审核配送通知单,并签字确认。

2)任务描述:向东区(西区)门店下达配送通知(连锁企业)

操作步骤:连锁仓储经理点击"任务中心",选择"向东区(西区)门店下达配送通知"。连锁仓储经理将配送通知单下达给门店店长。东区(西区)门店店长接收配送通知单,根据补货申请单确认配送通知单内容,并签字确认。东区(西区)门店店长准备按配送通知单接货。

3)任务描述:仓储中心配送出库(连锁企业)

操作步骤:连锁仓储经理点击"任务中心",选择"仓储中心配送出库"。连锁仓储经理按照配送通知单的要求进行拣货,把整理好的货品发送到发货区域。连锁总经理按照配送方案的要求对整理好的货品进行复核,连锁仓储经理填写配送出库单(一式两联),送交给连锁总经理审核。连锁总经理审核配送出库单的准确性和合理性,在出库单上签字。连锁仓储经理在 VBSE 系统中办理配送出库,并根据出库单登记库存台账。

4)任务描述:门店到货签收(连锁企业)

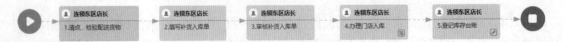

操作步骤：连锁东区/西区店长点击"任务中心"，选择"门店到货签收"。根据配送通知单清单，检验配送的货物。然后填写补货入库单，审核补货入库单的准确性和合理性，在入库单上签字。在 VBSE 系统中办理门店入库，根据补货入库单登记库存台账。

5）任务描述：仓储中心补货申请（连锁企业）

操作步骤：连锁仓储经理点击"任务中心"，选择"仓储中心补货申请"。连锁仓储经理依据库存下限、在途数量、采购周期及安全库存等因素填写补货申请单（一式两份）。连锁总经理审核补货申请单内容填写的准确性和合理性，在补货申请单上签字确认。

6）任务描述：总部编制采购计划（连锁企业）

操作步骤：连锁总经理点击"任务中心"，选择"总部编制采购计划"。连锁总经理根据门店的销售情况、请货分析、仓储中心补货计划，核对仓储中心库存及在途信息编制采购计划，初步填制采购计划表，根据供应商的折扣等相关信息调整计划，采购计划交连锁仓储经理下发。连锁仓储经理接收采购计划表（一式两份），分发采购计划表给仓储部和业务部。

7）任务描述：ZJ90077 企业年度报告公示（连锁企业）

操作步骤：连锁总经理点击"任务中心"，选择"ZJ90077 企业年度报告公示"。连锁总经理与人力资源部确认上一年度在职人员信息，与财务部确认上一年度销售数据，根据确认企业的信息在 VBSE 系统中填写年报资料，检查信息无误后提交市监局进行审核。市监局市场监管员接收企业提交的企业年报资料，在 VBSE 系统中对提交的企业年报资料进行审核，审核通过后进行公示，公示无异议后备案存档。

4.4.6 0405 月初经营——会计师事务所

月初经营阶段，会计师事务所的任务内容包括企业年度报告公示（会计师事务所）、应付账款的实质性测试（会计师事务所）、营业成本的实质性测试（会计师事务所）、货币资金的实质性测试（会计师事务所）、营业收入的实质性测试（会计师事务所）和应收账款的实质性测试（会计师事务所）。

1）企业年度报告公示（会计师事务所）

任务描述：企业年度报告公示。

操作步骤：会计师事务所项目经理点击"任务中心"，选择"企业年度报告公示"。会计师事务所项目经理与人力资源部确认上一年度在职人员信息，与财务部确认上一年度销售数据，根据确认企业的信息在 VBSE 系统中填写年报资料，检查信息无误后提交市监局进行审核。市监局市场监管员接收企业提交的企业年报资料，在 VBSE 系统中对提交的企业年报资料进行审核，审核通过后进行公示，公示无异议后备案存档。

2）应付账款的实质性测试（会计师事务所）

任务描述：应付账款的实质性测试。

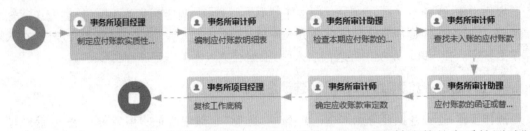

操作步骤:会计师事务所项目经理点击"任务中心",选择"应付账款的实质性测试"。项目经理确定审计目标与认定的对应关系,选择计划执行的审计程序,编制"应付账款实质性程序"工作底稿。审计师获取本期应付账款总账、明细账并复核是否一致,确定客户应付账款,编制"应付账款明细表"工作底稿。审计助理抽取已偿付的应付账款样本若干,追查至银行对账单等其他原始凭证,确定其是否在资产负债表日前真实偿付,抽取未偿付的应付账款若干笔,检查债务形成的原始凭证,如供应商发票、验收报告或入库单,编制"应付账款检查情况表"工作底稿。审计师以供应商发票、验收报告或入库单原始凭证为起点抽取若干笔业务,追踪至应付账款明细账,检查有无漏记,编制"未入账应付账款汇总表"工作底稿。审计助理从应付账面明细账中选取余额为前三名的应付账款,检查后附的原始凭证的完整性、记录的恰当性等,编制"应付账款替代测试表"工作底稿。审计师将"应付账款检查情况表""应付账款替代测试表""未入账应付账款汇总表"等工作底稿中需要进行账项调整的金额过入"应付账款审定表"工作底稿;根据本期未审定数、账项调整分录计算本期审定数,编制"应付账款审定表"工作底稿。项目经理审核"应付账款明细表""未入账应付账款汇总表""应付账款检查情况表""应付账款替代测试表"工作底稿并在复核人处签字。

3)营业成本的实质性测试(会计师事务所)

任务描述:营业成本的实质性测试。

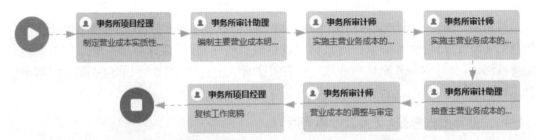

操作步骤:会计师事务所项目经理点击"任务中心",选择"营业成本的实质性测试"。项目经理确定审计目标与认定的对应关系,选择计划执行的审计程序,编制"营业成本实质性程序"工作底稿。审计助理获取本期主营业务成本及总账、明细账并复核是否一致,编制"主营业务成本明细表"工作底稿。审计师获取本期和上期主营业务成本明细账资料,将本期和上期主营业务成本按月度进行比较分析,将本期和上期的主要产品单位成本进行比较分析,编制"营业成本与上年度比较分析表"工作底稿,编制"主要产品单位主营业务成本分析表"工作底稿。审计助理获取本期主营业务成本明细账,抽查主营业务成本,比较计入主营业务成本的品种、规格、数量和主营业务收入的口径是否一致,检查主营业务成本的计算与结转是否正确,检查支持性文件,确定原始凭证是否齐全、记账凭证与原始凭证是否相符及账务处理是否正确,编制"抽查会计凭证记录"工作底稿。审计师将"主营业务成本明细表""主营业务成本倒轧表""抽查会计凭证记录"等工作底稿中需要进行账项调整的金额过入"营业成本审定表"工作底稿,根据本期未审定数、账项调整分录计算本期审定数,编制"营业成本申请表"工作底稿。项目经理审核"主营业务成本明细表""营业成本与上年度比较分析表""主要产品单位主营业务成本分析表""主营业务成本倒轧表""抽查会计凭证记录"工作底稿,在上述工作底稿的复核人处签字。

4) 货币资金的实质性测试(会计师事务所)

任务描述:货币资金的实质性测试。

操作步骤:会计师事务所项目经理点击"任务中心",选择"货币资金的实质性测试"。项目经理确定审计目标与认定的对应关系,选择计划执行的审计程序,编制"货币资金实质性程序"工作底稿。审计助理获取本期库存现金、银行存款总账、明细账并复核是否一致,编制"货币资金明细表"工作底稿。审计助理制订监盘计划,确定监盘时间;将盘点金额与现金日记账余额进行核对,编制"库存现金盘点表"工作底稿。审计师获取资产负债表日银行对账单,并与账面余额核对,获取资产负债表日各银行存款余额调节表并进行汇总,检查调节表中加计数是否正确,调节后银行日记账余额与银行对账单余额是否一致。复核余额调节表的调节事项性质和范围是否合理,检查是否存在其他跨期收支事项,编制"银行存款余额调节汇总表"工作底稿,编制"对银行存款余额调节表的检查"工作底稿。审计助理获取银行存款、短期借款、长期借款明细账及总账,获取银行存款和银行借款的日期、金额、期限等信息,编制"银行询证函"工作底稿,持"银行询证函"到制造企业开户银行办理函证,并取得回执,根据银行函证回执编制"银行存款函证结果汇总表"工作底稿。审计助理抽取金额在一定数额(具体数额根据不同企业具体情况而定)以上的银行存款以及金额在一定数额(具体数额根据不同企业具体情况而定)以上的库存现金收支业务,检查原始凭证是否齐全、记账凭证与原始凭证是否相符、财务处理是否正确、是否记录于恰当的会计期间等项内容,编制"货币资金收支检查表"工作底稿。审计师将"货币资金明细表""对银行存款余额调节表的检查""库存现金盘点表""对银行存款余额调节表的检查""抽查会计凭证记录"等工作底稿中需要进行账项调整的金额过入"货币资金审定表"工作底稿,根据本期末审定数、账项调整分录计算本期审定数,编制"货币资金审定表"工作底稿。项目经理审核"货币资金明细表""对银行存款余额调节表的检查""库存现金盘点表""对银行存款余额调节表的检查""货币资金收支检查表"工作底稿,在上述工作底稿的复核人处签字。

5)营业收入的实质性测试(会计师事务所)

任务描述:营业收入的实质性测试。

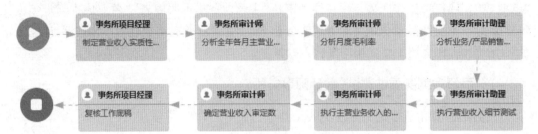

操作步骤:会计师事务所项目经理点击"任务中心",选择"营业收入的实质性测试"。项目经理确定审计目标与认定的对应关系,选择计划执行的审计程序,编制"营业收入实质性程序"工作底稿。审计师获取本期利润表、主营业务收入总账、明细账以及上期各月主营业务收入数据,利用分析程序计算变动额和变动比率,编制"主营业务收入明细表"工作底稿。审计师计算本年各期毛利和毛利率,计算上年各期毛利和毛利率,分析本年和上年的毛利率变动幅度,做出审计结论,编制"月度毛利率分析表"工作底稿。审计助理计算本年各类收入/产品的毛利率,计算上年各类收入/产品的毛利率,分析本年和上年各类收入/产品的毛利率变动幅度,做出审计结论,编制"产品销售分析表"工作底稿。审计助理抽取若干张记账凭证,检查后附的原始凭证的完整性、记录的恰当性等,编制"主营业务收入检查情况表"工作底稿。审计师选取资产负债表日前、后若干发货单据,追查至发票、记账凭证及主营业务收入明细账,判断发货单据、发票以及记账凭证日期是否在同一会计期间,选取资产负债表日前、后若干笔主营业务收入明细账记录,追查至发货单据、发票、记账凭证,判断发货单据、发票以及记账凭证日期是否在同一会计期间,编制"主营业务收入截止测试"工作底稿。审计师将"主营业务收入截止测试"工作底稿中需要进行账项调整的收入过入"营业收入审定表"工作底稿,根据本期未审定数、账项调整分录计算本期审定数,编制"营业收入审定表"工作底稿。项目经理审核"主营业务收入明细表""阅读毛利率分析表""业务/产品销售分析表""主营业务收入检查表""主营业务收入截止测试""营业收入审定表"工作底稿并在复核人处签字。

6)应收账款的实质性测试(会计师事务所)

任务描述:应收账款的实质性测试。

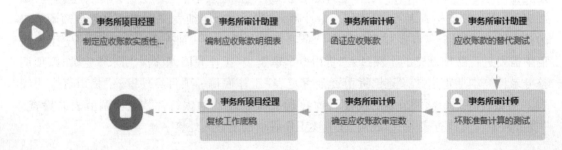

操作步骤:会计师事务所项目经理点击"任务中心",选择"应收账款的实质性测试"。项目经理确定审计目标与认定的对应关系,选择计划执行的审计程序,编制"应收账款实质性程序"工作底稿。审计助理获取本期应收账款总账、明细账并复核是否一致,确定客户应收账款的账龄,请制造企业财务经理标识重要的欠款单位,编制"应收账款明细表"工作底稿。审计师将客户按应收账款余额特征进行分层确定函证样本数量,选取函证对象,选择函证的方式和时间,编制"应收账款函证结果汇总表"工作底稿。审计助理抽取未函证应收账款若干笔,检查后附的原始凭证的完整性、记录的恰当性等,编制"应收账款替代测试表"工作底稿。审计师明确制造企业坏账准备的计提政策和会计核算要求,评价其恰当性。在确认应收账款余额的基础上,按照恰当的方法重新计算坏账准备本期应计提的金额,编制"应收账款坏账准备计算表"工作底稿。审计师将"应收账款函证差异调整表""应收账款替代测试表""应收账款坏账准备计算表"等工作底稿中需要进行账项调整的金额过入"应收账款审定表"工作底稿,根据本期未审定数、账项调整分录计算本期审定数,编制"应收账款审定表"工作底稿。项目经理审核"应收账款明细表""应收账款函证结果汇总表""应收账款函证差异调整表""应收账款替代测试表""应收账款坏账准备计算表"工作底稿并在复核人处签字。

4.5 固定经营——月末经营

4.5.1 0501 月末经营——政务服务

政务服务在固定经营月初经营阶段主要涉及综合服务大厅的税务局、市监局和人社局的业务内容。任务代码包括 ZJ90062 市场监督管理检查(市监局)、ZJ90100 就业指导-面试技巧(人社局)。

1)ZJ90062 市场监督管理检查(市监局)

任务描述:市场监管员根据《市场监督管理执法监督暂行规定》进入企业进行检查,记录结果,对确认存在问题的企业开具工商行政处罚决定书,并跟踪整改情况。

操作步骤:市场监管员进入"任务中心",点击"ZJ90062 市场监督管理检查"。市场监管员在学习和熟悉《市场监督管理执法监督暂行规定》的基础上,接到主讲教师市场稽查的任务指示后,抽取某个企业,进入该企业的相关部门,找到对应的负责人进行现场检查。根据检查结果,市场监管员对存在问题的企业下达行政处罚决定书。根据行政处罚决定书,市场监管员定期检查整改情况,已经整改完成缴纳罚款后,恢复信用评级;对于未定期整改的企业不予信用评级,并给以警告或暂停营业、生产等处罚。

2)月末经营 0501——ZJ90100 就业指导-面试技巧(人社局)

任务描述:学习制作面试技巧文档,并组织企业培训学习。

操作步骤:社保公积金专员通过系统上提供的资源内容或通过网络查找等方式先自行学习面试技巧与规范,形成范式后与主讲教师沟通确认宣讲时间和方式,给各组织成员进行面试技巧的讲解。

4.5.2 0501 月末经营——制造业、工贸企业和经销商

制造业、工贸企业和经销商在月末经营阶段的任务,主要包括制造业分销 DCG 系列(DCG12—DCG17)、物料外部流转 MCG 系列(MCG12—MCG17)、物料内部流转 MSC 系列(MSC1—MSC7)、经销商销售 DYX 系列(DYX12)、报送与支付车间电费 MDS 系列(MDS1—MDS2)、认证增值税抵扣联(MZZ3、DZZ3、TZZ3)、月末财务核算工作(核算薪酬、计提折旧、销售成本核算、成本计算、期末财务处理、编制资产负债表、编制利润表)和第二阶段考核。

1)0501 月末经营——制造业分销 DCG 系列(DCG12—DCG17)

此项业务是制造业分销的运货及收款业务,包括五大业务流程:DCG12 送货到经销商(物流企业)、DCG13 到货并办理入库(经销商)、DCG14 收到运费发票并支付(经销商)、DCG15 收到制造业发票并支付(经销商)、DCG16 收到经销商运费业务回单(物流企业)和DCG17 收到经销商货款银行回单(制造业)。

(1)DCG12 送货到经销商(物流企业)

任务描述:送货到经销商并卸货,增值税专用发票交给经销商。

操作步骤:物流业务经理点击"任务中心",选择"DCG12 送货到经销商"。物流业务经理按照运输单的货物送到经销商,进行货物卸车前的检查,安排装卸工卸货,并与经销商进行货物交接,核实货物的数量与质量。物流业务经理验收后经销商签字确认接货。物流业务经理将运输增值税专用发票交给经销商。

(2)DCG13 到货并办理入库(经销商)

任务描述:经销商仓储经理接到物流的运单,核对无误后,完成入库和记账。

操作步骤:物流业务经理点击"任务中心",选择"DCG13 到货并办理入库"。经销商仓储经理接收物流公司送达的运单,核查货物的数量与质量无误后签字确认,留下运单存根与记账联。根据采购订单、供应商发货单与物流运单办理入库业务。填写并审核采购入库单,将采购订单信息传达经销商营销经理,并在 VBSE 系统录入采购入库单。根据采购入库单,

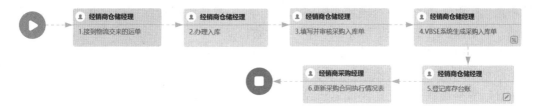

经销商仓储经理登记库存台账,传递给经销商采购经理与经销商财务经理登记台账。经销商采购经理根据采购入库单更新采购合同执行情况表。

（3）DCG14 收到运费发票并支付（经销商）

任务描述：经销商仓储经理接到物流的运费增值税专用发票,依据增值税发票信息提交付款申请,财务部付款并记账。

操作步骤：经销商仓储经理接收物流公司送达的运费增值税专用发票,将发票信息登记到发票记录表上,确认发票信息无误后传递给经销商财务经理审核。

账务处理：经销商财务经理审核接收的发票并留下发票抵扣联存档,将发票记账联传递给经销商出纳填制记账凭证。经销商出纳根据发票金额填制记账凭证,将发票记账联粘贴到记账凭证后做附件,传递给经销商财务经理审核。经销商财务经理审核记账凭证后签字盖章并登记科目明细账和总账。经销商仓储经理查看发票记录表,确认未支付运费的专用增值税发票信息,填写付款申请单并交由经销商财务经理和总经理审核,审核无误后签字盖章并传递给经销商出纳。经销商出纳在 VBSE 系统上办理网银付款。具体分录如下：

	库存商品——经济型童车	分摊的运杂费金额	
借	库存商品——舒适型童车	分摊的运杂费金额	
	库存商品——豪华型童车	分摊的运杂费金额	
	应交税费——应交增值税——进项税额	增值税专用发票中的税款合计	
贷	银行存款——工行		运输发票中的价税合计数

注：库存商品的入账价值包括采购价、运杂费、保险费、一般合理损耗等。运杂费可按照数量或者金额进行分摊,对金额不大的可以直接计入管理费用；也可以通过采购谈判,运杂费由卖方承担。

（4）DCG15 收到制造业发票并支付（经销商）

任务描述：经销商采购经理接到供应商的销售增值税专用发票,依据增值税发票信息提交付款申请,财务部付款并记账。

操作步骤：经销商采购经理点击"任务中心",选择"DCG15 收到制造业发票并支付"。经销商采购经理接收制造业开具的增值税专用发票,将发票信息登记到发票记录表上,确认发票信息的正确性,并根据查看发票记录表确认未支付货款的专用增值税发票信息,填写付

款申请单交由经销商财务经理和经销商总经理审核,审核无误后签字盖章并传递给经销商出纳。经销商出纳在 VBSE 系统上办理网银货物付款。

账务处理:经销商出纳根据银行回单与付款申请单填制记账凭证,将银行回单与付款申请单联粘贴到记账凭证后做附件,并传递给经销商财务经理审核。经销商财务经理审核记账凭证后签字盖章并将记账凭证返还经销商出纳。经销商出纳登记日记账,经销商财务经理依据记账凭证登记科目明细账和总账。具体分录如下:

借	库存商品——经济型童车	制造业企业增值税专用发票价款	
	库存商品——舒适型童车	制造业企业增值税专用发票价款	
	库存商品——豪华型童车	制造业企业增值税专用发票价款	
	应交税费——应交增值税——进项税额	制造业企业增值税专用发票税款	
贷	银行存款——工行		工贸企业发票中的价税合计数

注:经销商根据所入库库存商品的类型核算库存商品下的二级科目。

(5)DCG16 收到经销商运费业务回单(物流企业)

任务描述:收到经销商运费业务回单。

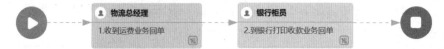

操作步骤:物流总经理点击"任务中心",选择"DCG16 收到经销商运费业务回单"。物流总经理通过网银系统确认运费接收情况,到银行打印业务回单。银行柜员在 VBSE 系统上查看业务情况,确认无误后打印业务回单交给物流总经理。

(6)DCG17 收到经销商货款银行回单(制造业)

任务描述:制造业出纳去银行取回经销商货款的电汇凭单,交由财务部依据公司流程进行账务处理。

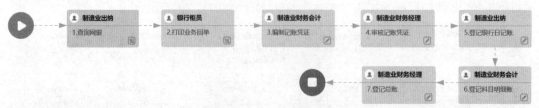

操作步骤:制造业出纳点击"任务中心",选择"DCG17 收到经销商货款银行回单"。制造业出纳接收采购商的付款通知后,通过网银确认后到银行打印货款回单,将银行回单送往制造业财务会计处进行账务处理。

账务处理:按照流程先发货,购买方收到货再付款。制造业财务会计根据审核无误的银行回单编制记账凭证并将回单粘贴到记账凭证后交由制造业财务经理审核,制造业财务经理审核无误后签字盖章并将记账凭证返还制造业出纳登记银行日记账。制造业出纳再将签字或盖章的日记账传递给制造业财务会计登记科目明细账,制造业财务经理根据制造业财务会计送来的日记账登记总账。具体分录如下:

| 借 | 银行存款——工行 | 银行回单显示金额 | |
| 贷 | 应收账款——经销商 | | 银行回单显示金额 |

注:在进行应收账款管理时,收到货款需要及时进行应收账款核销,及时进行账龄分析,判断货款收回来的可能性,是否存在坏账,是否计提坏账准备等。

2)0501 月末经营——物料外部流转 MCG 系列(MCG12—MCG17)

在物料流转管理过程中,制造企业要与工贸企业、物流企业合作完成。此项业务主要包括 MCG12 送货到制造业(物流企业)、MCG13 到货并办理入库(制造业)、MCG14 支付运输费(制造业)、MCG15 支付工贸企业货款(制造业)、MCG16 收到制造业运输费业务回单(物流企业)、MCG17 收到制造业货款银行回单(工贸企业)。

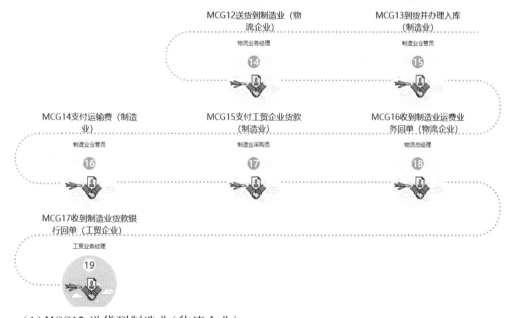

(1)MCG12 送货到制造业(物流企业)

任务描述:MCG12 送货到制造业。

操作步骤:物流业务经理点击"任务中心",选择"MCG12 送货到制造业"。物流业务经理选择车辆送达经销商,卸车前检查车辆。安排装卸工卸货,与经销商交接货物,请经销商清点货物数量、检查货物质量,合格后在经销商运单上签字确认并留存,并将填写好的增值税专用发票交给经销商。

（2）MCG13 到货并办理入库（制造业）

任务描述：MCG13 到货并办理入库。

操作步骤：制造业仓管员点击"任务中心"，选择"MCG13 到货并办理入库"。制造业仓管员接收供应商发来的材料，附有物流运单和实物，接收运输费用发票与工贸企业发票。记录运输费用金额并准备支付运输费，然后将运输费发票与工贸企业发票交给制造业采购员。制造业仓管员根据发货单和质量检验标准进行质量、数量、包装等检验，根据检验结果填写物料检验单，并签字确认。检验无误后，在发货单上签字收货，在 VBSE 系统中办理采购入库。制造业仓管员根据物料检验单填写采购入库单（一式三联），将采购入库单提交给制造业仓储经理，将审核后的入库单自留一联，另外两联交采购部和财务部，其中一联原采购入库单发给制造业采购员。制造业采购员接收制造业仓管员发送的采购入库单、运输费用发票、工贸企业发票，登记采购合同执行情况表，记录工贸企业发票金额并准备支付工贸企业货款。制造业采购员将运输费用发票、工贸企业发票（发票联和抵扣联）和对应的采购入库单的财务联送交财务。制造业仓管员接收采购入库单，根据入库单登记库存台账。

账务处理：采购的原材料入库业务由成本会计进行账务处理，是因为原材料构成产品成本中的直接材料，由成本会计进行处理更加合理。制造业成本会计根据运输费用发票、工贸企业发票（发票联和抵扣联）和对应的采购入库单填制记账凭证，将发票记账联和原材料入库单粘贴到记账凭证后面作为附件，将记账凭证交给制造业财务经理审理。制造业财务经理接收制造业成本会计交给的记账凭证进行审核，审核无误后在记账凭证上签字或盖章，然后交还给制造业成本会计登记数量金额明细账。制造业成本会计根据记账凭证后所附的销售入库单填写数量金额明细账，根据记账凭证登记科目明细账，核对无误后在记账凭证上签字或盖章。制造业财务经理根据记账凭证登记科目总账，核对无误后在记账凭证上签字或盖章。具体分录如下：

借	原材料——经济型童车包装套件	工贸企业发票中对应的价款金额+分摊过来的运杂费金额	
	原材料——坐垫	工贸企业发票中对应的价款金额+分摊过来的运杂费金额	
	原材料——钢管	工贸企业发票中对应的价款金额+分摊过来的运杂费金额	
	原材料——车轮	工贸企业发票中对应的价款金额+分摊过来的运杂费金额	
	……	工贸企业发票中对应的价款金额+分摊过来的运杂费金额	
	应交税费——应交增值税——进项税额	工贸企业发票中税款合计数+运输发票中税款合计数	

续表

贷	应付账款——工贸公司		工贸企业发票中的价税合计数
	应付账款——物流公司		运输发票中的价税合计数

注:原材料的入账价值包括采购价、运杂费、保险费、一般合理损耗等;运杂费可按照数量或者金额进行分摊,对于金额不大的可以直接计入管理费用。也可以通过采购谈判,运杂费由卖方承担。

(3) MCG14 支付运输费(制造业)

任务描述:MCG14 支付运输费,内容主要为制造业支付运费给物流企业。

操作步骤:制造业仓管员点击"任务中心",选择"MCG14 支付运输费"。制造业仓管员依据运输发票金额填写付款申请表。制造业仓储经理收到制造业仓管员提交的付款申请单,审核付款要求是否合理,确认合理后签字并交还给制造业仓管员。制造业财务经理收到制造业仓储经理审核同意的付款单,根据运输费发票审核付款单的准确性和合理性,确认后在付款申请单上签字。制造业出纳收到制造业仓管员转交的经制造业财务经理和制造业仓储经理批复的付款申请单,检查制造业财务经理是否签字,确认后对照付款申请办理网银付款。

账务处理:货物运达且验收合格后支付运费。制造业财务会计接收制造业出纳提交的仓储部、财务部经理签字的付款申请单、网银付款流水编制记账凭证,将付款申请单、网银付款流水作为附件粘贴在记账凭证后,交由制造业财务经理审核。制造业财务经理审核记账凭证的准确性、合法性和真实性,审核资金使用的合理性,审核无误后在记账凭证上签字或盖章,将记账凭证交给制造业出纳。制造业出纳根据记账凭证登记银行存款日记账,记账后在记账凭证上签字或盖章,将记账凭证交给制造业财务会计登账。制造业财务会计根据记账凭证登记科目明细账,记账后在记账凭证上签字或盖章。制造业财务经理接收制造业财务会计交给的记账凭证,根据记账凭证登记科目总账,记账后在记账凭证上签字或盖章。具体分录如下:

借	应付账款——物流公司	付款申请单中需支付的物流费	
贷	银行存款——工行		银行回单中的金额

注:在进行应付账款管理时,需要及时将应付账款进行核销,以免拖欠货款影响企业信誉。

(4) MCG15 支付工贸企业货款(制造业)

任务描述:MCG15 支付工贸企业货款,内容主要为制造业企业支付货款给工贸企业。

操作步骤：制造业采购员点击"任务中心"，选择"MCG15 支付工贸企业货款"。制造业采购员根据工贸企业发票填写付款申请单，根据工贸企业发票在系统中录入付款申请表。制造业采购经理收到制造业采购员提交的付款申请表，审核付款申请表的要求是否合理，确认合理后签字交还给制造业采购员。制造业财务经理收到制造业采购经理审核同意的付款申请单，根据工贸企业发票审核付款申请单的准确性和合理性，确认后在申请付款单上签字。制造业出纳收到制造业采购员转交的经制造业财务经理和制造业采购经理批复的付款申请单，检查制造业财务经理是否签字，确认后对照付款申请办理网银付款。

账务处理：按照流程是先收货后付款。制造业财务会计接收制造业出纳提交的采购部、财务部经理签字的付款申请表，编制记账凭证，将付款单和网银转账流水作为附件粘贴在记账凭证后并提交给制造业财务经理。制造业财务经理审核记账凭证填写的准确性、合法性和真实性，审核资金使用的合理性，审核无误后在记账凭证上签字或盖章，将记账凭证交给制造业出纳登记银行存款日记账。制造业出纳记账后在记账凭证上签字或盖章，将记账凭证交给制造业财务会计登账。制造业财务会计在记账凭证上签字或盖章，根据记账凭证登记科目明细账，移交制造业财务经理。制造业财务经理根据记账凭证登记科目总账，记账后在记账凭证上签字或盖章。具体分录如下：

借	应付账款——工贸企业	付款申请单中需支付的货款	
贷	银行存款——工行		银行回单中的金额

注：在进行应付账款管理时，需要及时将应付账款进行核销，以免拖欠货款影响企业信誉。

（5）MCG16 收到制造业运输费业务回单（物流企业）

任务描述：MCG16 收到制造业运输费业务回单。

操作步骤：物流总经理点击"任务中心"，选择"MCG16 收到制造业运输费业务回单"。物流总经理查询网银确认收到运费，到银行打印业务回单。银行柜员根据物流总经理提供的信息查询流水，打印回单后提交给物流总经理。

（6）MCG17 收到制造业货款银行回单（工贸企业）

任务描述：MCG17 收到制造业货款银行回单。

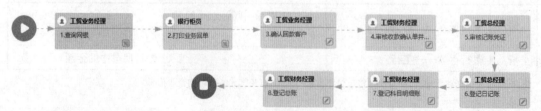

操作步骤：工贸业务经理点击"任务中心"，选择"MCG17 收到制造业货款银行回单"。工贸业务经理接收采购商的付款通知，通知工贸总经理查询网银，确认收到货款后，通知工贸财务经理到银行打印此款项回单。银行柜员根据工贸财务经理提供的信息查询银行转账记录并打印,将打印好的业务回单交给工贸财务经理。工贸业务经理到财务部核对,工贸财务经理确认收到货款后,在系统中填写收款确认单,对银行回款进行确认,确认回款客户,将收款确认单传至工贸财务经理审核。

账务处理:工贸财务经理审核收款确认单,依据收款确认单填制记账凭证,将银行业务回单粘贴在记账凭证后面作为原始凭证,提交至工贸总经理处审核。工贸总经理审核工贸财务经理填制的记账凭证,并对照相关附件检查是否正确,审核无误后在记账凭证上签字或盖章,按照审核后的记账凭证登记日记账。工贸财务经理根据记账凭证登记科目明细账和总账,记账后在记账凭证上签字或盖章。具体分录如下:

借	银行存款——工行	银行回单金额	
贷	应收账款——某制造业		应收账款某制造业挂账金额

注:实务中,在提供赊销服务之前,应深入调查和评估客户的信用历史和财务状况,进行信用风险评估,明确合同条款,和客户签订明确、具体的销售合同,包括支付条款、延迟支付利息、违约责任等;保持严格的发票和账务管理,确保及时开具和发送发票,对逾期账款进行及时跟进,定期审查和分析应收账款等,从而有效防范和管理应收账款风险,保护企业的财务健康和现金流稳定。

3)0501 月末经营——物料内部流转 MSC 系列(MSC1—MSC7)

此项业务由制造业的车间管理员负责操作完成,经过经营准备阶段的销售部门的销售需求的预测、生产计划员的主生产计划制订和物料需求计划的编制及月初经营阶段的派工领料的业务开展后,月末经营阶段由制造业的车间管理员在操作步骤系统上完成车架和整车的完工入库。

(1)MSC1 整理销售需求(制造业)

任务描述:MSC1 整理销售需求,内容主要为制造业企业整理各类销售产品数量。

操作步骤:制造业销售专员点击"任务中心",选择"MSC1 整理销售需求"。制造业销售专员根据销售订单和销售预测整理编制销售订单汇总表(一式两份),编制完成后报给制造业营销经理进行审核。制造业销售专员在操作系统上点击"任务中心",选择"整理销售需求",点击"编制销售订单汇总表",点击右下角图标,进入操作步骤系统界面,完成销售订单汇总表。制造业营销经理接收到制造业销售专员编制的销售订单汇总表,依据市场状况进行审核,审核无误后签字并返回给制造业销售专员。制造业销售专员将制造业营销经理审核过的销售订单汇总表送至生产部生产计划员处,并现场签收,作为制定 MPS 的主要依据。同时,另送一份制造业营销经理审核过的销售订单汇总表至采购部采购员处,并现场签收,作为采购计划的整体指导。

(2)MSC2 编制主生产计划(制造业)

任务描述:MSC2 编制主生产计划,内容主要为制造业企业确定生产任务、编制主生产计划、核验审核。

操作步骤：制造业生产计划员点击"任务中心"，选择"MSC2 编制主生产计划"。制造业生产计划员向营销部索要销售订单汇总表，明确已接订单及销售预测，确定生产任务；参考教学资源中"主生产计划计算表"自行编制主生产计划电子表单，并将计算结果填写在线下主生产计划单，完成主生产计划的编制；将主生产计划表交给制造业车间管理员核验，然后交给制造业生产计划经理审批。注意现存量分析、客户订单统计、年度销售计划、年度生产任务计划、车间产能等。制造业车间管理员根据车间产能检查主生产计划是否可行，如果不可行，返回第一步重新调整编制计划，核对确认后签字，交还给制造业生产计划员。制造业生产计划经理审批制造业车间管理员核验的主生产计划，签字后交还给制造业生产计划员。

（3）MSC3 编制物料净需求计划（制造业）

任务描述：MSC3 编制物料净需求计划，内容主要为制造业企业确定采购任务、编制物料净需求计划。

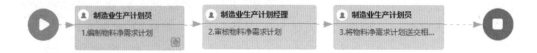

操作步骤：制造业生产计划员点击"任务中心"，选择"MSC3 编制物料净需求计划"。制造业生产计划员根据主生产计划及物料清单，确定各原材料生产需求量；查询所需原材料库存情况，确认各原材料净需求；参考教学资源中"主生产计划计算表"编制物料净需求计划，将计算结果填写在线下物料净需求表单；将物料净需求计划单送至车间管理员校对，送制造业生产计划经理审批。注意现存量分析、客户订单统计、年度销售计划、年度生产任务计划、车间产能、主生产计划和 BOM 等。制造业生产计划经理收到制造业生产计划员的物料净需求计划后核对计算是否正确，审核物料净需求计划中物料需求时间与数量是否同主生产计划一致，确认后批准交还给制造业生产计划员。制造业生产计划员将物料净需求计划表第一联留下用来安排生产，第二联送交制造业采购经理以便于其安排采购。

（4）MSC4 派工领料——车架（制造业）

任务描述：制造业生产计划员进行派工，制造业车间管理员填写领料单，去库房领取生产所需物料，制造业仓库管理员按领料单发放并登记库存台账。

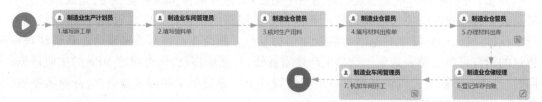

操作步骤：制造业生产计划员点击"任务中心"，选择"MSC4 派工领料——车架"。制造业生产计划员根据主生产计划表填写车架派工单（一式两份），将其中一份派工单下达制造业车间管理员，另一份留存归档。制造业车间管理员根据派工单和 BOM 填写领料单（一式两份），并将其中一份下达制造业仓管员办理领料。制造业仓管员核实接到的领料单的物料库存情况,确认可以满足后在领料单上签字,根据领料单填写出库单,在 VBSE 系统上办理原材料领料出库后交由制造业车间管理员在出库单上签字确认,并将出库单的生产计划部联和其他材料交由制造业车间管理员一起带走,将材料出库单的另外一联交给制造业仓储经理。制造业仓储经理根据出库情况填写库存台账,最后由制造业仓管员在 VBSE 系统上进行车架的生产组装。

（5）MSC5 派工领料——童车（制造业）

任务描述：生产计划部安排车间领料生产整车,制造业车间管理员领取物料,库房依据领料单发料并变更库存台账。

操作步骤：制造业生产计划员点击"任务中心",选择"MSC5 派工领料——童车"。制造业生产计划员根据主生产计划表填写整车派工单(一式两份),将其中一份派工单下达制造业车间管理员。制造业车间管理员根据派工单和 BOM 填写领料单(一式两份),并将其中一份下达制造业仓管员。制造业仓管员根据领料单填写出库单,在 VBSE 系统上办理车架领料出库后交由制造业车间管理员在出库单上签字确认,并将出库单的生产计划部联和其他材料交由制造业车间管理员一起带走,将材料出库单的另外一联交给制造业仓储经理。制造业仓储经理根据出库情况填写库存台账,最后由制造业仓管员在 VBSE 系统上进行车架的生产组装。

（6）MSC6 车架完工入库（制造业）

任务描述：生产计划部完成车架生产后,由制造业生产计划经理审核后办理入库,制造业仓管员收货并登记库存台账。

操作步骤：制造业车间管理员点击"任务中心",选择"MSC6 车架完工入库"。机加车间车架生产完工后,制造业车间管理员根据派工单填写完工单,将派工单和填写完成的完工单交给制造业生产计划经理审核并签字。制造业仓管员核对车架完工和实物是否相符,确认无误后填写生产入库单(一式三联),在 VBSE 系统上办理车架完工入库,最后制造业仓管员要根据入库单登记库存台账。

（7）MSC7 整车完工入库（制造业）

任务描述：制造业车间管理员在完成整车生产后,填写完工送检单并交由制造业生产计划经理代为检验,合格后送到仓库,由仓储部仓管员办理入库,并登记库存台账。

操作步骤：制造业车间管理员点击"任务中心",选择"MSC7 整车完工入库"。当根据主

生产计划表完成整车的生产后,制造业车间管理员要根据完工情况填写整车的完工送检单(一式三联)送往制造业生产计划经理处审核。制造业车间管理员根据批复的完工送检单填写完工单(一式两份),将其中一份交由制造业仓管员,另外一份自留。制造业仓管员核对完工单、完工送检单和实物,根据完工单在 VBSE 系统上填写入库单(一式三联),其中财务联送到财务部,生产联送到生产部,仓储联自留。最后制造业仓管员根据生产入库单登记库存台账。

4)0501 月末经营——经销商销售 DYX 系列(DYX12)

任务描述:DYX12 收到虚拟经销商货款。

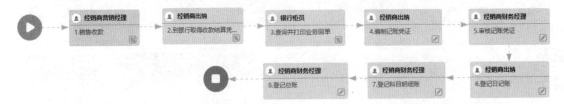

操作步骤:经销商营销经理点击"任务中心",选择"DYX12 收到虚拟经销商货款"。在 VBSE 系统中办理销售收款,通知经销商出纳查询银行存款。经销商出纳到银行查询网银确认收入,取得收款结算凭证(电子回单)。银行柜员根据经销商出纳提供的信息查询交易记录,打印查询到的交易记录业务回单,将打印的业务回单交给经销商出纳。

账务处理:按照流程发货,回收虚拟经销商货款。经销商出纳依据银行业务回单编制记账凭证,将电汇回单粘贴到记账凭证后面,将记账凭证交经销商财务经理审核。经销商财务经理审核经销商出纳填制的记账凭证并对照检查相关附件信息是否正确,审核无误,在记账凭证上签字或盖章,将确认后的记账凭证传递给经销商出纳登记日记账。经销商出纳根据记账凭证登记银行存款日记账,记账后在记账凭证上签字或盖章,将记账凭证传递给经销商财务经理登记科目明细账。经销商财务经理根据记账凭证登记科目明细账和总账,记账后在记账凭证上签字或盖章。具体分录如下:

借	银行存款——工行	银行回单显示金额	
贷	应收账款——经销商		银行回单显示金额

注:在进行应收账款管理时,收到货款需要及时进行应收账款核销,及时进行账龄分析,判断货款收回来的可能性,是否存在坏账,是否计提坏账准备等。

5)0501 月末经营——报送与支付车间电费 MDS 系列(MSD1—MDS2)

在完成完工入库业务后,制造业的车间管理员需要根据本月机加车间与组装车间的使用情况,根据电费核算规则去报送车间电费并支付车间电费。业务流程包括 MSD1 报送车间电费并收到服务公司的发票(制造业)和 MSD2 支付车间电费(制造业)。

(1)MSD1 报送车间电费并收到服务公司的发票(制造业)

任务描述:制造业车间管理员统计机加车间与组装车间电费并交到服务公司。服务公司开具电费发票,制造业车间管理员收到发票,按照制造业公司财务相关流程进行账务处理。

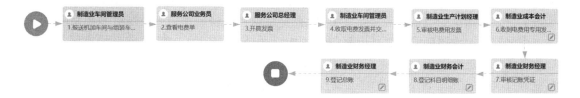

操作步骤:制造业车间管理员根据电费核算规则统计报送机加车间与组装车间的电费,填写水电缴费表并将填好的水电缴费表送往服务公司。服务公司业务员审核企业送达的电费单,审核无误后通知企业相关人员找服务公司总经理领取发票。服务公司总经理与业务员核实缴费金额,根据金额开具发票。制造业车间管理员收到电费专用发票,登记备案发票信息交到制造业生产计划经理处审核,审核金额等信息无误后交由制造业成本会计进行账务处理。

账务处理:车间电费是构成产品成本的一项制造费用,月末先计提再缴纳。制造业成本会计根据审核无误的电费增值税专用发票编制记账凭证,并将增值税专用发票记账联作为附件粘贴在记账凭证后递交制造业财务经理审核。制造业财务经理确认无误后在记账凭证上签字或盖章交给制造业财务会计。制造业财务会计依据记账凭证登记科目明细账,并在记账凭证上签字或盖章后交给制造业财务经理。制造业财务经理依据记账凭证登记科目总账并在记账凭证上签字或盖章。具体分录如下:

借	制造费用——电费——机加车间	每台流水线耗电量×台数	
	制造费用——电费——组装车间	每台机床耗电量×台数	
	应交税费——应交增值税——进项税额	价款×0.13	
贷	应付账款——服务公司		发票中价税合计数

注:机加车间的电费归属于车架的制造费用中,组装车间的电费归属于童车的制造费用中,需要根据电费核算规则分开计提;服务公司开具的增值税专用发票制造业需要获得抵扣联和记账联。

（2）MSD2 支付车间电费（制造业）

任务描述:车间管理员收到电费发票并支付,交财务部的成本会计做账务处理。

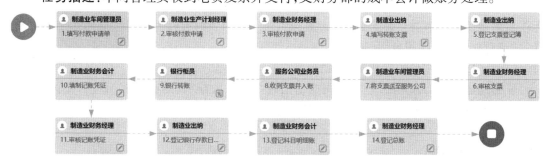

操作步骤:制造业车间管理员查看发票记录表,确认未支付的发票信息,对照发票记录表上的未支付发票信息在 VBSE 系统上填写付款申请单,将付款申请单交由制造业生产计划经理审核。制造业生产计划经理审核付款申请单和发票金额是否一致,确认无误后签字,

再交由制造业财务经理审核,制造业财务经理审核无误签字后,交由制造业出纳。制造业出纳根据付款申请单的信息开具转账支票,检查支票填写无误后加盖公司财务专用章和法人章。根据签发的支票登记支票登记簿,支票领用人在支票登记簿上签字,将转账支票交由制造业财务经理进行审核,审核无误的转账支票交由制造业车间管理员送至服务公司,服务公司业务员收到支票办理入账并前往银行进行银行转账。制造业出纳前往银行打印扣款回单。

账务处理:车间电费是先计提后扣缴。制造业财务会计取得银行的业务回单,依据审核无误的银行业务回单、转账支票存根、支出凭单填制记账凭证,将原始单据作为附件粘贴在记账凭证后面,一并递交制造业财务经理审核。制造业财务经理核对记账凭证与原始凭证的一致性,审核无误后签字或盖章,将审核后的记账凭证交给制造业出纳登记日记账。制造业出纳根据审核后的记账凭证登记银行存款日记账,记账后在记账凭证上签字或盖章,将记账凭证交回制造业财务会计登记科目明细账。制造业财务会计接收制造业出纳交还的记账凭证,根据记账凭证登记科目明细账,记账后在记账凭证上签字或盖章。制造业财务经理接收制造业财务会计交给的记账凭证,在记账凭证上签字或盖章,根据记账凭证登记科目总账。具体分录如下:

借	应付账款——服务公司	支出凭单中的金额	
贷	银行存款——工行		银行业务回单显示的金额

6)0501 月末经营——认证增值税抵扣联(MZZ3、DZZ3、TZZ3)

(1)MZZ3 认证增值税抵扣联(制造业)

任务描述:制造业财务部门将公司的增值税抵扣联收集后,到税务部门上门认证,获得盖章认证的结果通知书后,与抵扣联一并装订。

操作步骤:制造业财务会计点击"任务中心",选择"MZZ3 认证增值税抵扣联"。制造业财务会计或经销商、工贸企业的财务经理统一收集该企业增值税的抵扣联,将收集的增值税抵扣联送往税务局进行抵扣认证。税务专员对企业提交的增值税的抵扣联进行审核,审核无误后填写认证通知书并盖章交给企业办事人员。制造业财务经理取得认证通知书和抵扣联进行归档,以备以后税务部门稽查。

(2)DZZ3 认证增值税抵扣联(经销商)

任务描述:经销商财务经理将公司的增值税抵扣联收集后,到税务部门进行认证,获得盖章认证的结果通知书后,与抵扣联一并装订。

操作步骤:经销商财务经理点击"任务中心",选择"DZZ3 认证增值税抵扣联"。经销商财务经理统一收集该企业增值税的抵扣联,将收集的增值税抵扣联送往税务局进行抵扣认

证。税务专员对企业提交的增值税的抵扣联进行审核,审核无误后填写认证通知书并盖章交给企业办事人员。经销商财务经理取得认证通知书和抵扣联进行归档,以备以后税务部门稽查。

(3) TZZ3 认证增值税抵扣联(工贸企业)

任务描述:工贸财务经理将公司的增值税抵扣联收集后,到税务部门进行认证,获得盖章认证的结果通知书后,与抵扣联一并装订。

操作步骤:工贸财务经理点击"任务中心",选择"TZZ3 认证增值税抵扣联"。工贸财务经理统一收集该企业增值税的抵扣联,将收集的增值税抵扣联送往税务局进行抵扣认证。税务专员对企业提交的增值税的抵扣联进行审核,审核无误后填写认证通知书并盖章交给企业办事人员。工贸财务经理取得认证通知书和抵扣联进行归档,以备以后税务部门稽查。

7)0501 月末经营——月末财务核算工作

(1) MXC1 核算薪酬(制造业)

任务描述:MXC1 核算薪酬。

操作步骤:制造业人力资源助理点击"任务中心",选择"MXC1 核算薪酬"。制造业人力资源助理依据期初数据查找当月入职人员记录,收集整理新增数据。依据期初数据查看当月离职人员记录,收集整理减少数据。依据期初数据查找当月晋升、调动及工资调整记录,收集整理变更数据。依据期初数据查找当月考勤信息,整理汇总当月考勤数据。依据期初数据查找当期绩效考核评价评分资料,整理汇总绩效考核结果。依据期初数据查找当月奖励、处罚记录,并做汇总整理。依据期初数据查找当月五险一金增减、缴费数据,计算五险一金。制造业人力资源经理审核薪酬核算金额,重点对人员变动的正确性进行审核。审核完成所有表单后,在表单对应位置签字,将签字完成的表单返还给制造业人力资源助理。制造业总经理收到制造业人力资源助理交给的薪酬发放表,审核薪酬核算金额,重点对人员变动的正确性进行核查。审核完成后在表单对应位置签字,将签字完成的表单返还制造业人力资源助理。

账务处理:薪资月末计提月初发放,计提时需要根据工资费用构成及性质,判断所涉及的科目。制造业财务会计收到人力资源部交来的薪酬表单,编制本月薪酬发放的记账凭证。制造业财务经理收到制造业财务会计交来的薪酬表单和记账凭证,审核记账凭证的正确性,审核无误后在记账凭证上签字或盖章,将薪酬表单和记账凭证交还给制造业财务会计。制造业财务会计根据记账凭证和薪酬表单填写明细账,记账后在记账凭证上签字或盖章。制

造业财务经理根据记账凭证登记总账,记账后在记账凭证上签字或盖章。具体分录如下:

计提工资:

借	管理费用——工资	行政管理部门人员的应发工资合计数	
	销售费用——工资	销售部门人员的应发工资合计数	
	制造费用——工资	车间管理员的应发工资合计数	
	生产成本——经济型车架——直接人工	机加车间人员的应发工资合计数	
	生产成本——经济型童车——直接人工	组装车间人员的应发工资合计数	
贷	应付职工薪酬——工资		薪资计提表中应发工资合计数

注意区别:

应发工资=基本工资+实际绩效工资+补贴+辞退福利-缺勤扣款

应税工资=应发工资-代扣社保费-个税免征额、专项附加扣除等

实发工资=应发工资-代扣保险费、公积金-代扣个人所得税

计提单位应缴纳的社会保险费:

借	管理费用——社会保险费	行政管理部门人员单位应交五险合计数	
	销售费用——社会保险费	销售部门人员单位应交五险合计数	
	制造费用——社会保险费	车间管理人员单位应交五险合计数	
	生产成本——经济型车架——直接人工	机加车间人员单位应交五险合计数	
	生产成本——经济型童车——直接人工	组装车间人员单位应交五险合计数	
贷	应付职工薪酬——社会保险费		薪资计提表中单位应交五险合计数

计提单位应缴纳的住房公积金:

借	管理费用——住房公积金	行政管理部门人员单位应交住房公积金合计数	
	销售费用——住房公积金	销售部门人员单位应交住房公积金合计数	
	制造费用——住房公积金	车间管理人员单位应交住房公积金合计数	
	生产成本——经济型车架——直接人工	机加车间人员单位应交住房公积金合计数	
	生产成本——经济型童车——直接人工	组装车间人员单位应交住房公积金合计数	
贷	应付职工薪酬——住房公积金		薪资计提表中单位应交住房公积金合计数

注:根据部门不同,工资薪资、社会保险费、住房公积金的归属不同。行政部门归属于管理费用,销售部门归属于销售费用,车间管理员归属于制造费用,机加车间归属于车架的直接人工,组装车间归属于童车的直接人工。

(2)DXC1 核算薪酬(经销商)
任务描述:DXC1 核算薪酬。

操作步骤:经销商行政经理点击"任务中心",选择"DXC1 核算薪酬"。经销商行政经理依据期初数据查找当月入职人员记录,收集整理新增数据。依据期初数据查看当月离职人员记录,收集整理减少数据。依据期初数据查找当月晋升、调动及工资调整记录,收集整理变更数据。依据期初数据查找当月考勤信息,整理汇总当月考勤数据。依据期初数据查找当期绩效考核评价评分资料,整理汇总绩效考核结果。依据期初数据查找当月奖励、处罚记录,并做汇总整理。依据期初数据查找当月五险一金增减、缴费数据,计算五险一金。经销商行政经理下载企业员工花名册信息,依照薪酬规则,参照发放的期初各类有关职工薪酬的各种表格,制作职工薪酬计算的各种表格,包含职工薪酬统计表、五险一金缴费统计表、部门汇总表。经销商行政经理按照薪酬体系中每个项目的计算规则进行工资核算,将工资表交给总经理审核。经销商总经理收到行政经理交给的工资表,审核工资结算总额,了解总人工成本及波动幅度,并就变动的合理性进行核查,审核完成后在表单对应位置签字,将签字完成的表单交还经销商行政经理,经销商行政经理交由经销商出纳进行财务记账。

账务处理:薪资本月月末计提,次月月初发放。计提时需要根据工资费用构成及性质,判断所涉及的科目。经销商出纳收到经销商行政经理交来的工资表,依据工资表编制本月工资记账凭证,计提本月工资。经销商财务经理收到经销商出纳交来的工资表和记账凭证,审核记账凭证的正确性,审核无误后在记账凭证上签字或盖章,将工资表和记账凭证交还给经销商出纳。经销商财务经理根据记账凭证登记科目明细账和总账,记账后在记账凭证上签字或盖章。具体分录如下:

计提工资:

借	管理费用——工资	行政管理部门人员的应发工资合计数	
	销售费用——工资	销售部门人员的应发工资合计数	
贷	应付职工薪酬——工资		薪资计提表中应发工资合计数

计提单位应缴纳的社会保险费:

借	管理费用——社会保险费	行政管理部门人员单位应交五险合计数	
	销售费用——社会保险费	销售部门人员单位应交五险合计数	
贷	应付职工薪酬——社会保险费		薪资计提表中单位应交五险合计数

计提单位应缴纳的住房公积金:

借	管理费用——住房公积金	行政管理部门人员单位应交住房公积金合计数	
	销售费用——住房公积金	销售部门人员单位应交住房公积金合计数	
贷	应付职工薪酬——住房公积金		薪资计提表中单位应交住房公积金合计数

注:根据部门不同,工资薪资、社会保险费、住房公积金的归属不同。行政部门归属于管理费用,销售部门归属于销售费用。

(3)TXC1 核算薪酬(工贸企业)

任务描述:行政经理核算职工薪酬,制作工资表。

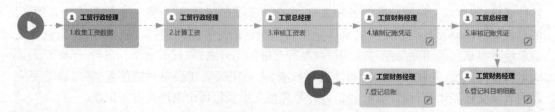

操作步骤:工贸行政经理点击"任务中心",选择"TXC1 核算薪酬"。工贸行政经理依据期初数据查找当月入职人员记录,收集整理新增数据。依据期初数据查看当月离职人员记录,收集整理减少数据。依据期初数据查找当月晋升、调动及工资调整记录,收集整理变更数据。依据期初数据查找当月考勤信息,整理汇总当月考勤数据。依据期初数据查找当期绩效考核评价评分资料,整理汇总绩效考核结果。依据期初数据查找当月奖励、处罚记录,并做汇总整理。依据期初数据查找当月五险一金增减、缴费数据,计算五险一金。工贸行政经理下载企业员工花名册信息,依照薪酬规则,参照发放的期初各类有关职工薪酬的各种表格,制作职工薪酬计算的各种表格,包含职工薪酬统计表、五险一金缴费统计表、部门汇总表。工贸行政经理按照薪酬体系中每个项目的计算规则进行工资核算,将工资表交给工贸总经理审核。工贸总经理收到工贸行政经理交给的工资表,审核工资结算总额,了解总人工成本及波动幅度,并就变动的合理性进行核查,审核完成后在表单对应位置签字,将签字完成的表单交还工贸行政经理,拿给工贸财务经理记账。

账务处理: 工贸财务经理收到工贸行政经理交来的薪酬表单,编制本月薪酬发放的记账凭证。工贸总经理收到审核记账凭证的正确性,审核无误后在记账凭证上签字或盖章,然后由工贸财务经理登记明细账、总账,并在记账凭证上签字或盖章。具体分录如下:

计提工资:

借	管理费用——工资	行政管理部门人员的应发工资合计数	
	销售费用——工资	销售部门人员的应发工资合计数	
贷	应付职工薪酬——工资		薪资计提表中应发工资合计数

注意区别:

应发工资=基本工资+实际绩效工资+补贴+辞退福利-缺勤扣款

应税工资=应发工资-代扣社保费-个税免征额、专项附加扣除等

实发工资=应发工资-代扣保险费、公积金-代扣个人所得税

计提单位应缴纳的社会保险费:

借	管理费用——社会保险费	行政管理部门人员单位应交五险合计数	
	销售费用——社会保险费	销售部门人员单位应交五险合计数	
贷	应付职工薪酬——社会保险费		薪资计提表中单位应交五险合计数

计提单位应缴纳的住房公积金:

借	管理费用——住房公积金	行政管理部门人员单位应交住房公积金合计数	
	销售费用——住房公积金	销售部门人员单位应交住房公积金合计数	
贷	应付职工薪酬——住房公积金		薪资计提表中单位应交住房公积金合计数

8)计提折旧

(1) MZJ1 计提折旧(制造业)

任务描述: 制造业财务会计依据固定资产的政策和固定资产明细账计提办法计提折旧后,交给制造业成本会计和制造业财务经理做相关账务处理。

操作步骤: 制造业财务会计点击"任务中心",选择"MZJ1 计提折旧"。

账务处理: 固定资产折旧费根据使用部门不同费用归属不同。实训中所有固定资产均采用直线法按月计提折旧。制造业财务会计依据固定资产政策与固定资产明细账计提办法进行企管部等行政部的折旧计提。制造业成本会计依据固定资产政策与固定资产明细账计提办法进行生产部的折旧计提,并根据固定资产折算表编制各部门固定资产折旧的记账凭证交由制造业财务经理审核。制造业财务经理在审核记账凭证无误签字盖章后,将记账凭证返还制造业成本会计,并登记累计折旧明细账。具体分录如下:

借	管理费用——折旧费	固定资产折算表企管部折旧金额合计数	
	销售费用——折旧费	固定资产折算表销售部折旧金额合计数	
	制造费用——折旧费——机加车间	固定资产折算表机加车间折旧金额合计数	
	制造费用——折旧费——组装车间	固定资产折算表组装车间折旧金额合计数	
	制造费用——折旧费——生产计划办公室	固定资产折算表生产计划办折旧金额合计数	
贷	累计折旧		固定资产折算表合计数

（2）DZJ1 计提折旧（经销商）

任务描述：经销商财务经理对固定资产进行折旧计提。

操作步骤：经销商财务经理点击"任务中心"，选择"DZJ1 计提折旧"。

账务处理：固定资产折旧费根据使用部门不同费用归属不同。经销商财务经理依据固定资产政策与固定资产明细账计提办法，进行不同部门的折旧计提，并填写固定资产折算表。后续经销商财务经理将填写完成的固定资产折算表传递给经销商出纳。经销商出纳根据固定资产折算表编制各部门固定资产折旧的记账凭证交由经销商财务经理审核，经销商财务经理审核无误后在审核记账凭证上签字盖章，登记累计折旧明细账和总账。具体分录如下：

借	管理费用——折旧费	固定资产折算表企管部折旧金额合计数	
	销售费用——折旧费	固定资产折算表销售部折旧金额合计数	
贷	累计折旧		固定资产折算表合计数

（3）TZJ1 计提折旧（工贸企业）

任务描述：工贸财务经理对固定资产进行折旧计提。

操作步骤：工贸财务经理点击"任务中心"，选择"TZJ1 计提折旧"。工贸财务经理依据固定资产政策与固定资产明细账计提办法进行计提折旧，填写固定资产折算表，并根据固定资产折算表编制固定资产折旧的记账凭证交由工贸总经理审核，审核无误后返还给工贸财务经理，工贸财务经理登记累计折旧明细账和登记总账。

账务处理：企业每月末对固定资产计提折旧。根据使用部门不同对应的折旧费用归属不同。实训中所有固定资产均采用直线法按月计提折旧。工贸财务经理依据固定资产政策与固定资产明细账计提办法进行计提折旧，填写固定资产折算表，并根据固定资产折算表编制记账凭证，交由工贸总经理审核，审核无误后返还给工贸财务经理，工贸财务经理登记累计折旧明细账和登记总账。具体分录如下：

借	管理费用——折旧费	固定资产折算表管理部门折旧金额合计数	
	销售费用——折旧费	固定资产折算表销售部门折旧金额合计数	
贷	累计折旧		固定资产折算表合计数

9)销售成本核算

(1)MCH1 销售成本核算(制造业)

任务描述:制造业财务会计根据销售出库单的汇总,编制销售成本结转表后,交制造业出纳记账,由制造业财务经理审核后,登记科目明细账、数量金额明细表。

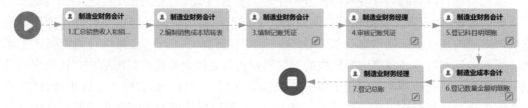

操作步骤:制造业财务会计根据销售出库单汇总销售出库数量,并根据主营业务收入算出销售收入。

账务处理:根据销售出库数量和库存商品成本金额采用全月一次加权平均法计算平均单价,编制销售成本结转表。制造业财务会计根据原始凭证、产成品出库单及销售成本结转表填写记账凭证,并交由制造业财务经理审核。制造业财务经理审核无误签字盖章后返还给制造业财务会计。制造业财务会计登记科目明细账,制造业成本会计登记数量金额明细账,制造业财务经理登记总账。具体分录如下:

借	主营业务成本	销售成本结转表显示金额	
贷	库存商品——经济型童车		销售成本结转表显示金额

注:在计算已销产品成本时,需要合计不同类型产品的已销合计数,然后需要采用全月一次加权平均法计算不同产品的平均单价。平均单价=(期初各产品余额+本期各产品增加额)/(期初各产品数量+本期各产品增加数量),一般企业成本会计会建立数量金额式的产品明细台账,便于汇总和计算。

(2)DCH1 存货核算(经销商)

任务描述:经销商财务经理对出售后的货物进行成本核算。

操作步骤:经销商财务经理点击"任务中心",选择"DCH1 存货核算"。

账务处理:结转销售成本。经销商财务经理根据销售出库单汇总销售出库数量明细,并根据销售出库数量和库存商品平均单价编制销售成本结转表,将单据传递给经销商出纳。经销商出纳根据原始凭证、产成品出库单及销售成本结转表填写记账凭证,交由经销商财务经理审核。经销商财务经理审核无误签字盖章后登记科目明细账、数量金额明细账和总账。具体分录如下:

借	主营业务成本——经济型童车	对方取数	
	主营业务成本——舒适型童车	对方取数	
	主营业务成本——豪华型童车	对方取数	
贷	库存商品——经济型童车		经济型童车平均单价
	库存商品——舒适型童车		舒适型童车平均单价
	库存商品——豪华型童车		豪华型童车平均单价

注:结合库存商品的类型结转到主营业务成本相应二级科目。具体公式:库存商品平均单价＝(期初库存数量×库存单价+本月实际采购入库数量×库存单价)/(期初库存数量+本月实际入库数量)。

（3）TCH1 存货核算（工贸企业）

任务描述:工贸财务经理根据出入库明细表计算存货成本,并结转销售成本。

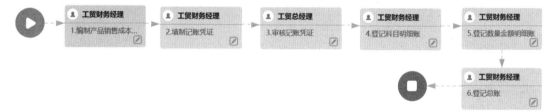

操作步骤:工贸财务经理点击"任务中心",选择"TCH1 存货核算"。

账务处理:工贸财务经理根据销售出库单汇总出库的产品明细数量、库存数量和库存商品平均单价,编制销售成本结转明细表,并根据销售成本结转明细表填写记账凭证,交由工贸总经理审核。工贸总经理审核无误签字盖章后返还给工贸财务经理。工贸财务经理登记科目明细账、数量金额明细账和总账。具体分录如下:

借	主营业务成本	销售成本结转表显示金额	
贷	库存商品——钢管、坐垫等		销售成本结转表显示金额

10）成本计算——MCB1 成本计算（制造业）

任务描述:MCB1 成本计算。

操作步骤：制造业成本会计点击"任务中心"，选择"MCB1成本计算"。

账务处理：制造业的产品分为自制半成品和产成品，主要涉及车架和童车。车架是机加车间生产制造，童车是组装车间生产制造，成本涵盖料、工、费三大模块。在成本核算时需要先计算车架的成本，因为童车制造会领用车架，所以只有车架的成本出来后，童车的成本才能计算。

第一步，制造费用分配。成本会计根据制造费用明细账归集的制造费用，编制制造费用分配表，编制记账凭证。具体分录如下：

借	生产成本——经济型车架——制造费用	按照分配标准分来的制造费用金额	
	生产成本——经济型童车——制造费用	按照分配标准分来的制造费用金额	
贷	制造费用——折旧费——机加车间		机加车间固定资产折旧费合计
	制造费用——折旧费——组装车间		组装车间固定资产折旧费合计
	制造费用——折旧费——生产计划办		生产计划办固定资产折旧费合计
	制造费用——电费——机加车间		机加车间流水线电费当月合计
	制造费用——电费——组装车间		组装车间机床电费当月合计
	制造费用——工资		生产计划办人员的工资合计
	制造费用——社会保险费		生产计划办人员单位为其缴纳的社会保险费合计
	制造费用——住房公积金		生产计划办人员单位为其缴纳的住房公积金合计

注：机加车间发生的制造费用（折旧费+电费）应直接归属到车架的制造费用中；组装车间发生的制造费用（折旧费+电费）应直接归属到童车的制造费用中；生产计划办发生的制造费用（工资+社会保险费+住房公积金+折旧费）为间接费用，按分配标准分配后再计入各车间制造费用中。分配标准可以按照工资、工时、产量等，建议采用工资分配法，本案例未体现工时。

第二步，直接材料计算。成本会计根据原材料明细账、本月的原材料出库单，计算本月原材料的出库成本，编制记账凭证。具体分录如下：

机加车间生产车架领用原材料：

借	生产成本——经济型车架——直接材料	对方取数	
贷	原材料——钢管		平均单价×出库数量
	原材料——坐垫		平均单价×出库数量

组装车间生产童车领用原材料：

借	生产成本——经济型童车——直接材料	对方取数	
贷	原材料——车篷		平均单价×出库数量
	原材料——车轮		平均单价×出库数量
	原材料——经济型套件		平均单价×出库数量

注：车架的生产主要涉及原材料钢管和坐垫；童车的生产主要涉及原材料车篷、车轮、套件及自制半成品车架，这里先计算童车的原材料成本，自制半成品车架无法核算，需要先算出车架的平均单价。具体公式：材料平均单价=（期初库存数量×库存单价+本月实际采购入库金额）/（期初库存数量+本月实际入库数量），材料发出成本=本月发出材料数量×材料平均单价。

第三步，车架生产成本归集。成本会计根据车架物料清单 BOM 和生产成本明细账，分别汇总直接材料、直接人工、制造费用本月发生数，编制车架的产品成本计算表，编制记账凭证。具体分录如下：

借	自制半成品——经济型车架	对方取数	
贷	生产成本——经济型车架——直接材料		生产成本明细账中完工产品涉及的直接材料
	生产成本——经济型车架——制造费用		生产成本明细账中本月发生的制造费用
	生产成本——经济型车架——直接人工		生产成本明细账中本月发生的直接人工

注：完工产品和在产品之间费用的分配方法为在产品所耗原材料计算法。月末在产品只计算其所耗用的原材料费用，不计算制造费用和人工费用。即产品的制造费用和人工费用全部由完工产品成本负担。

第四步，童车领用车架生产成本核算。成本会计根据车架明细账、本月的领料单，计算本月车架的出库成本，编制车架领用的记账凭证。具体分录如下：

借	生产成本——经济型童车——直接材料	对方取数	
贷	自制半成品——经济型车架		平均单价×出库数量

注：车架平均单价=（期初库存数量×库存单价+本月实际完工入库金额）/（期初库存数量+本月实际入库数量）、车架发出成本=本月发出车架数量×车架平均单价。

第五步,童车成本核算。成本会计编制童车的产品成本计算表,包括料工费,编制记账凭证。具体分录如下:

借	库存商品——经济型童车	对方取数	
贷	生产成本——经济型童车——制造费用		生产成本明细账中本月发生的直接人工
	生产成本——经济型童车——直接人工		生产成本明细账中本月发生的直接人工
	生产成本——经济型童车——直接材料		生产成本明细账中本月发生的直接人工

注:完工产品和在产品之间费用的分配方法为在产品所耗原材料计算法。月末在产品只计算其所耗用的原材料费用,不计算制造费用和人工费用,即产品的制造费用和人工费用全部由完工产品成本负担。

第六步,财务经理接收成本会计交给的记账凭证,进行审核,并登记总分类账。审核无误后,在记账凭证上签字或盖章,交成本会计登记科目明细账。成本会计接收财务经理审核完的记账凭证后,根据记账凭证登记科目明细账。

11)期末财务处理

(1)MQM1 期末财务处理(制造业)
任务描述:MQM1 期末财务处理。

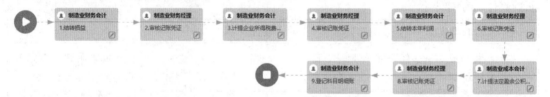

操作步骤:制造业财务会计点击"任务中心",选择"MQM1 期末财务处理"。
账务处理:第一步,结转未交增值税。计算公式:应交增值税=销项税额-(进项税额-进项税额转出)-上期留抵税额(设定制造业企业为一般纳税人),根据本月销售业务对应的销项税额明细账和认证抵扣的进项税额,核算出应交未交的增值税额,财务会计填制记账凭证。财务经理审核记账凭证的附件、记账科目、金额是否正确与齐全,经审核无误的记账凭证由财务经理签字或盖章。财务会计根据已审核记账凭证登记总分类账。具体分录如下:

借	应交税费——应交增值税——转出未交增值税	销项金额-进项金额	假设无进项税额转出和留抵税额
贷	应交税费——未交增值税	对方取数	

第二步,相关税费计提。财务会计根据未交增值税计提本月应交城市维护建设税、教育费、地方教育附加,填制记账凭证。财务经理审核记账凭证的附件、记账科目、金额是否正确与齐全,经审核无误的记账凭证由财务经理签字或盖章。财务会计根据已审核记账凭证登

记总分类账。具体分录如下：

借	税金及附加	对方取数	
贷	应交税费——应交城市建设维护税		增值税额×0.07
	应交税费——应交教育费附加		增值税额×0.03

注：城市建设维护税为增值税额的7%；教育费附加为增值税额的3%。

第三步，损益结转。财务会计汇总损益类发生额，并与总账核对，将总账里的损益类科目本期发生额结转至本年利润科目，填制记账凭证。财务经理审核记账凭证的附件、记账科目、金额是否正确与齐全，经审核无误的记账凭证由财务经理签字或盖章。财务会计根据已审核记账凭证登记总分类账。具体分录如下：

收入结转：

借	主营业务收入	本科目本期发生额	
	其他业务收入	本科目本期发生额	
	投资收益	本科目本期发生额	
	公允价值变动损益	本科目本期发生额	
	……	本科目本期发生额	
贷	本年利润		对方取数

成本、费用结转：

借	本年利润	对方取数	
贷	主营业务成本		本科目本期发生额
	销售费用		本科目本期发生额
	财务费用		本科目本期发生额
	管理费用		本科目本期发生额
	税金及附加		本科目本期发生额
	……		本科目本期发生额

第四步，计算并结转所得税费用。企业所得税是对我国所有实行独立经济核算的境内的内外资企业或其他组织的生产经营所得和其他所得征收的一种税，可以按年计征，分月或分季预缴，年终汇算清缴，多退少补。为简化计征，假设按年计征。财务会计根据本年度利润余额计算企业所得税，编制记账凭证。财务经理审核记账凭证的附件、记账科目、金额是否正确与齐全，经审核无误的记账凭证由财务经理签字或盖章。财务会计根据已审核记账凭证登记总分类账。具体分录如下：

计提所得税费用:

借	所得税费用	对方取数	
贷	应交税费——应交企业所得税		利润总额×0.25

结转所得税费用:

借	本年利润	对方取数	
贷	所得税费用		所得税费用明细表金额

注:企业所得税按应纳税所得额的25%缴纳。

第五步,结转本年利润。财务会计根据本年的利润余额,结转至利润分配科目,填制记账凭证。财务经理收到填制的记账凭证,进行审核,并登记总账。具体分录如下:

借	本年利润	本年利润明细表余额	
贷	利润分配——未分配利润		对方取数

成本会计按照本年净利润(减去弥补以前亏损后)的10%提取法定盈余公积,法定盈余公积累计额达到注册资本的50%时可以不再提取。将提取的法定盈余公积结转至利润分配科目,登记记账凭证。财务经理收到填制的记账凭证,进行审核,并登记总账。财务会计根据审核后的记账凭证登记科目明细账,记账后在记账凭证上签字或盖章。具体分录如下:

借	利润分配——提取法定盈余公积	对方取数	
贷	盈余公积——法定盈余公积		本年净利润额×0.1
借	利润分配——未分配利润	对方取数	
贷	利润分配——提取法定盈余公积		本年净利润额×0.1

(2)DQM □□□□□商)

任务□□□□□□□□核算。

操作步骤:经销商财务经理点击"任务中心",选择"DQM1 期末财务处理"。

账务处理:第一步,结转未交增值税。经销商财务经理结转未交增值税,查阅应交税费——应交增值税的销项税额和认证抵扣的进项税额,核算出应交而未交的增值税额。经销商出纳结合应交而未交的增值税额填制记账凭证。经销商财务经理审核记账凭证的附件、记账科目、金额是否正确与齐全,经审核无误的记账凭证由经销商财务经理签字或盖章,根据已审核记账凭证登记总分类账。具体分录如下：

借	应交税费——应交增值税——转出未交增值税	销项金额-进项金额	
贷	应交税费——未交增值税		对方取数

第二步，相关税费计提。经销商出纳根据未交增值税计提本月应交城市维护建设税、教育费、地方教育附加，填制记账凭证。经销商财务经理审核记账凭证的附件、记账科目、金额是否正确与齐全，经审核无误的记账凭证由经销商财务经理签字或盖章，根据已审核记账凭证登记总分类账。具体分录如下：

借	税金及附加	对方取数	
贷	应交税费——应交城市建设维护税		增值税额×0.07
	应交税费——应交教育费附加		增值税额×0.03

注：城市建设维护税为增值税额的7%；教育费附加为增值税额的3%。

第三步，损益结转。经销商财务经理汇总损益类发生额，并与总账核对。将总账里的损益类科目本期发生额结转至本年利润科目。经销商出纳据此填制记账凭证。财务经理审核记账凭证的附件、记账科目、金额是否正确与齐全，经审核无误的记账凭证由财务经理签字或盖章，根据已审核记账凭证登记总分类账。具体分录如下：

收入结转：

借	主营业务收入	本科目本期发生额	
	其他业务收入	本科目本期发生额	
	投资收益	本科目本期发生额	
	公允价值变动损益	本科目本期发生额	
	……	本科目本期发生额	
贷	本年利润		对方取数

成本、费用结转：

借	本年利润	对方取数	
贷	主营业务成本		本科目本期发生额
	销售费用		本科目本期发生额
	财务费用		本科目本期发生额
	管理费用		本科目本期发生额
	税金及附加		本科目本期发生额
	……		本科目本期发生额

第四步,计算并结转所得税费用。经销商财务经理根据本年度利润余额计算企业所得税,经销商出纳据此编制记账凭证。经销商财务经理审核记账凭证的附件、记账科目、金额是否正确与齐全。经审核无误的记账凭证由经销商财务经理签字或盖章,根据已审核记账凭证登记总分类账。具体分录如下:

计提所得税费用:

借	所得税费用	对方取数	
贷	应 交 税 费——应 交 企 业 所得税		利润总额×0.25

结转所得税费用:

借	本年利润	对方取数	
贷	所得税费用		所得税费用明细表金额

注:企业所得税按应纳税所得额的25%缴纳。

第五步,结转本年利润。经销商财务经理根据本年的利润余额,结转至利润分配科目,经销商出纳据此填制记账凭证。经销商财务经理收到填制的记账凭证,进行审核,并登记总账。具体分录如下:

借	本年利润	本年利润明细表余额	
贷	利润分配——未分配利润		对方取数

经销商财务经理按照本年净利润(减去弥补以前亏损后)的10%提取法定盈余公积,法定盈余公积累计额达到注册资本的50%时可以不再提取。将提取的法定盈余公积结转至利润分配科目,经销商出纳据此登记记账凭证。经销商财务经理收到填制的记账凭证,进行审核。经销商财务经理根据审核后的记账凭证登记科目明细账及总账,记账后在记账凭证上签字或盖章。

借	利润分配——提取法定盈余公积	对方取数	
贷	盈余公积——法定盈余公积		本年净利润额×0.1
借	利润分配——未分配利润	对方取数	
贷	利润分配——提取法定盈余公积		本年净利润额×0.1

(3)TQM1 期末财务处理(工贸企业)

任务描述:财务经理在月末进行财务核算。

操作步骤:工贸财务经理点击"任务中心",选择"TQM1 期末财务处理"。

账务处理:第一步,结转未交增值税。财务经理将本月发生的应交未交增值税额自"应交增值税"转入"未交增值税"。计算公式:应交增值税=销项税额-(进项税额-进项税额转

出)-上期留抵税额(设定工贸企业为一般纳税人)。根据本月销售业务对应的销项税额明细账和认证抵扣的进项税额,核算出应交未交的增值税额,填制记账凭证。总经理审核记账凭证的附件、记账科目、金额是否正确与齐全,经审核无误签字或盖章,由财务经理登记总账、明细账。具体分录如下:

借	应交税费——应交增值税——转出未交增值税	销项金额-进项金额	假设无进项税额转出和留抵税额
贷	应交税费——未交增值税		对方取数

第二步,相关税费计提。财务经理根据未交增值税计提本月应交城市维护建设税、教育费附加,填制记账凭证。总经理审核记账凭证的附件、记账科目、金额是否正确与齐全,经审核无误签字或盖章,由财务经理登记相关明细账、总账。具体分录如下:

借	税金及附加	对方取数	
贷	应交税费——应交城市建设维护税		增值税额×0.07
	应交税费——应交教育费附加		增值税额×0.03

注:城市建设维护税为增值税额的7%;教育费附加为增值税额的3%。

第三步,损益结转。财务经理汇总损益类发生额,并与总账核对,将总账里的损益类科目本期发生额结转至本年利润科目,填制记账凭证。总经理审核记账凭证的附件、记账科目、金额是否正确与齐全,审核无误签字或盖章,最后由财务经理登记相关明细账、总账。具体分录如下:

收入结转:

借	主营业务收入	本科目本期发生额	
	其他业务收入	本科目本期发生额	
	投资收益	本科目本期发生额	
	公允价值变动损益	本科目本期发生额	
	……	本科目本期发生额	
贷	本年利润		对方取数

成本、费用结转：

借	本年利润	对方取数	
贷	主营业务成本		本科目本期发生额
	销售费用		本科目本期发生额
	财务费用		本科目本期发生额
	管理费用		本科目本期发生额
	税金及附加		本科目本期发生额
	……		本科目本期发生额

第四步，计算并结转所得税费用。

企业所得税是对我国所有实行独立经济核算的境内的内外资企业或其他组织的生产经营所得和其他所得征收的一种税，可以按年计征，分月或分季预缴，年终汇算清缴，多退少补。为简化计征，假设按年计征。

财务经理根据损益类科目明细账计算企业所得税，编制记账凭证。总经理审核记账凭证，经审核无误签字或盖章，最后由财务经理登记相关明细账和总账。具体分录如下：

计提所得税费用：

借	所得税费用	对方取数	
贷	应交税费——应交企业所得税		应纳税所得额×0.25

注：为简化计算，假设会计利润与应纳税所得额一致，无暂时性差异。

结转所得税费用：

借	本年利润	对方取数	
贷	所得税费用		所得税费用明细表金额

第五步，结转本年利润。财务经理根据本年的利润余额，结转至利润分配科目，填制记账凭证。总经理收到填制的记账凭证，进行审核，并登记总账。具体分录如下：

借	本年利润	本年利润明细表余额	
贷	利润分配——未分配利润		对方取数

财务经理按照本年净利润（减去弥补以前亏损后）的10%提取法定盈余公积，法定盈余公积累计额达到注册资本的50%时可以不再提取。将提取的法定盈余公积结转至利润分配科目，登记记账凭证。总经理收到填制记账凭证，进行审核，并登记总账。财务经理登记相关科目明细账，并在记账凭证上签字或盖章。具体分录如下：

借	利润分配——提取法定盈余公积	对方取数	
贷	盈余公积——法定盈余公积		本年净利润额×0.1
借	利润分配——未分配利润	对方取数	
贷	利润分配——提取法定盈余公积		本年净利润额×0.1

12）编制资产负债表

（1）MZC1 编制资产负债表（制造业）

任务描述：财务经理编制资产负债表。

操作步骤：制造业财务经理点击"任务中心"，选择"MZC1 编制资产负债表"，按照教学资料提供的模板参照制定。

账务处理：资产负债表为总括企业在某一特定日期全部资产、负债、所有者权益情况的会计报表，是关于企业财务状况的记录。其有以下几个特点：

①静态报表，总括企业在某一特定日期的财务状况，特定日期可以为年末、半年末、季末、月末。

②内容反映企业的财务情况（资产、负债、所有者权益）。

③平衡公式：资产＝负债＋所有者权益。

资产负债表的格式有报告式和账户式，我国使用的是账户式，账户式为平衡式资产负债表，左右结构，T 型账户，左方（资产）＝右方（负债＋所有者权益）。本实训以年表的编制为例进行讲解。

报表项目分为资产类项目、负债类项目、所有者权益类项目。

资产类项目按流动性由强到弱排序，分为流动资产和非流动资产，非流动资产占的比重越大，企业变现能力就越差。

负债类项目按偿还期限由短到长分为流动负债、非流动负债。

所有者权益类项目按永久性程度由高到低分为实收资本（股本）、资本公积、盈余公积、未分配利润。

年报需要我们填列年初余额与年末余额。

年初余额的填列可以根据上年度资产负债表各项目的期末余额填列即可。而期末余额则需根据总账及有关明细账的期末余额填列，实际工作中可以根据科目余额表填列。这里需要注意的是，会计账户是按会计科目设置的，而资产负债表项目只有部分是按会计科目名称列示，那就意味着报表数据的填列部分可以直接填列，而有些则需要调整填列，如图 4.5 所示。

图 4.5　会计左右结构(T 型账户)

具体填列方法如下:

①根据总账期末余额直接填列。

a.资产类项目根据账户借方余额直接填列,如"其他权益工具投资""递延所得税资产"等。

b.负债类项目根据账户贷方余额直接填列,如"短期借款""应付票据"等。

c.所有者权益类项目根据账户贷方余额直接填列,如"实收资本(股本)""资本公积""盈余公积","未分配利润"年度报表按"利润分配"账户贷方余额填列等。

注:a—c 这些资产负债类的项目是用会计科目列示的项目,并且填列的时候只需要找到相对应的账户,查看余额直接抄报下来即可。

而有些资产负债类项目需根据几个账户的余额调整填列,例如:

"货币资金"项目="库存现金"账户期末余额+"银行存款"账户期末余额+"其他货币资金"账户期末余额

比如,某公司的"库存现金""银行存款""其他货币资金"期末余额见表 4.6。

表 4.6　期末余额

账户	科目余额	
	借方	贷方
库存现金	5 103.00	
银行存款	501 002.25	
其他货币资金	33 091.00	

则该公司年报的资产负债表"货币资金"项目金额

=5 103.00+501 002.25+33 091.00

=539 196.25

②根据明细账期末余额计算填列。

a."应收账款"与"预收款项"项目。

"应收账款"项目(根据净额填列)=两账户所属明细的借方余额合计-对应的"坏账准备"余额

"预收款项"项目=两账户所属明细的贷方余额合计

b."预付账款"和"应付账款"项目。

"预付账款"项目=两账户所属明细账的借方余额合计-相应"坏账准备"余额

"应付账款"项目=两账户所属明细账的贷方余额合计

c."开发支出"项目,应根据"研发支出"科目中所属的"资本化支出"明细科目期末余额计算填列。

③根据总账和明细账的期末余额分析计算填列。

以"长期借款"项目填列为例。

长期借款=期末长期借款总账余额−长期借款明细科目中于一年内清偿、收回后的金额

而一年内清偿、收回的金额填至流动负债项目中的"一年内到期的非流动负债"。

④根据净额(扣除备抵项目)填列。

备抵账户:各折旧、摊销、准备等账户。

投资性房地产=总账余额−投资性房地产累计折旧−投资性房地产减值准备

无形资产=总账余额−累计摊销−无形资产减值准备

长期股权投资=总账余额−长期股权投资减值准备

应收票据=总账余额−坏账准备

⑤综合填列。

以"存货"项目填列为例。

存货=材料采购+原材料+包装物+周转材料+生产成本+

自制半成品+库存商品+发出商品+委托加工物资+委托代销商品+

受托代销商品−受托代销商品款−存货跌价准备+材料成本差异等

⑥特殊项目的填报。

a."合同资产"项目。根据"合同资产"相关明细科目期末余额填报,但如果是同一合同下的合同资产和合同负债应以净额列示:净额为借方余额,根据流动性分别在"合同资产""其他非流动资产"中填列;净额为贷方余额,根据流动性分别在"合同负债""其他非流动负债"中填列。

固定资产=固定资产余额−累计折旧余额−固定资产减值准备余额+(−)固定资产清理

b."在建工程"项目。根据"在建工程"科目的期末余额,减去"在建工程减值准备"科目的期末余额后的金额,以及"工程物资"科目的期末余额,减去"工程物资减值准备"科目的期末余额后的金额填列。

在建工程=在建工程−在建工程减值准备+工程物资−工程物资减值准备

长期待摊费用=摊余的长期待摊费用 − 一年内摊销的金额

其中,一年内摊销的金额,列示在"一年内到期的非流动资产"。

(2)DZC1 编制资产负债表(经销商)(同 MZC1,参照制造业财务处理)

(3)TZC1 编制资产负债表(工贸企业)(同 MZC1,参照制造业财务处理)

13)编制利润表

(1)MLR1 编制利润表(制造业)

任务描述:财务经理编制利润表。

操作步骤：制造业财务经理点击"任务中心"，选择"MLR1 编制利润表"，按照教学资料提供的模板参照制定。

账务处理：利润表是反映企业在一定期间（月份、季度、半年度或年度）内利润（亏损）实际情况的报表。通过利润表提供的信息，可以考核企业的经营状态和获利能力，评价企业的经营业绩，分析企业利润增减变化的原因及未来一定时期的盈利趋势，从而采取措施，提高企业的盈利水平。利润表是动态报表，以"收入－费用＝利润"为编制依据。

我国的利润表采用的是多步式结构（按利润总额的构成因素和形成过程设计其结构）。

①编制内容。利润表需要计算营业收入、营业成本、营业利润、利润总额、净利润、每股收益等。

步骤如下：

a.计算营业收入和营业成本。

营业收入＝主营业务收入+其他业务收入

营业成本＝主营业务成本+其他业务成本

b.计算营业利润。

营业利润＝营业收入－营业成本－税金及附加－期间费用－资产减值损失－信用减值损失+
公允价值变动收益（－损失）+投资收益（－损失）+资产处置收益（－损失）

c.计算利润总额。

利润总额＝营业利润+营业外收入－营业外支出

d.计算净利润。

净利润＝利润总额－所得税费用

②利润表的编制方法。

a."本月数"。

各项目反映本月实际发生额减去根据损益类账户的本月实际发生额计算分析填列。

b."本年累计数"。

反映各项目自年初至本月止的累计实际发生金额，应根据本月数与上月累计数之和填列。

（2）DLR1 编制利润表（经销商）（同 MLR1，参照制造业财务处理）

（3）TMLR1 编制利润表（工贸企业）（同 MLR1，参照制造业财务处理）

14）0501 月末经营——第二阶段考核

任务描述：岗位专业知识的掌握考核。

操作步骤：经过第一阶段的学习后，各岗位点击任务操作界面，选择第二阶段考核，参加第二次岗位技能考核。测试题目为单项选择题和多项选择题，内容主要涉及管理学素养、岗位专业知识技能。测试成绩将计入该课程期末成绩，占总分的 10%。

4.5.3　0502 月末经营——招投标

在月末经营阶段，招投标公司的业务主要包括 BZB10 给招标客户发货（制造业）、BZB11

给招标客户办理出库（制造业）、BZB12 收到招标客户货款（制造业）、BZB13 结算招标服务费（招投标）和第二次阶段考核-招投标总经理（招投标）。

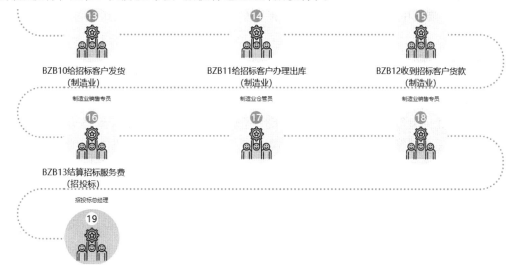

1) 0502 月末经营——BZB10 给招标客户发货（制造业）

任务描述：营销部销售专员填写发货单，交营销经理审核批准后通知经销商。

操作步骤：制造业销售专员点击"任务中心"，选择"BZB10 给招标客户发货"。制造业销售专员根据中标的订单内容填写发货单提交制造业营销经理审核。制造业营销经理审核发货单的信息与订单的信息是否一致，审核通过后签字或盖章并返还制造业销售专员。制造业销售专员将审核签字的发货单分发给经销商（为虚拟经销商，由招投标公司代为保管）。

2) 0502 月末经营——BZB11 给招标客户办理出库（制造业）

任务描述：仓储部为招标客户办理出库，并由销售专员申请开具发票后，进行相关账务处理。

操作步骤：制造业仓管员点击"任务中心"，选择"BZB11 给招标客户办理出库"。制造业仓管员根据发货单填写产品出库单（一式三联）交由制造业仓储经理审核。制造业仓储经理审核产品出库单信息的正确性，审核无误后在出库单上签字或盖章，并将产品出库单返还制造业仓管员。制造业仓管员在 VBSE 系统上根据出库单登记库存台账，留存归档，并将审核通过的销售出库单传递给制造业销售专员。制造业销售专员根据出库单和销售订单的信息在 VBSE 系统上找到该笔销售订单点击发货,将销售出库单第四联送交客户并填写开票申请交给制造业出纳。制造业出纳审核接收到的开票申请,审核无误后根据销售价格开具销售发票,将发票其中一联交由制造业销售专员转交客户,另外一联送往制造业财务会计处。

账务处理:销售商品确认收入。制造业出纳审核接收到的开票申请,审核无误后开具企业增值税发票,制造业财务会计根据审核无误的增值税发票填写记账凭证,将增值税发票的销货方记账联作为附件粘贴在记账凭证后,递交制造业财务经理审核,制造业财务经理审核无误后在记账凭证上签字盖章,交由制造业财务会计登记明细账,制造业财务会计将登记完成的明细账传递至制造业财务经理处审核,审核无误后,制造业财务经理根据明细账和记账凭证登记总账。具体分录如下:

借	应收账款——招标客户	增值税发票中价税合计数	
贷	主营业务收入		增值税发票中价款合计数
	应 交 税 费——应 交 增 值税——销项税额		增值税发票中税额合计数

注:增值税专票一式多联,包括购货方发票联、购货方抵扣联、销货方记账联等,购货方发票联和购货方抵扣联需要交给经销商。

3)0502 月末经营——BZB12 收到招标客户货款(制造业)

任务描述:制造业营销经理通知制造业出纳查看收款信息,制造业出纳根据收款的回单记账。

操作步骤:制造业销售专员点击"任务中心",选择"BZB12 收到招标客户货款"。制造业销售专员在 VBSE 系统上找到该笔销售业务点击"销售回款",并通知制造业出纳在系统查询银行存款。制造业出纳在系统上确认收款后,打印银行收款结算凭证(电子回单),并将电子回单转交制造业财务会计。

账务处理:按照流程先发货,购买方收到货再付款。制造业财务会计根据审核无误的银行回单编制记账凭证并将回单粘贴到记账凭证后交由制造业财务经理审核,制造业财务经理审核无误后签字盖章,将记账凭证返还制造业出纳登记银行日记账。制造业出纳再将签字或盖章的日记账传递给制造业财务会计登记科目明细账。制造业财务经理根据制造业财务会计送来的日记账登记总账。

具体分录如下:

借	银行存款——工行	银行回单显示金额	
贷	应收账款——招标客户		银行回单显示金额

注:在进行应收账款管理时,收到货款需要及时进行应收账款核销,及时进行账龄分析,判断货款收回来的可能性,是否存在坏账,是否计提坏账准备等。

4)0502 月末经营——BZB13 结算招标服务费(招投标)

任务描述:结算招标服务费。

操作步骤:招投标总经理点击"任务中心",选择"BZB13 结算招标服务费"。招投标总经理在确定双方交易达成后,在 VBSE 系统上找到该笔成交完成的业务结算招标代理费用。

4.5.4   0503 月末经营——国贸企业

在月末经营阶段,国贸公司的业务主要包括 ICG1 与制造业签订购销合同(国贸企业)、ICG2 与国贸企业签订购销合同(制造业)、ICG3 录入采购订单(国贸企业)、ICG4 确认国贸企业采购订单(制造业)、ICG5 销售发货给国贸(制造业)、ICG6 采购入库(国贸企业)、ICG7 向制造业支付货款(国贸企业)、ICG8 回收国贸企业货款(制造业)和第二次阶段考核。

1)0503 月末经营——ICG1 与制造业签订购销合同(国贸企业)

任务描述:国贸企业与制造业签订购销合同。

操作步骤：国贸内陆业务经理点击"任务中心"，选择"ICG1 与制造业签订购销合同"。国贸内陆业务经理在与制造业商务洽谈后，根据洽谈的内容在 VBSE 系统上填写购销合同（一式两份）和合同会签单（线上线下），并将合同和会签单递交工贸总经理审核。工贸总经理审核合同的期限、付款方式和付款信息是否符合公司要求，审核通过后在合同会签单上签字，在购销合同上盖章。工贸总经理还要及时更新合同管理表——购销合同，并将制造业盖章后的一份购销合同与合同会签单存档，及时更新购销合同执行情况表。

2）0503 月末经营——ICG2 与国贸企业签订购销合同（制造业）

任务描述：营销部为开展商业活动，保护公司利益，与国贸企业签订购销合同。

操作步骤：制造业销售专员点击"任务中心"，选择"ICG2 与国贸企业签订购销合同"。制造业销售专员在与国贸企业商务洽谈后，根据洽谈的内容在 VBSE 系统上填写购销合同（一式两份）和合同会签单（线上线下），并将合同和会签单递交制造业营销经理审核。制造业营销经理审核合同的期限、付款方式和付款信息是否符合公司要求，审核通过后在合同会签单上签字，签字后将合同会签单返还制造业销售专员。制造业销售专员将签字后的合同会签单和购销合同递交制造业财务经理审核。制造业财务经理审核购销合同填写的正确性和准确性，审核通过后在合同会签单上签字返还制造业销售专员。制造业销售专员将制造业财务经理签字确认的合同会签单交由制造业总经理审核，制造业总经理审核无误后签字确认。制造业销售专员将签字通过的合同会签单和购销合同提交制造业行政助理处。制造业行政助理审核合同会签单上是否签字，审核后在购销合同上加盖公司合同章，将盖章完成的合同返还制造业销售专员。制造业销售专员将盖章后的购销合同的其中一份送还对方企业。

3）0503 月末经营——ICG3 录入采购订单（国贸企业）

任务描述：国贸企业录入与制造业的采购订单。

操作步骤：国贸内陆业务经理点击"任务中心"，选择"ICG3 录入采购订单"。国贸内陆业务经理根据与制造业签订好的购销合同，将采购订单信息录入 VBSE 系统，通知供货方确认订单。

4）0503 月末经营——ICG4 确认国贸企业采购订单（制造业）

任务描述：确认国贸企业的采购订单。

操作步骤：制造业采购员点击"任务中心"，选择"ICG4 确认国贸企业采购订单"。制造业采购员在系统中确认国贸企业采购订单，根据系统采购订单信息填写销售订单。

5）0503 月末经营——ICG5 销售发货给国贸（制造业）

任务描述：制造业销售发货给国际贸易企业。

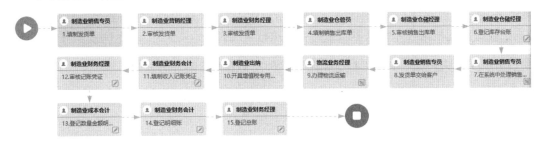

操作步骤：制造业销售专员点击"任务中心"，选择"ICG5 销售发货给国贸"。制造业销售专员根据销售发货计划填制发货单，报部门经理和财务经理审核。制造业营销经理审核发货单，确认客户名称、产品名称、型号等重要项目的填写是否正确规范。审核无误后，制造业营销经理在发货单签字，将审核完的发货单交还制造业销售专员，制造业销售专员留存发货单第一联，将第二联送仓储部，第三联送财务部。制造业财务经理审核发货单并签字，根据发货单填制销售出库单，请制造业销售专员签字，提交至部门经理审批。制造业仓储经理审核销售出库单，办理出库手续，并根据出库单填写库存台账，登记完交给制造业仓管员留存备案。制造业仓储经理在 VBSE 系统中选择发货订单并发货。制造业销售专员根据发货单进行销售发运，并将发货单第四联送交给连锁客户。物流业务经理在 VBSE 系统中办理物流运输，制造业出纳从销售专员处获取卖给该客户的销售价格，根据销售出库单，结合销售价格，开具增值税专用发票。

账务处理：制造业财务会计根据开具的发票填制记账凭证，将记账凭证交给制造业财务经理审核。制造业财务经理接收制造业财务会计交给的记账凭证进行审核，审核后交制造业财务会计登记科目明细账。制造业成本会计根据出库单填写存货明细账，只填写数量，月末计算成本。制造业财务会计接收制造业财务经理交给的记账凭证，核对制造业财务经理是否已审核，根据审核后的记账凭证登记科目明细账。制造业财务经理接收制造业财务会计交给的记账凭证，根据记账凭证登记科目总账。具体分录如下：

借	应收账款——具体国贸企业	增值税发票中价税合计数	
贷	主营业务收入		增值税发票中价款合计数
	应交税费——应交增值税——销项税额		增值税发票中税额合计数

注：增值税专用发票一式多联，包括购货方记账联、购货方抵扣联、销货方记账联等。

6)0503 月末经营——ICG6 采购入库(国贸企业)

任务描述：国贸企业接到制造业的货物,办理采购入库。

操作步骤：国贸内陆业务经理点击"任务中心",选择"ICG6 采购入库"。国贸内陆业务经理依照确认的采购订单填写采购入库单,国贸总经理审核采购入库单,审核无误后签字或盖章后将入库单返还国贸内陆业务经理。国贸内陆业务经理依据采购订单、采购入库单在VBSE 系统中办理货物入库。国贸总经理依据采购入库单(存根联)信息登记库存台账。国贸内陆业务经理根据入库信息更新采购合同执行情况表。

7)0503 月末经营——ICG7 向制造业支付货款(国贸企业)

任务描述：国贸内陆业务经理接到制造业的销售增值税专用发票,依据增值税发票信息提交付款申请并付款。

操作步骤：国贸内陆业务经理点击"任务中心",选择"ICG7 向制造业支付货款"。国贸内陆业务经理收到制造业开具的增值税专用发票,在 VBSE 系统中录入付款申请表,将发票和付款申请表提交给国贸总经理审核。国贸总经理收到国贸内陆业务经理提交的发票和付款申请表,审核付款申请表与发票信息是否一致,付款要求是否合理,确认合理后在 VBSE系统办理网银付款业务。

8)0503 月末经营——ICG8 回收国贸企业货款(制造业)

任务描述：制造业出纳去银行取回国贸企业货款的电汇凭单,并交由财务部,财务部依据公司流程进行账务处理。

操作步骤：制造业出纳点击"任务中心",选择"ICG8 回收国贸企业货款"。制造业出纳到银行取回电子银行转账回单,将回单交给财务会计。

账务处理：本业务为销售发货给国贸企业后,国贸企业付款后的回款业务。制造业财务会计收到电子银行转账回单,据此编制记账凭证并将银行电子转账回单粘贴在记账凭证后面,交由制造业财务经理。制造业财务经理审核记账凭证及附件信息的正确性和准确性,审核无误后在记账凭证上签字或盖章返还制造业出纳。制造业出纳依据签字后的记账凭证登记银行存款日记账,登账结束后将记账凭证提交制造业财务会计和制造业财务经理。制造业财务会计审核记账凭证上财务经理是否签字,审核后依据记账凭证登记科目明细账。制造业财务经理审核记账凭证后依据记账凭证登记总账。具体分录如下:

借	银行存款——工行	电子银行转账回单金额	
贷	应收账款——具体国贸企业		对方取数

注:在进行应收账款管理时,收到货款需要及时进行应收账款核销,及时进行账龄分析,判断货款收回来的可能性,是否存在坏账,是否计提坏账准备等。

9)0503 月末经营——第二次阶段考核

任务描述:岗位专业知识的掌握考核。

操作步骤:经过第一阶段的学习后,各岗位点击任务操作界面,选择第二阶段考核,参加第二次岗位技能考核。测试题目为单项选择题和多项选择题,内容主要涉及管理学素养、岗位专业知识技能。测试成绩将计入该课程期末成绩,占总分的10%。

4.5.5　月末经营——连锁企业

在月末经营阶段,连锁企业的业务主要包括与制造业签订购销合同(连锁企业)、与连锁企业签订购销合同(制造业)、录入采购订单(连锁企业)、确认连锁企业采购订单(制造业)、销售发货给连锁(制造业)、采购入库(连锁企业)、向制造业支付货款(连锁企业)、回收连锁企业货款(制造业)和第二次阶段考核。

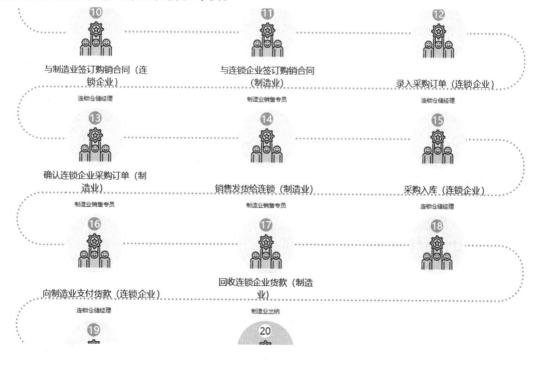

1)与制造业签订购销合同(连锁企业)

任务描述:连锁仓储经理与制造业签订购销合同。

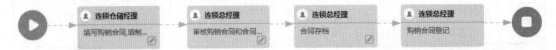

操作步骤:连锁仓储经理点击"任务中心",选择"与制造业签订购销合同"。连锁仓储经理根据与制造业销售专员的洽谈结果,填写购销合同、合同会签单,并将购销合同和合同会签单送交连锁总经理审核。连锁总经理审核购销合同的条款、期限、付款信息等是否符合公司要求,符合要求的在合同会签单上签字,审核通过后在购销合同上盖章。连锁总经理更新合同管理表,将盖章的合同交给制造业销售专员,连锁总经理将合同会签单与一份制造业盖章的购销合同一起进行归档,更新购销合同执行情况表。

2)与连锁企业签订购销合同(制造业)

任务描述:营销部为开展商业活动,保护公司利益,与连锁企业签订购销合同。

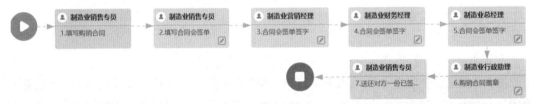

操作步骤:制造业销售专员点击"任务中心",选择"与连锁企业签订购销合同"。制造业销售专员在与国贸企业商务洽谈后,根据洽谈的内容在 VBSE 系统上填写购销合同(一式两份)和合同会签单(线上线下),并将合同和会签单递交制造业营销经理审核。制造业总经理审核合同的期限、付款方式和付款信息是否符合公司要求,审核通过后在合同会签单上签字,签字后将合同会签单返还制造业销售专员。制造业销售专员将签字后的合同会签单和购销合同递交制造业财务经理审核。制造业财务经理审核购销合同填写的正确性和准确性,审核通过后在合同会签上签字返还制造业销售专员。制造业销售专员将签字通过的合同会签单和购销合同提交制造业行政助理。制造业行政助理审核合同会签单上是否签字,审核后在购销合同上加盖公司合同章,将盖章完成的合同返还制造业销售专员。制造业销售专员将盖章后的购销合同的其中一份送还对方企业。

3)录入采购订单(连锁企业)

任务描述:连锁仓储经理录入采购订单。

操作步骤:连锁仓储经理点击"任务中心",选择"录入采购订单"。连锁仓储经理根据连锁企业与制造业签订好的购销合同,将采购订单信息录入 VBSE 系统,通知供货方确认订单。

4)确认连锁企业采购订单(制造业)

任务描述:制造业销售专员在系统中确认连锁企业采购订单。

操作步骤:制造业销售专员点击"任务中心",选择"确认连锁企业采购订单"。制造业销售专员在系统中确认连锁企业采购订单,根据系统采购订单信息填写销售订单。

5)销售发货给连锁(制造业)

任务描述:制造业销售专员发货给连锁公司。

操作步骤:制造业销售专员点击"任务中心",选择"销售发货给连锁"。制造业销售专员根据销售发货计划填制发货单,报部门经理和财务经理审核。制造业营销经理审核发货单,确认客户名称、产品名称、型号等重要项的填写,审核无误后在发货单上签字,将审核完的发货单交还制造业销售专员。制造业销售专员留存发货单第一联,将第二联送仓储部,第三联送财务部。制造业财务经理审核发货单并签字,根据发货单填制销售出库单,请销售专员签字,提交至部门经理审批。制造业仓储经理审核销售出库单,办理出库手续。制造业仓储经理根据出库单填写库存台账,登记完后交给制造业仓管员留存备案。制造业仓储经理在 VBSE 系统中选择发货订单并发货。制造业销售专员根据发货单进行销售发运,并将发货单第四联送交给连锁客户。物流业务经理在 VBSE 系统中办理物流运输。制造业出纳从制造业销售专员处获取卖给该客户的销售价格,根据出售出库单,结合销售价格,开具增值税专用发票。

账务处理:销售商品确认收入。制造业出纳审核接收到的开票申请,审核无误后开具企业增值税发票。制造业财务会计根据审核无误的增值税发票填写记账凭证,将增值税发票的销货方记账联作为附件粘贴在记账凭证后,递交制造业财务经理审核。制造业财务经理审核无误后在记账凭证上签字盖章,交由制造业财务会计登记明细账。制造业财务会计将登记完成的明细账传递至制造业财务经理处审核,审核无误后,制造业财务经理根据明细账和记账凭证登记总账。具体分录如下:

借	应收账款——具体连锁企业	增值税发票中价税合计数	
贷	主营业务收入		增值税发票中价款合计数
	应交税费——应交增值税——销项税额		增值税发票中税额合计数

注:增值税专票一式多联,包括购货方记账联、购货方抵扣联、销货方记账联等。

6)采购入库(连锁企业)

任务描述:采购入库。

操作步骤:连锁仓储经理点击"任务中心",选择"采购入库"。连锁仓储经理依照确认的采购订单填写采购入库单,连锁总经理审核采购入库单,依据采购订单、采购入库单在VBSE系统中办理货物入库,依据采购入库单(存根联)信息登记库存台账,根据入库信息更新采购合同执行情况表。

7)向制造业支付货款(连锁企业)

任务描述:连锁仓储经理接到制造业的销售增值税专用发票,依据增值税发票信息提交付款申请并付款。

操作步骤:连锁仓储经理点击"任务中心",选择"向制造业支付货款"。连锁仓储经理收到制造业开具的增值税专用发票,在系统中录入付款申请表,将发票和付款申请表提交给连锁总经理审核。连锁总经理收到连锁仓储经理提交的发票和付款申请表,审核付款申请表与发票信息是否一致,付款要求是否合理,确认合理后在系统上办理网银转账业务。

8)回收连锁企业货款(制造业)

任务描述:制造业出纳去银行取回连锁企业货款的电汇凭单,并交由财务部依据公司流程进行账务处理。

操作步骤:制造业出纳点击"任务中心",选择"回收连锁企业货款"。制造业出纳到银

行取回电子银行转账回单,将回单交给财务会计。

账务处理:制造业财务会计根据收到的电子银行转账回单编制记账凭证,并将银行电子转账回单粘贴在记账凭证后面,交由制造业财务经理审核。制造业财务经理审核记账凭证及附件信息的正确性和准确性,审核无误后在记账凭证上签字或盖章,并返还制造业出纳。制造业出纳依据签字后的记账凭证登记银行存款日记账,登账结束后将记账凭证提交制造业财务会计和制造业财务经理。制造业财务会计审核记账凭证上制造业财务经理是否签字,审核后依据记账凭证登记科目明细账。制造业财务经理审核记账凭证后依据记账凭证登记总账。具体分录如下:

借	银行存款——工行	电子银行转账回单金额	
贷	应收账款——具体连锁企业		对方取数

注:在进行应收账款管理时,收到货款需要及时进行应收账款核销,及时进行账龄分析,判断货款收回来的可能性,是否存在坏账,是否计提坏账准备等。

9)第二次阶段考核

任务描述:第二次阶段考核——连锁总经理、店长、仓储经理。

操作步骤:连锁总经理、店长、仓储经理点击"任务中心",选择"第二次阶段考核",在系统中完成第二阶段考核。

4.5.6 0505 月末经营——会计师事务所

1)审核结束前的工作(会计师事务所)

任务描述:审计实质性测试工作结束后,会计师事务所项目经理应制订业务完成阶段的审计计划;汇总已更正错报以及列报和披露;评价识别出的错报;编制试算平衡表;与治理层进行沟通;最后评价审计结果,形成审计意见。

操作步骤:会计师事务所项目经理点击"任务中心",选择"审核结束前的工作"。项目经理确定业务完成阶段的主要工作及每项工作的具体执行人,编制"业务完成阶段审计工作"工作底稿。审计助理编制"错报累计和评价表"工作底稿,将审计过程的所有工作底稿中已更正的错报进行汇总,编制"已更正错报汇总表"工作底稿,将已更正的列报和披露进行汇总,编制"已更正的列报和披露错报汇总表"工作底稿。审计师将识别出的影响本期财务报表的未更正错报进行汇总,编制"未更正错报汇总表"工作底稿,将未更正的列报和披露进行汇总,编制"未更正的列报和披露错报汇总表"工作底稿。审计师评价识别出的错报对审计的影响,编制"评价识别出的错报"工作底稿。审计师编制"资产负债表测算平衡表"工作底稿,编制"利润表试算平衡表"工作底稿。项目经理就审计中发现的与董事会监督财务报告过程责任相关的重大事项与制造业总经理进行面谈,编制"与治理层的沟通函"工作底稿,制造业总经理在"与治理层的沟通函"中签署意见。项目经理认知审计意见类型的种类,初步确定拟出具的审计报告意见。审计助理向制造业总经理提交"未分组错报汇总表""未更正的列报和披露错报汇总表"以及"管理层声明书",制造企业审核后盖章,项目经理接收盖章后的管理层声明书。项目经理复核"错报累计和评价表""已更正错报汇总表""已更正的列报和披露错报汇总表""未更正错报汇总表""未更正的列报和披露错报汇总表""资产负债表试算平衡表""利润表试算平衡表",在复核人处签字。

2)出具审计报告(会计师事务所)

任务描述: 审计外勤工作结束后,会计师事务所项目经理召开项目总结会议,讨论审计中发现的重大问题,最后形成审计结论;逐级对审计工作底稿进行复核;出具审计报告并逐级复核签发,最后将审计报告送达制造企业。

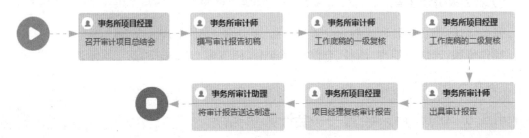

操作步骤: 会计师事务所项目经理点击"任务中心",选择"出具审计报告"。项目经理确定会议召开的时间和地点以及参加的人员,确定会议的主要议题。审计师确定审计意见类型,编写审计报告。审计师接收全部审计工作底稿并复核,在"业务复核核对表"中记录,在项目经理复核签字处签字并签署复核日期,将工作底稿及"业务复核核对表"提交项目经理复核。项目经理接收全部审计工作底稿并复核,在"业务复核核对表"的项目经理复核签字处签字并签署复核日期,将工作底稿及"业务复核核对表"提交项目质量控制部复核。审计师根据复核意见修改审计报告措辞,出具审计报告,填写"审计报告复核签发单"中审计报告以及主送和报送单位信息,将审计报告及审计报告复核签发单提交项目经理进行审核。项目经理接收并审核审计报告,在"审计报告复核签发单"的项目负责人意见处签署"同意"并签字。审计助理填写"业务报告客户签收单"相关信息,并在会计师事务所经办人处签字,将经过复核同意签发的审计报告送达制造企业,请制造企业人员接收审计报告并在"业务报告客户签收单"上签字。

3)审计工作底稿整理归档(会计师事务所)

任务描述: 审计工作完成后,将所有审计工作底稿进行归类、编号、整理,装订后移交档案室进行保管。

操作步骤: 会计师事务所审计助理点击"任务中心",选择"审计工作底稿整理归档"。审计助理复核被审单位相关信息,按照审计工作底稿目录对工作底稿进行分类和编号,对工

作底稿进行归纳整理。审计助理将相对应的工作底稿页码填写在"审计工作底稿目录"中。审计师将编制好的审计工作底稿目录以及分类编号的工作底稿一并装订成册,将装订好的审计档案归入档案室进行保管。

4)办理审计收费(会计师事务所)

任务描述:会计师事务所在完成审计工作后,按照审计业务约定书的约定,向制造企业开具发票、收取审计费用并办理存入银行的相关手续。

操作步骤:会计师事务所项目经理点击"任务中心",选择"办理审计收费"。项目经理开具增值税专用发票,安排审计助理将增值税专用发票送至制造企业财务部。审计助理将服务业发票送至制造企业财务部的财务会计。

5)连锁企业代理记账收费(会计师事务所)

任务描述:为连锁企业开具增值税专用发票,交至连锁企业,连锁企业根据收到的增值税专用发票,向会计师事务所支付代理记账费用款项。

操作步骤:会计师事务所项目经理点击"任务中心",选择"连锁企业代理记账收费"。项目经理开具增值税专用发票,安排审计助理将增值税专用发票送至连锁企业。连锁企业收到会计师事务所的增值税专用发票,随即在 VBSE 系统中办理网银转账,到银行打印业务回单。

6)物流企业代理记账收费(会计师事务所)

任务描述:为物流企业开具增值税专用发票,交至物流企业,物流企业根据收到的增值税专用发票,向会计师事务所支付代理记账费用款项。

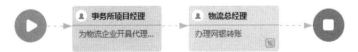

操作步骤:会计师事务所项目经理点击"任务中心",选择"物流企业代理记账收费"。项目经理开具增值税专用发票,安排审计助理将增值税专用发票送至物流企业财务部。物流企业总经理收到会计师事务所的增值税专用发票,同时在 VBSE 系统中办理网银转账,到银行打印业务回单。

7）物流企业月末账务处理（会计师事务所）

任务描述：会计师事务所审计助理根据物流企业移交的资料、原始凭证编制记账凭证并根据记账凭证登记总分类账。

操作步骤：会计师事务所审计助理点击"任务中心"，选择"物流企业月末账务处理"。审计助理根据连锁企业发生经济业务的原始凭证，填写记账凭证。审计师依据记账凭证登记总分类账。

8）连锁企业月末账务处理（会计师事务所）

任务描述：会计师事务所审计师根据连锁企业移交的资料、原始凭证编制记账凭证并根据记账凭证登记总分类账。

操作步骤：会计师事务所审计助理点击"任务中心"，选择"连锁企业月末账目处理"。审计助理根据连锁企业发生经济业务的原始凭证填写记账凭证。审计师依据记账凭证登记总分类账。

9）为物流企业编制财务报表（会计师事务所）

任务描述：根据总分类账数据，会计师事务所审计助理编制利润表和资产负债表。

操作步骤：会计师事务所审计助理点击"任务中心"，选择"为物流企业编制财务报表"。审计助理根据损益账户明细账本期发生额编制利润表，根据资产、负债、所有者权益类账户的期末余额直接或计算、分析填列资产负债表。

10）为连锁企业编制财务报表（会计师事务所）

任务描述：根据总分类账数据，会计师事务所审计师编制利润表和资产负债表。

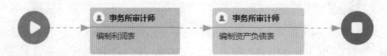

操作步骤：会计师事务所审计师点击"任务中心"，选择"为连锁企业编制财务报表"。审计师根据损益账户明细账本期发生额编制利润表，根据资产、负债、所有者权益类账户的期末余额直接或计算、分析填列资产负债表。

11）收到审计费用发票并支付（制造业）

任务描述：制造企业按照货币资金内部控制的要求，办理付款申请、付款审批、支付复核、办理支付、登记账簿等业务

操作步骤：制造业财务会计点击"任务中心"，选择"收到审计费用发票并支付"。根据收到的审计费用发票填写支出凭单，将填写的支出凭单提交制造业财务经理审核并签字。制造业财务经理审核支出凭单填写准确性，审核支出凭单附件的合法性和真实性，审核资金使用的合理性，审核无误签字后交制造业财务会计去制造业出纳处办理付款手续。制造业出纳审核支出凭单的完整性和真实性，根据审核后的支出凭单在 VBSE 系统中办理转账，到银行打印业务回单，并将回单传递给制造业财务会计。

账务处理：本业务是针对会计师事务所审计工作审计费用的支付业务。制造业财务会计根据转账业务回单编制记账凭证，将记账凭证送制造业财务经理审核。制造业财务经理接收制造业财务会计交来的记账凭证，审核记账凭证填写的准确性，审核无误签字后交制造业出纳登记银行日记账。制造业出纳依据审核的记账凭证登记银行存款日记账，登记后将记账凭证返还制造业财务会计。制造业财务会计根据审核后的记账凭证登记科目明细账，记账后在记账凭证上签字或盖章。制造业财务经理根据审核后的记账凭证登记总账，记账后在记账凭证上签字或盖章。具体分录如下：

借	管理费用——审计费	增值税专用发票中的价款	
	应交税费——应交增值税——进项税额	增值税专用发票中的税款	
贷	银行存款——工行		银行业务回单金额

12）**任务描述**：第二次阶段考核——项目经理、审计师、审计助理（会计师事务所）

操作步骤：项目经理、审计师、审计助理点击"任务中心"，选择"第二次阶段考核"。项目经理、审计师、审计助理根据系统提供的业务能力考核的相关内容进行回答，此项考核计入实训总分。

4.6 自主经营

自主经营任务包含固定经营任务，相同主题的业务流程起点与过程一致，自主经营的任

务起点不受月份、日期限制。进入自主经营阶段,所有的任务由参训学生根据业务发展需要及业务进度发生的先后顺序自行发起。在 VBSE 系统上任务中心较固定经营阶段发生了变化,即发起任务的系统会由固定经营阶段 0 条任务增加到有一定量的任务数。发起任务是指某岗位某员工具有发起某项任务的权利,如需要做该项任务,需要从端口选择该任务点击发起,并且每一条任务可根据业务发展的需要,重复发起 N 次。

在进入自主经营阶段前需做好一系列的前期准备工作,如总经理指导教师需做好虚拟环境设置、业务发生逻辑梳理、总经理战略制定的指导和系统的切换。业务指导教师需要做好自主经营阶段 VBSE 系统操作培训和业务发生逻辑梳理,因业务指导教师的业务发生逻辑梳理业务与总经理模块的内容相似,因此只在总经理模块展开阐述,业务模块的内容省略。财务教师需做好重置财务账套和财务工作的数据梳理。

4.6.1　自主经营阶段的准备工作

1)虚拟环境设置

在切换到自主经营阶段前,主讲教师(一般为总经理模块指导教师)在 VBSE 系统上设置虚拟商业环境,为总经理战略计划的制订提供市场数据参考,也在一定程度上提升学生市场分析和应对市场环境变化的能力。具体操作如下:主讲教师点击 VBSE 左侧菜单栏中"课程设置"栏下的"虚拟环境设置"。虚拟环境的设置包括原材料价格设置和五大市场(东、西、南、北、中市场)订单的设置。原材料价格和市场订单设置一般要根据进入实训学生专业特征和主讲教师对学生市场应对能力提升的要求进行设置,没有固定的模板。一般情况下,原材料价格和市场订单数据的设置需要有一定的市场波动和呈现一定的规律,可为参训学生尤其是总经理做战略部署提供一定参考。

在数据设置上的整体思路为:①为提高学生研发新产品的热情和积极性,逐步提升经济型童车的原材料价格,降低经济型童车的单价和减少需求量;逐步降低舒适型和豪华型童车的原材料价格,提高经济型童车的单价和增加需求量。②五大市场的数据设置尽量有产品偏好。如南部市场主打舒适型童车,设置时该市场舒适型童车的价格和需求量都应设置有明显优势。但本次实训为了让参训学生更好地体验商业洽谈的专业知识和技能提升,中部市场订单的设置尽量少些,以另外四个市场的订单为主。③所有数据设置要随着时间的变动有一定变动,并且变动有一定的规律可循。

2)业务流程逻辑梳理

自主经营一旦开始,所有的任务都需参训学生自行发起,但学生在发起任务前需掌握跨专业企业运营管理综合实训的运营业务流程的内在逻辑。业务流程掌握的前提是需要厘清市场运行的机制、各组织业态下不同岗位之间的业务流程关系。

(1)厘清市场运行的机制

跨专业企业运营管理综合实训是模拟真实的商务环境下的市场运行全过程,其运行机制也需参训学生在实训中领悟。首先,要树立买方市场,生产的前提是把握和迎合市场需求的基本理念。因此,参训学生尤其是各企业的总经理在开展自主经营前务必要根据虚拟环境设置中的数据和大量的前期商务洽谈做出市场需求的预测。然后,结合企业自身的资源制订战略计划,如选择目标市场、战略合作伙伴、生产线的建设、原材料的采购等内部的业务。

(2)各组织业态下不同岗位之间的业务流程关系

清晰的组织构架和明确的岗位分工协作是组织运转的重要前提。在买方市场的运行规则下,组织的业务流程必然从获取市场信息开始。

制造业企业部门间业务流程如图4.6所示。①由制造业总经理根据市场预测和战略合作的需求做出市场预测,然后根据企业的资源制订战略计划。②营销部的市场和销售应根据战略计划进行市场开拓和订单的签订。③生产部门根据订单和市场预测并结合自身的生产条件进行生产线的配置和主生产计划的制订。④采购部根据主生产计划和库存情况制订物料需求计划,进行原材料的采购。⑤生产部的仓储和车间管理员根据生产计划进行派工领料生产车架和整车,并将生产完成的整车安排出库。⑥销售部通知买方办理物流和收货。⑦财务部收货款后进行财务处理。

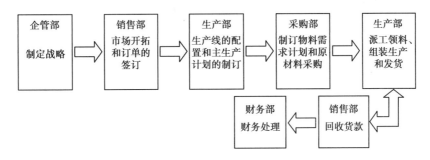

图4.6 制造业部门间业务流程图

经销商企业部门间的业务流程步骤:①由各企业的总经理根据市场预测和战略合作的需求做出市场预测,然后根据企业的资源制订战略计划。②营销部的营销经理根据战略计划进行市场开拓,投广告费和竞单确定市场需求。③采购部的采购经理根据市场需求和市场预测与制造业签订购销合同。④仓储部的仓储经理进行采购商品的入库和销售商品的出库。⑤销售部通知买方办理物流和收货。⑥财务部收货款后进行财务处理。

工贸企业部门间的业务流程步骤:①由工贸企业的总经理根据市场预测和战略合作的需求做出市场预测,然后根据企业的资源制订战略计划。②销售部的业务经理根据市场需求和市场预测与制造业签订购销合同。③仓储部的仓储经理进行采购商品的入库和销售商品的出库。④销售部的业务员通知买方办理物流和收货。⑤财务部收货款后进行财务处理。

(3)VBSE系统的切换

进入自主经营阶段,指导教师设置好虚拟环境以后,点击网页右上方,修改虚拟日期为2021年1月5日。选择左侧工具栏中"教学导航",点击"培训与经营",选择"自主经营"。再选择"课程设置",点击"数据还原"。

在U8系统切换过程中,全部学生完成固定经营阶段任务后,退出系统账号,关闭系统。由实验实训中心指导教师操作重启系统,设置数据还原,学生再登录系统开展财务工作,整个时间需要20分钟。

注：①在选择自主经营过程中，一般情况不选择开始信息化，避免学生在操作过程中反复修改产生大量信息统计工作。②在切换系统过程中，全体学生需要退出账号，避免切换过程数据出错。

4.6.2 制造业自主经营业务

1)制造业销售业务

(1)制造业分销业务

制造业分销业务工作包括经营准备阶段、月初经营阶段和月末经营阶段，分别开展如下工作内容，如图4.7所示。

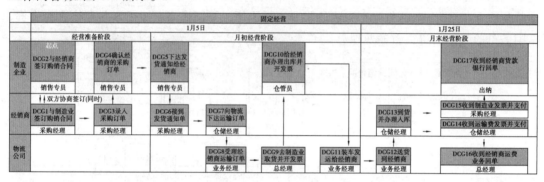

图4.7 自主经营阶段制造业销售(分销)主题

①经营准备阶段。

任务描述：DCG1 与制造业签订购销合同、DCG2 与经销商签订购销合同、DCG3 录入采购订单和 DCG4 确认经销商的采购订单。

②月初经营阶段。

任务描述：DCG5 下达发货通知给经销商、DCG6 接到发货通知单、DCG7 向物流下达运输订单、DCG8 受理经销商运输订单、DCG9 去制造业取货并开发票、DCG10 给经销商办理出库并开发票和 DCG11 装车发运给经销商。

③月末经营阶段。

任务描述：DCG12 送货到经销商、DCG13 到货并办理入库、DCG14 收到运输费发票并支付、DCG15 收到制造业发票并支付、DCG16 收到经销商运费业务回单和 DCG17 收到经销商货款银行回单。

(2)制造业直销业务

任务描述：制造业市场专员开展 MJD1 申请和办理市场开拓、MJD2 收到市场开拓费发票、MJD3 支付市场开拓费、MJD4 申请和办理广告投放、MJD5 收到广告费发票、MJD6 支付广告投放费用、MJD7 查看虚拟销售订单、MJD8 组织竞单、MJD9 查看竞单结果、MJD10 给虚拟经销商发货、MJD11 给虚拟经销商办理出库并开发票和 MJD12 收到虚拟经销商货款，如图4.8所示。

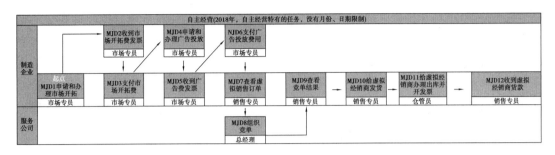

图 4.8 自主经营阶段制造业销售(直销)主题

①MJD1 申请和办理市场开拓。

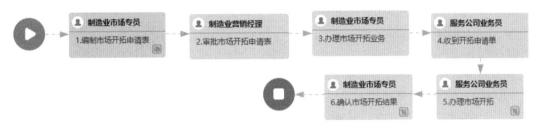

任务描述:市场部为本企业开拓市场,投放资金,办理相关审批手续。

操作步骤:制造业市场专员点击"任务中心",选择"MJD1 申请和办理市场开拓"。制造业市场专员根据公司战略和市场预测选定目标市场及广告费的投放金额,编制市场开拓申请表,提交制造业营销经理审核。制造业营销经理接收并审核申请表的合理性,审核无误后签字或盖章并返还制造业市场专员。制造业市场专员携带已审核通过的市场开拓申请表到服务公司办理市场开拓业务。服务公司业务人员接收到制造业的市场开拓申请审核,并确认市场开拓的地点,在 VBSE 上完成市场开拓的操作步骤,并告知业务办理成功后在服务公司总经理处领取增值税专用发票。制造业市场专员在服务公司业务员办理成功后,在服务公司的业务系统上确认市场开拓的结果。

②MJD2 收到市场开拓费发票。

任务描述:制造业市场专员收到服务公司关于市场开拓的发票,核对后交本企业相关部门审核,并按照公司的财务付款流程,依次办理财务手续。

操作步骤:制造业市场专员点击"任务中心",选择"MJD2 收到市场开拓费发票"。制造业市场专员到服务公司领取市场开拓发票,服务公司业务员根据市场开拓申请单上的金额和制造业提供的公司信息开具增值税专用发票,将发票的发票联和抵扣联交给制造业市场专员,并将发票的记账联备案留档。制造业市场专员收到发票后将发票的信息(发票号、开票单位、金额等)登记在发票登记表上,确认信息无误后将发票提交制造业营销经理审核。制造业营销经理审核收到的增值税专用发票信息的正确性,审核无误后返还制造业市场专员,并由制造业市场专员交制造业财务会计记账。

账务处理:市场开拓费先确认后付款。制造业财务会计收到制造业营销经理提交的市场开拓费用专用发票,根据市场开拓费用专用发票填制记账凭证。制造业财务经理审核制造业财务会计编制的记账凭证,并对照相关附件检查是否正确,审核无误后,在记账凭证上签字或盖章。制造业财务会计根据记账凭证登记科目明细账,记账后在记账凭证上签字或盖章。制造业财务经理根据记账凭证登记总账,记账后在记账凭证上签字或盖章。具体分录如下:

借	管理费用——市场开拓费	增值税专用发票中价款金额	
	应交税费——应交增值税——进项税额	增值税专用发票中税款金额	
贷	应付账款——服务公司		增值税专用发票中价税合计数

③MJD3 支付市场开拓费。

任务描述:制造业市场专员根据收到服务公司关于市场开拓的发票,核对后交本企业相关部门审核,并按照公司的财务付款流程,依次办理财务手续,最终支付市场开拓的费用。

操作步骤:制造业市场专员点击"任务中心",选择"MJD3 支付市场开拓费"。制造业市场专员根据市场开拓发票填写付款申请单,将发票粘贴在付款单后面交由制造业营销经理审核。制造业营销经理收到付款申请表,查看审核付款申请单和发票金额是否一致,确认后在付款申请单上签字,将付款申请单返还制造业市场专员,由其送交制造业财务经理审核。制造业财务经理审核收到的付款申请单,审核付款申请单是否签字,确认后在付款申请单上签字并交给制造业出纳。制造业出纳依据付款申请单的信息填写转账支票,填写完后交由制造业财务经理审核转账支票填写是否正确。制造业财务经理确认无误后签字,并将转账支票交还给制造业出纳。制造业出纳填写支票领用登记簿,制造业市场专员在支票登记簿上签收,并将支票正联交给制造业财务经理审核。制造业财务经理审核无误后签字或盖章,并将支票正联返还制造业市场专员。制造业市场专员将支票送往服务公司。服务公司业务专员向办理市场开拓的企业催收市场开拓费用,拿到办理市场开拓的企业办理市场开拓费用的转账支票,根据转账支票填写进账单,携带转账支票与进账单到银行进行转账。银行柜员收到企业提交的进账单与支票,根据进账单信息办理转账业务,根据办理的转账业务打印银行业务回单,将银行业务回单交给企业办事员。

账务处理:支付市场开拓费。制造业财务会计根据付款申请表、支票金额及银行回单编制记账凭证。制造业财务经理审核制造业财务会计提交的记账凭证,审核后在记账凭证上签字或盖章,将记账凭证交给制造业出纳,作为记账依据。制造业出纳根据记账凭证登记银行存款日记账,在记账凭证上签字或盖章,将记账凭证交给制造业财务会计登账。制造业财务会计根据记账凭证登记明细账,在记账凭证上签字或盖章,将记账凭证交给制造业财务经理登记总账。具体分录如下:

借	应付账款——服务公司	对方取数	
贷	银行存款——工行		银行业务回单金额

注:当缴纳服务费的银行回单回来时一并做账。注意应付账款管理,及时核销债务。

④MJD4 申请和办理广告投放。

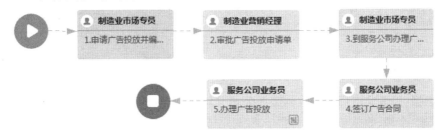

操作步骤:制造业市场专员点击"任务中心",选择"MJD4 申请和办理广告投放"。根据公司销售策略,按照广告的主题结构、内容、金额提交广告投放申请单。制造业营销经理接收市场专员交来的广告投放申请单,审核广告投放申请单填写的准确性、合理性,审核通过确认进行广告投放。制造业营销经理持广告投放申请单到服务公司办理广告投放业务。服务公司业务员接收制造业市场专员提交的广告投放申请单,在制造业的申请单上进行盖章,并办理广告投放业务。

⑤MJD5 收到广告费发票。

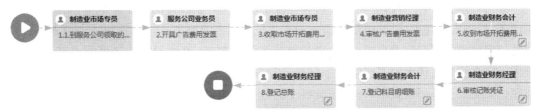

操作步骤:制造业市场专员到服务公司领取广告费发票。服务公司业务员根据公司广告费用申请单的金额和制造业市场专员提供的企业信息开具增值税专用发票,将增值税专用发票的发票联、抵扣联交给制造业市场专员,将增值税专用发票的记账联备案留档。制造业市场专员从服务公司收取广告费用专用发票并登记备案,即将发票信息登记到发票记录表上(包括发票号、开票单位、金额、日期、到期日等)。确认发票信息无误后将发票交给制造业营销经理审核。制造业营销经理收到制造业市场专员提交的广告费用发票,审核发票是否与合同规定的金额一致,确认无误后将广告费用专用发票送至制造业财务会计。

账务处理:确认广告费。制造业财务会计收到制造业营销经理的广告费专用发票,根据广告费专用发票填制记账凭证。制造业财务经理审核制造业财务会计编制的记账凭证并对照相关附件检查是否正确,审核无误后在记账凭证上签字或盖章。制造业财务会计根据记账凭证登记科目明细账,记账后在记账凭证上签字或盖章。制造业财务经理根据记账凭证登记总账,记账后在记账凭证上签字或盖章。具体分录如下:

借	管理费用——广告费	增值税专用发票中的价款	
	应交税费——应交增值税——进项税额	增值税专用发票中的税款	
贷	应付账款——服务公司		增值税专用发票中的价税合计数

⑥MJD6 支付广告投放费用。

操作步骤: 制造业市场专员收到服务公司开具的广告费用发票,对照发票信息填写付款申请单(用途、金额、收款单位、账号等),将发票与付款申请单交给制造业营销经理审核。制造业营销经理收到制造业市场专员交给的广告费付款申请单,对照之前审核通过的"广告投放申请单"内容、金额等进行审核。审核无误后,将发票和付款申请单交由制造业市场专员提交财务部。制造业财务经理审核制造业市场专员交给的付款申请单和广告发票,审核付款申请单填写是否无误,确认无误后签字。制造业出纳依照审核通过的付款申请单,填写转账支票,盖财务专用章,并将填写好的支票交给制造业财务经理。制造业财务经理审核合格后盖法人章,登记支票登记簿,将支票正联交给制造业市场专员,并请其签收,将支票存根粘贴在付款申请凭单后面。

账务处理: 支付广告费。制造业财务会计接收并核对制造业出纳交来的支票存根、付款申请单,根据支票存根、付款申请单编制记账凭证。制造业财务经理审核制造业财务会计编制的记账凭证并对照支票存根、付款申请单检查是否正确,审核记账凭证填写是否正确,审核无误后在记账凭证上签字或盖章。制造业出纳根据记账凭证登记银行存款日记账,记账后在记账凭证上签字或盖章,将记账凭证交给制造业财务会计登账。制造业财务会计根据记账凭证登记科目明细账,记账后在记账凭证上签字或盖章。制造业财务经理根据记账凭证登记总账,记账后在记账凭证上签字或盖章。制造业市场专员在支票登记簿上签收,将收到的支票交给收款方及服务公司。服务公司总经理向办理市场广告的企业催收市场广告费,拿到办理市场广告企业开具的转账支票,根据转账支票填写进账单,携带转账支票与进账单到银行进行转账。银行柜员收到企业提交的进账单与支票,根据进账单信息办理转账业务,根据办理的转账业务打印银行业务回单,将银行业务回单交给企业办事员。具体分录如下:

| 借 | 应付账款——广告费 | 对方取数 | |
| 贷 | 银行存款——工行 | | 银行业务回单金额 |

注:应付账款管理要及时核销债务。

⑦MJD7 查看虚拟销售订单。

操作步骤:制造业销售专员在系统中查看可选订单,在 A4 纸上进行预选。等服务公司通知后,到服务公司进行选单。

⑧MJD8 组织竞单。

操作步骤:服务公司总经理让服务公司业务员去通知已经投放广告的企业到服务公司进行竞单。服务公司总经理为制造业企业选择中部市场,按照区域内各公司投放广告顺序依次选单,收到企业选单命令后选择对应企业,再选择对应的订单,进行确认。

⑨MJD9 查看竞单结果。

操作步骤:制造业销售专员查看已选中订单,确定订单信息是否正确(公司名称、产品规格、价格、数量、质量标准、交货方式等),确认交货日期是否正确。

⑩MJD10 给虚拟经销商发货。

操作步骤:制造业销售专员根据销售订单填写发货单,将发货单的财务联送交财务部的财务会计,将发货单的客户联自留(因为对方是虚拟企业,无实体),携带发货单的仓储联前往仓储部办理发货。制造业营销经理收到制造业销售专员交来的发货单,对照销售合同审核销售发货计划的发货订单时间、数量、发货方式是否正确。确认无误后在发货单上签字。制造业财务会计收到制造业销售专员传过来的销售发货单,检查本企业的应收账款额度是否过高,如果过高则应通知制造业营销经理限制发货,将发货单留存联交给制造业出纳填制记账凭证。制造业仓储经理收到交来的销售发货单并审核其填写是否正确,库存是否能够满足,与财务部确认客户回款状态是否符合发货条件,确认无误后,依照其登记库存台账并办理出库手续。

⑪MJD11 给虚拟经销商办理出库并开发票。

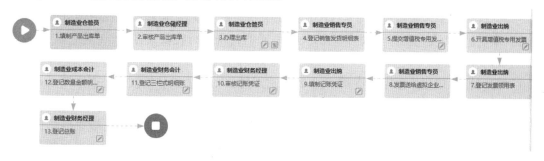

操作步骤:制造业仓管员根据制造业销售专员发货单填制产品的销售出库单(一式三联),请制造业销售专员签字确认,提交至制造业仓储经理审批。制造业仓储经理收到制造业仓管员交给的产品出库单并审核,确认无误后交还制造业仓管员。制造业仓管员在 VBSE系统中办理出库,把出库单给制造业销售专员一联,按照仓库联登记台账,把出库单交给制造业成本会计一联。制造业销售专员根据发货单进行销售发运,登记并更新销售发货明细表。制造业销售专员根据销售发货明细表和销售订单的信息提交开具增值税专用发票申请,并告知制造业出纳开具增值税专用发票。制造业出纳根据制造业销售专员提供的信息开具增值税专用发票。制造业销售专员在发票领用表上登记并签字。制造业出纳将增值税专用发票记账联保留,将发票联和抵扣联交由制造业销售专员送给客户。制造业销售专员收到制造业出纳开具的销售发票并传给购货方(外部虚拟商业社会环境)。

账务处理:销售商品确认收入。制造业出纳接收制造业销售专员交来的销售发票和销售回款结果,填制记账凭证,在记账凭证上签字或盖章,将发票粘贴到记账凭证后面,将记账凭证交给制造业财务经理审核。制造业财务经理接收制造业出纳编制的记账凭证并审核,审核无误后在记账凭证上签字或盖章,将记账凭证交给制造业财务会计登记明细账。制造业财务会计接收制造业财务经理交给的记账凭证进行审核,审核无误后登记三栏式科目明细账,记账后在记账凭证上签字或盖章。制造业成本会计根据记账凭证后所附销售出库单填写数量金额明细账。制造业财务经理根据记账凭证登记总账,记账后在记账凭证上签字或盖章。具体分录如下:

借	应收账款——虚拟经销商	增值税发票中价税合计数	
贷	主营业务收入		增值税发票中价款合计数
	应交税费——应交增值税——销项税额		增值税发票中税额合计数

⑫MJD12 收到虚拟经销商货款。

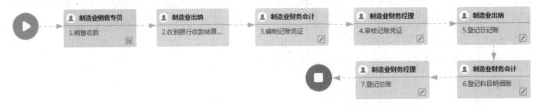

操作步骤:制造业销售专员在 VBSE 系统中办理销售收款,通知制造业出纳查询银行存款。制造业出纳收到银行收款结算凭证(电汇回单),将银行收款结算凭证(电汇回单)交给制造业财务会计。

账务处理:按照流程先发货,购买方收到货再付款。制造业财务会计根据审核无误的银行回单编制记账凭证并将回单粘贴到记账凭证后交由制造业财务经理审核。制造业财务经理审核无误后签字盖章,将记账凭证返还制造业出纳登记银行日记账。制造业出纳再将签字或盖章的日记账传递给制造业财务会计登记科目明细账。制造业财务经理根据制造业财务会计送来的日记账登记总账。具体分录如下:

借	银行存款——工行	银行回单显示金额	
贷	应收账款——虚拟经销商		银行回单显示金额

注:在进行应收账款管理时,收到货款需要及时进行应收账款核销,及时进行账龄分析,判断货款收回来的可能性,是否存在坏账,是否计提坏账准备等。

2)制造业主生产业务

制造业主生产业务工作包括经营准备阶段、月初经营阶段和月末经营阶段,如图4.9所示。

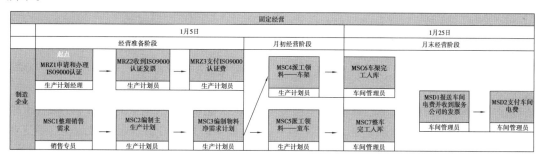

图4.9 自主经营阶段制造业生产(主任务)主题

(1)经营准备阶段

任务描述:MRZ1 申请和办理 ISO9000 认证、MRZ2 收到 ISO9000 认证发票、MRZ3 支付 ISO9000 认证费、MSC1 整理销售需求、MSC2 编制主生产计划、MSC3 编制物料净需求计划。

(2)月初经营阶段

任务描述:生产计划员开展 MSC4 派工领料——车架和 MSC5 派工领料——童车。

(3)月末经营阶段

任务描述:MSC6 车架完工入库、MSC7 整车完工入库、MSD1 报送车间电费并收到服务公司的发票、MSD2 支付车间电费。

3)制造业企业生产辅助任务

制造业企业生产辅助任务包括 MCC1 办理 CCC 认证、MCC2 支付 CCC 认证款、MCC3 回收 CCC 认证款、MYF1 办理产品研发、MCF1 购买厂房、MCF2 支付购买厂房款、MCF3 回收厂房销售款、MCK1 购买仓库、MCK2 支付购买仓库款、MCK3 回收仓库销售款、MGR1 招聘生产工人、MJP1 解聘生产工人、MJL1 购买设备、MJL2 支付设备购买款、MJL3 回收设备销售款、MCS1 出售设备、MCS2 支付设备回购款和 MCS3 回收设备销售款,如图4.10所示。

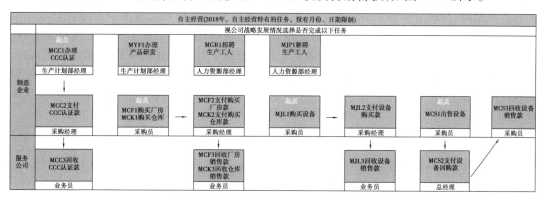

图4.10 自主经营阶段制造业生产(辅助任务)主题

（1）MCC1 办理 CCC 认证

任务描述：制造业生产计划经理根据公司经营策略，选择需要进行 CCC 认证的产品和投入 CCC 认证的费用，填写产品 CCC 认证的费用申请，将认证申请表提交给制造业总经理。制造业总经理接收制造业生产计划经理提交的 CCC 认证申请，根据公司的经营计划，审核 CCC 认证费用的合理性和准确性，同意后签字，将认证申请发送给制造业行政助理。制造业行政助理接收制造业总经理发送的 CCC 认证申请单，查看制造业总经理的审核是否同意，确认无误后盖章，并将认证申请发送给制造业生产计划经理。制造业生产计划经理接收制造业行政助理发送的认证申请，携带 CCC 认证到服务公司办理认证。服务公司业务员收到企业的 CCC 认证申请单，为对应企业办理 CCC 认证。服务公司总经理依据办理 CCC 认证的金额，为企业开具发票。

（2）MCC2 支付 CCC 认证款

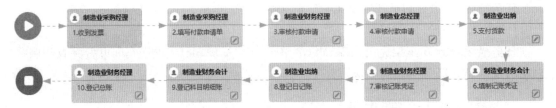

操作步骤：制造业采购经理收到服务公司开具的增值税专用发票，对照发票填写付款申请书，将付款申请书及发票提交给制造业财务经理审核。制造业财务经理审核收到的付款申请书与增值税发票是否相符，并审核其正确性，将发票抵扣联留档，并将付款申请书交给制造业总经理审核。制造业总经理审核付款申请书，确认无误后在申请书上签字，将付款申请书交给制造业出纳付款。制造业出纳收到制造业总经理转交的批复后的付款申请书，审核其准确性，按付款申请书金额开具转账支票，并交给服务公司总经理。

账务处理：制造业财务会计根据付款申请表、支票金额及银行回单编制记账凭证。制造业财务经理审核制造业财务会计提交的记账凭证，审核后在记账凭证上签字或盖章，将记账凭证交给制造业出纳，作为记账依据。制造业出纳根据记账凭证登记银行存款日记账，在记账凭证上签字或盖章，将记账凭证交给制造业财务会计登账。制造业财务会计根据记账凭证登记明细账，在记账凭证上签字或盖章，将记账凭证交给制造业财务经理登记总账。具体分录如下：

借	管理费用——CCC 认证费	增值税专用发票中的价款	
	应交税费——应交增值税——进项税额	增值税专用发票中的税款	
贷	银行存款——工行		银行业务回单金额

（3）MCC3 回收 CCC 认证款

任务描述：服务公司业务员向办理 CCC 认证的企业催收货款,收到企业递交的转账支票,依据 CCC 认证办理费审核支票的金额;然后填写进账单,连同支票一起送交银行进行转账。银行柜员收到企业提交的支票与进账单,审核支票的正确性,根据进账单进行转账。

（4）MYF1 办理产品研发

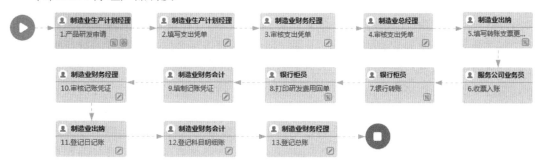

任务描述：制造业生产计划经理根据公司策略,规划新产品研发类型、时间和资源。根据计划在系统中对要研发的产品提出申请,参考市场价格分析、市场需求分析、年度销售计划、年度生产计划等指标。制造业生产计划经理根据研发申请费用,填写支出凭单。研发由服务公司代为办理,费用支付给服务公司。制造业财务经理查看产品研发的信息,审核支出凭单的内容。制造业总经理查看产品研发的信息,审核支出凭单的内容。制造业出纳根据审核通过的支出凭单,填写支票,收款方为服务公司,并在系统中将对应的申请研发的产品线点击支付,将转账支票送交服务公司。服务公司业务员收到服务公司递交的办理产品研发的支票,根据支票填写进账单,携带支票与进账单到银行入账。银行柜员收到服务公司提交的转账支票,在系统中为服务公司办理入账操作。银行柜员将刚办理的研发费用转账业务的回单打印出来,通知对应企业领取回单。

账务处理：委托外单位进行研发并支付研发费用。制造业财务会计根据付款申请表、支票金额及银行回单编制记账凭证。制造业财务经理审核制造业财务会计提交的记账凭证,审核后在记账凭证上签字或盖章,将记账凭证交给制造业出纳,作为记账依据。制造业出纳根据记账凭证登记银行存款日记账,在记账凭证上签字或盖章,将记账凭证交给制造业财务会计登账。制造业财务会计根据记账凭证登记明细账,在记账凭证上签字或盖章,将记账凭证交给制造业财务经理登记总账。具体分录如下:

借	无形资产	增值税专用发票中的价款	
	应交税费——应交增值税——进项税额	增值税专用发票中的税款	
贷	银行存款——工行		银行业务回单金额

注:研发分为研究阶段和开发阶段。研究阶段的费用归属为研发支出,开发阶段的费用归属为无形资产成本。从流程来看,产品研发已经成功,故计入无形资产。

（5）MCF1 购买厂房

任务描述：制造业采购员与制造业生产计划经理沟通厂房购买需求,到服务公司协商厂

房的价格,准备厂房仓库购销合同并签署相关内容。参考现存量分析、仓库容积利用率等指标。制造业采购员拿到签订的购销合同,根据合同条款填写合同会签单。制造业采购经理接收制造业采购员发送的合同和合同会签单,审核合同及合同会签单,并在合同会签单上签字。制造业财务经理接收制造业采购经理发送的合同和合同会签单,审核合同及合同会签单,并在合同会签单对应位置上签字。制造业总经理接收财务部审核的合同和合同会签单,审核合同及合同会签单,并在合同会签单对应位置上盖章,将合同发送给制造业采购员。制造业采购员接收制造业总经理发送的合同,拿本公司已经盖章的合同去服务公司盖章。服务公司总经理收到企业盖章后的合同进行审核并盖章,将盖章后的合同送交给制造业行政助理。制造业行政助理更新合同管理表,登记完后将采购合同留存备案。服务公司业务员在系统中为确定企业的厂房采购,制造业总经理依据合同金额为企业开具发票。

(6)MCF2 支付购买厂房款

任务描述:制造业采购经理收到服务公司开具的增值税专用发票,对照发票填写付款申请书,将付款申请书及发票提交给制造业财务经理审核。制造业财务经理审核收到的付款申请书与增值税发票是否相符,并审核其正确性,将发票抵扣联留档,并将付款申请书交制造业总经理审批。制造业总经理审核付款申请书,确认无误后在申请书上签字,将付款申请书交给制造业出纳付款。制造业出纳收到制造业总经理转交的批复后的付款申请书,审核其准确性,按付款申请书金额开具转账支票,将转账支票交给服务公司总经理。

账务处理:购买并支付厂房购货款。制造业财务会计根据付款申请表、支票金额及银行回单编制记账凭证。制造业财务经理审核财务会计提交的记账凭证,审核后在记账凭证上签字或盖章,将记账凭证交给制造业出纳,作为记账依据。制造业出纳根据记账凭证登记银行存款日记账,在记账凭证上签字或盖章,将记账凭证交给制造业财务会计登账。制造业财务会计根据记账凭证登记明细账,在记账凭证上签字或盖章,将记账凭证交给制造业财务经理登记总账。具体分录如下:

借	固定资产——厂房	增值税专用发票中的价款	
	应交税费——应交增值税——进项税额	增值税专用发票中的税款	
贷	银行存款——工行		银行业务回单金额

（7）MCK3 回收厂房销售款

任务描述：服务公司业务员向购买厂房的企业催收货款，收到企业递交的转账支票，依据厂房购销合同审核支票的金额；然后填写进账单，连同支票一起送交银行进行转账。银行柜员收到企业提交的支票与进账单，审核支票的正确性，根据进账单进行转账。

（8）MCK1 购买仓库

任务描述：制造业采购员与制造业生产经理、制造业仓储经理沟通仓库购买需求，到服务公司协商仓库的价格，准备仓库购销合同并签署相关内容。参考现存量分析、仓库容积利用率等指标。制造业采购员拿到签订的购销合同，根据合同条款填写合同会签单。制造业采购经理接收制造业采购员发送的合同和合同会签单，审核合同及合同会签单，并在合同会签单上签字。制造业财务经理接收制造业采购经理发送的合同和合同会签单，审核合同及合同会签单，并在合同会签单对应位置上签字。制造业总经理接收财务部审核的合同和合同会签单，审核合同及合同会签单，并在合同会签单对应位置上盖章，将合同发送给制造业采购员。制造业采购员接收制造业总经理发送的合同，拿本公司已经盖章的合同去服务公司盖章。服务公司总经理收到企业盖章后的合同进行审核并盖章，将盖章后的合同送交给制造业行政助理。制造业行政助理更新合同管理表，登记完后将采购合同留存备案。服务公司业务员在系统中为确定企业的仓库采购，制造业总经理依据合同金额为企业开具发票。

（9）MCK2 支付购买仓库款

任务描述：制造业采购经理收到服务公司开具的增值税专用发票，根据发票填写付款申请书，将付款申请书及发票提交给制造业财务经理审核。制造业财务经理审核收到的付款申请书与增值税发票是否相符，并审核其正确性，将发票抵扣联留档，将付款申请书交制造业总经理审批。制造业总经理审核付款申请书，确认无误后在申请书上签字，将付款申请书交给制造业出纳付款。制造业出纳收到制造业总经理转交的批复后的付款申请书，审核其准确性，按照付款申请书金额开具转账支票，将转账支票交给服务公司总经理。

账务处理：购买并支付仓库购货款。制造业财务会计根据付款申请表、支票金额及银行回单编制记账凭证。制造业财务经理审核制造业财务会计提交的记账凭证，审核后在记账凭证上签字或盖章，将记账凭证交制造业出纳，作为记账依据。制造业出纳根据记账凭证登记银行存款日记账，在记账凭证上签字或盖章，将记账凭证交给制造业财务会计登账。制造业财务会计根据记账凭证登记明细账，在记账凭证上签字或盖章，将记账凭证交给制造业财务经理登记总账。具体分录如下：

借	固定资产——仓库	增值税专用发票中的价款	
	应交税费——应交增值税——进项税额	增值税专用发票中的税款	
贷	银行存款——工行		银行业务回单金额

（10）MCK3 回收仓库销售款

任务描述：服务公司业务员向购买仓库的企业催收货款，收到企业递交的转账支票，依据仓库购销合同审核支票的金额；然后填写进账单，连同支票一起送交银行进行转账。银行柜员收到企业提交的支票与进账单，审核支票的正确性，根据进账单进行转账。

（11）MGR1 招聘生产工人

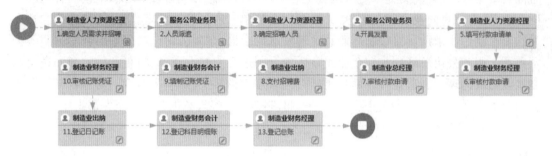

任务描述：制造业公司人力资源经理与制造业生产计划经理、制造业车间管理员沟通人员招聘需求，根据需求填写招聘计划表，将招聘计划表提交服务公司进行招聘。注意参考车间设备利用率、年度销售计划、年度生产计划等指标。服务公司业务员收到制造业的用人需求，在系统中将对应的人员派遣至对方公司。制造业人力资源经理在系统中查看服务公司派遣的人员是否正确，根据情况选择是否接收。服务公司业务员在派遣页面中，点击查看派遣人员，查看为公司派遣的工人。根据协定的人才推介服务费用金额开具服务业发票，并将发票交给招聘企业，要求其尽快支付费用。制造业人力资源经理对照服务公司开具的增值税专用发票填写付款申请书，将付款申请书及发票提交给制造业财务经理审核。制造业财务经理审核收到的付款申请书与增值税发票是否相符，并审核其正确性，将付款申请书交制造业总经理审核。制造业总经理审核付款申请书，确认无误后在申请书上签字，将付款申请书交给制造业出纳付款。制造业出纳收到制造业总经理审核通过的付款申请书，按付款申请书金额开具转账支票，将转账支票交给服务公司总经理。

账务处理：招聘工人支付人才推介服务费。制造业财务会计根据付款申请表、支票金额及银行回单编制记账凭证。制造业财务经理审核制造业财务会计提交的记账凭证，审核后在记账凭证上签字或盖章，将记账凭证交给制造业出纳，作为记账依据。制造业出纳根据记账凭证登记银行存款日记账，在记账凭证上签字或盖章，将记账凭证交给制造业财务会计登账。制造业财务会计根据记账凭证登记明细账，在记账凭证上签字或盖章，将记账凭证交给制造业财务经理登记总账。具体分录如下：

借	管理费用——其他	增值税专用发票中的价款	
	应交税费——应交增值税——进项税额	增值税专用发票中的税款	
贷	银行存款——工行		银行业务回单金额

（12）MJP1 解聘生产工人

任务描述：制造业人力资源经理询问制造业生产计划经理是否需要裁减冗余的生产工人，登录系统查询生产工人信息，辞退不需要的工人，并依照规则结算工人工资。注意参考车间设备利用率、年度销售计划、年度生产计划等指标。

（13）MJL1 购买设备

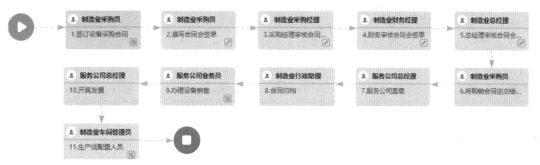

任务描述：制造业采购员与制造业生产计划经理、制造业车间管理员沟通设备购买需求，到服务公司询价，向制造业采购经理汇报购买计划并最终确定需求。制造业采购员拟制采购合同并与服务公司签订合同。注意参考车间设备利用率、年度销售计划、年度生产计划等指标。制造业采购员拿到签订的购销合同，根据合同填写合同会签单。制造业采购经理接收制造业采购员发送的合同和合同会签单，审核合同及合同会签单，并在合同会签单上签字。制造业财务经理接收采购经理发送的合同和合同会签单，审核合同及合同会签单，并在合同会签单对应位置签字。制造业总经理接收财务部审核的合同和合同会签单，审核合同及合同会签单，并在合同会签单对应位置上盖章，将合同发送给制造业采购员。制造业采购员接收制造业总经理发送的合同，拿本公司已盖章的合同去服务公司盖章。服务公司总经理收到企业盖章后的合同进行审核并盖章，将盖章后的合同送交给制造业行政助理。制造业行政助理更新合同管理表，登记完后把采购合同留存备案。服务公司业务员按照合同在系统中为对应的企业选择相应的设备。服务公司总经理依据合同金额，为企业开具发票。制造业车间管理员在 VBSE 系统中向新购买的生产线配置生产人员。

（14）MJL2 支付设备购买款

任务描述：制造业采购经理收到服务公司开具的增值税专用发票，对照发票填写付款申

请单,将付款申请单及发票提交给制造业财务经理审核。制造业财务经理审核收到的付款申请单与增值税发票是否相符,并审核其正确性,并将发票抵扣联留档,将付款申请单交制造业总经理审核。制造业总经理审核付款申请单,确认无误后在付款申请单上签字,将付款申请单交给制造业出纳付款。制造业出纳收到制造业总经理转交的批复后的付款申请单,审核其准确性,按照付款申请单金额开具转账支票,将转账支票交给服务公司总经理。

账务处理:支付设备购买款。制造业财务会计根据付款申请表、支票金额及银行回单编制记账凭证。制造业财务经理审核制造业财务会计提交的记账凭证,审核后在记账凭证上签字或盖章,将记账凭证交给制造业出纳,作为记账依据。制造业出纳根据记账凭证登记银行存款日记账,在记账凭证上签字或盖章,将记账凭证交给制造业财务会计登账。制造业财务会计根据记账凭证登记明细账,在记账凭证上签字或盖章,将记账凭证交给制造业财务经理登记总账。具体分录如下:

借	固定资产——设备款	增值税专用发票中的价款	
	应交税费——应交增值税——进项税额	增值税专用发票中的税款	
贷	银行存款——工行		银行业务回单金额

注:购买设备无安装期,则为固定资产;若有安装期则为在建工程;发票中的增值税能抵扣则计入应交增值税中的进项税额;若不能抵扣则应计入设备的成本中。

(15)MJL3 回收设备销售款

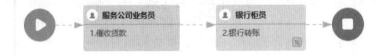

任务描述:服务公司业务员向购买设备的企业催收货款,收到企业递交的转账支票,依据设备销售合同审核支票的金额;然后填写进账单,连同支票一起送交银行进行转账。银行柜员收到企业提交的支票与进账单,审核支票的正确性,根据进账单进行转账。

(16)MCS1 出售设备

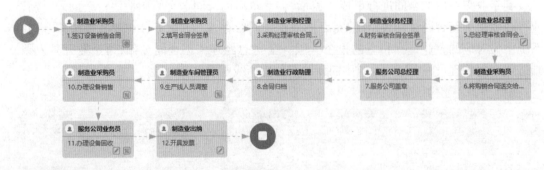

任务描述:制造业采购员响应生产部出售设备需求,到服务公司询价,向制造业采购经理汇报销售计划并最终确定需求,拟制销售合同并与服务公司签订合同。注意参考车间设

备利用率、年度生产计划等指标。制造业采购员拿到签订的购销合同,根据合同填写合同会签单。制造业采购经理接收制造业采购员发送的合同和合同会签单,审核合同及合同会签单,并在合同会签单上签字。制造业财务经理接收制造业采购经理发送的合同和合同会签单,审核合同及合同会签单,并在合同会签单对应位置上签字。制造业总经理接收财务部审核的合同和合同会签单,审核合同及合同会签单,并在合同会签单对应位置上盖章,将合同发送给制造业采购员。制造业采购员接收制造业总经理发送的合同,拿本公司已盖章的合同去服务公司盖章。服务公司总经理收到企业盖章后的合同进行审核并盖章,将盖章后的合同送交制造业行政助理。制造业行政助理更新合同管理表,登记完后把采购合同留存备案。制造业车间管理员检查该生产线上是否有工人,如果有工人,需要让工人离开生产线。制造业采购员按照合同在系统中将对应的设备进行出售。服务公司业务员在系统中回收合同中签订的设备。制造业出纳依据合同金额为企业开具发票。

(17) MCS2 支付设备回购款

任务描述:服务公司总经理回收制造企业设备后,按回收价格找到支票,按照回收价格填写支票,填写后交由业务员送交对应企业采购员。服务公司业务员从总经理处拿过支票,送到相应企业。

(18) MCS3 回收设备销售款

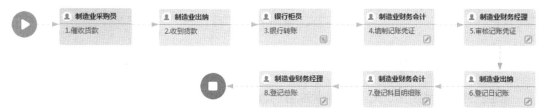

任务描述:制造业采购员向服务公司催收设备销售款,收到服务公司递交的转账支票后,依据购销合同审核支票的金额,并将支票交制造业出纳处理。制造业出纳收到制造业采购员递交的支票,审核支票的正确性,填写进账单,连同支票一起送交银行进行入账。银行柜员收到企业提交的支票与进账单,审核支票的正确性,根据进账单进行转账。

账务处理:销售固定资产。制造业财务会计根据银行回单填制记账凭证,将银行回单、付款申请单和支票存根粘贴在记账凭证后作为附件。制造业财务经理审核制造业财务会计编制的记账凭证,并对照相关附件检查是否正确,审核无误后在记账凭证上签字或盖章,并将确认后的记账凭证传递给制造业出纳登记日记账。制造业出纳根据记账凭证登记银行存款日记账,记账后在记账凭证上签字或盖章,将记账凭证传递给制造业财务会计登记科目明细账。制造业财务会计根据记账凭证登记科目明细账,记账后在记账凭证上签字或盖章。制造业财务经理根据记账凭证登记总账,记账后在记账凭证上签字或盖章。具体分录如下:

转出设备以备待售:

借	固定资产清理	原值与累计折旧差值	
	累计折旧	该固定资产账上累计折旧	
贷	固定资产		该固定资产账上原值

出售设备：

借	银行存款	银行业务回单金额	
	固定资产清理		原值与累计折旧差值
贷	应交税费——应交增值税——销项税额		增值税专用发票中的价款

出售设备损益结转：
若赚了则：

| 借 | 固定资产清理 | 对方取数 | |
| 贷 | 营业外收入 | | 卖价-（原值与累计折旧差值）>0 |

若赔了则：

| 借 | 营业外支出 | 卖价-（原值与累计折旧差值）<0 | |
| 贷 | 固定资产清理 | | 对方取数 |

4）制造业企业采购业务

制造业企业采购业务工作包括经营准备阶段、月初经营阶段和月末经营阶段，如图4.11所示。

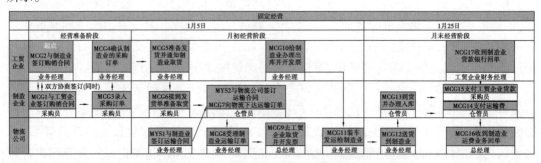

图4.11　自主经营阶段制造业采购主题

（1）经营准备阶段

任务描述：MCG1 与工贸企业签订购销合同、MCG2 与制造业签订购销合同、MCG3 录入采购订单、MCG4 确认制造业的采购订单。

（2）月初经营阶段

任务描述：MCG5 准备发货并通知制造业取货、MCG6 接到发货单准备取货、MYS1 与制造业签订运输合同、MYS2 与物流公司签订运输合同、MCG7 向物流下达运输订单、MCG8 受理制造业运输订单、MCG9 去工贸企业取货并开发票、MCG10 给制造业办理出库并开发票和MCG11 装车发运给制造业。

（3）月末经营阶段

任务描述：MCG12 送货到制造业、MCG13 到货并办理入库、MCG14 支付运输费、MCG15 支付工贸企业货款、MCG16 收到制造业运费业务回单。

5）制造业企业人力资源业务

制造业企业人力资源业务工作包括经营准备阶段、月初经营阶段和月末经营阶段，如图 4.12 所示。

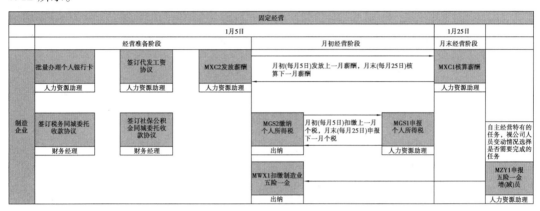

图 4.12　自主经营阶段制造业人力资源管理主题

（1）经营准备阶段

任务描述：批量办理个人银行卡、签订代发工资协议、MXC2 发放薪酬、签订税务同城委托收款协议、签订社保公积金同城委托收款协议。

（2）月初经营阶段

任务描述：MGS2 缴纳个人所得税、MWX1 扣缴制造业五险一金、MGS1 申报个人所得税。

（3）月末经营阶段

任务描述：MXC1 核算薪酬、MZY1 申报五险一金增（减）员。

6）制造业财务业务

制造业财务业务工作包括经营准备阶段、月初经营阶段和月末经营阶段，如图 4.13 所示。

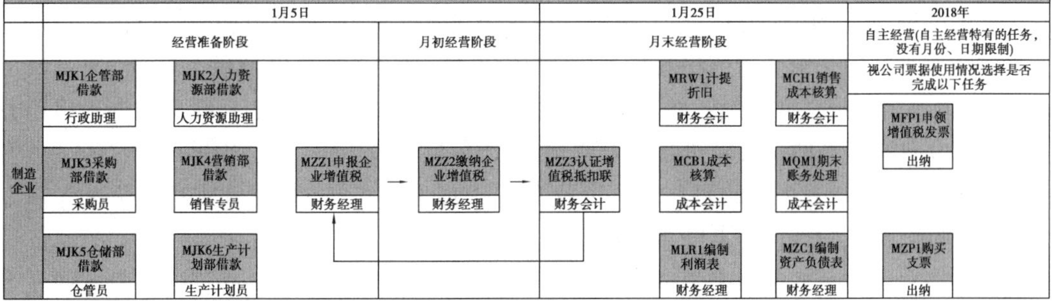

图 4.13　自主经营阶段制造业财务主题

（1）经营准备阶段

任务描述：MJK1 企管部借款、MJK2 人力资源部借款、MJK3 采购部借款、MJK4 营销部借款、MJK5 仓储部借款、MJK6 生产计划部借款和 MZZ1 申报企业增值税。

（2）月初经营阶段

任务描述：MZZ2 缴纳企业增值税。

（3）月末经营阶段

任务描述：MZZ3 认证增值税抵扣联、MRW1 计提折旧、MCH1 销售成本核算、MCB1 成本核算、MQM1 期末账务处理、MLR1 编制利润表和 MZC1 编制资产负债表。（MFP1 申领增值税发票和 MZP1 购买支票，视公司票据使用情况选择是否完成以下任务。）

①MZZ1 申报企业增值税。

任务描述：制造业财务经理准备上期的进项税，汇总并整理；准备上期的销项税，汇总并整理。制造业财务经理在 VBSE 系统中根据确认的金额进行增值税纳税申报，填写完成后提交税务机关审核。税务专员在 VBSE 系统中审核企业提交的增值税申报。

②MZZ2 缴纳企业增值税。

任务描述：制造业出纳收到增值税扣款通知后，将取回的税收缴款书按照公司财务的工作流程在财务部依次办理账务处理。制造业财务经理选择"任务中心"，点击"MZZ2 缴纳企业增值税"。制造业财务经理根据企业的经营情况在 VBSE 系统上申报企业增值税，申请通过后点击"扣缴"并通知制造业出纳。制造业出纳在系统上查询网银扣缴情况，确认扣缴成功后到银行打印凭证。银行柜员在收到业务申请后，查询转账记录，确认无误后，在系统上打印企业增值税专用发票扣缴凭证交由制造业出纳。制造业出纳将领取的缴税凭证交至制造业财务会计。

账务处理：企业增值税是月末计提应交税费未交增值税，月初申报和缴纳增值税。每月末将本月发生的应交未交增值税税额自"应交增值税"转入"未交增值税"，这样"应交增值税"明细账不会出现贷方余额。然后下月初进行申报与缴纳。实务中，一般采用电子报税方式，每月 20 日至月末前一天将进项税发票录入"增值税纳税申报系统"中进行增值税进项发票的网上认证工作，下月初将抄有申报所属月份销项发票信息的 IC 卡或磁盘信息复制下来，进行抄税，进入防伪税控系统进行电子报税。

制造业出纳将领取的缴税凭证交至制造业财务会计。制造业财务会计依据收到的扣款通知和税收缴纳书填写记账凭证，提交制造业财务经理审核。制造业财务经理审核记账凭证,确认无误后在记账凭证上签字并传递给制造业出纳。制造业出纳依据记账凭证登记银行存款日记账,并在日记账上签字或盖章后交给制造业财务会计。制造业财务会计依据记账凭证登记科目明细账,并在记账凭证上签字或盖章后交给制造业财务经理。制造业财务经理依据记账凭证登记科目总账,并在记账凭证上签字或盖章。具体分录如下:

借	应交税费——未交增值税	月初账上应交而未交的增值税余额	
贷	银行存款——工行		扣缴凭证显示金额

③MZZ3 认证增值税抵扣联。

任务描述:制造业财务部门将公司的增值税抵扣联收集后,到税务部门上门认证,获得盖章认证的结果通知书后,与抵扣联一并装订。制造业财务会计点击"任务中心",选择"MZZ3 认证增值税抵扣联"。制造业财务会计或经销商、工贸企业的财务经理统一收集该企业增值税的抵扣联,将收集的增值税抵扣联送往税务局进行抵扣认证。税务专员对企业提交的增值税的抵扣联进行审核,审核无误后填写认证通知书并盖章交给企业办事人员。制造业财务经理取得认证通知书和抵扣联进行归档,以备往后税务部门稽查。

④MFP1 申领增值税发票。

任务描述:制造业出纳携带"营业执照"副本、经办人身份证到税务局,向税务专员说明申请发票类型及数量。税务专员收到企业的申请后,将信息录入"发票领用表",可以参照教学资源中的格式自行设计,发票号由税务专员按照序号排列即可,填写后发放发票。

⑤MZP1 购买支票。

任务描述:制造业出纳到银行,向银行柜员索要"票据领用登记单",填写后将现金一并交给银行柜员。银行柜员收到企业提交的"票据领用登记单",根据领用单填写数量,为企业准备并发放支票。

账务处理:制造业财务会计领用相关票据,编制记账凭证,将电汇回单粘贴到记账凭证后面,将记账凭证交给制造业财务经理审批。制造业财务经理审核制造业出纳填制的记账凭证,并对照相关附件检查是否正确,审核无误后在记账凭证上签字或盖章,将审核后的记账凭证传递给制造业出纳登记日记账。制造业出纳根据记账凭证登记库存现金日记账,记账后在记账凭证上签字或盖章,并将记账凭证传递给制造业财务会计登记科目明细账。制造业财务会计根据记账凭证登记科目明细账,记账后在记账凭证上签字或盖章。制造业财务经理根据记账凭证登记总账,记账后在记账凭证上签字或盖章。具体分录如下:

借	财务费用——手续费用	电汇单中的手续费金额	
贷	银行存款——工行		电汇单中的手续费金额

4.6.3 经销商业务

1)经销商销售业务

经销商销售业务工作包括经营准备阶段、月初经营阶段和月末经营阶段,如图 4.14 所示。

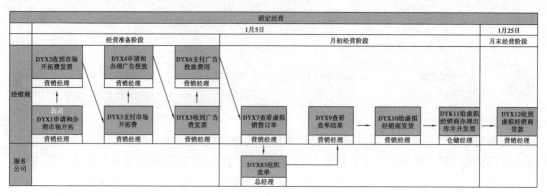

图 4.14   自主经营阶段经销商销售主题

(1)经营准备阶段

任务描述:DYX1 申请和办理市场开拓、DYX2 收到市场开拓费发票、DYX3 支付市场开拓费、DYX4 申请和办理广告投放、DYX5 收到广告费发票、DYX6 支付广告投放费用。

(2)月初经营阶段

任务描述:DYX7 查看虚拟销售订单、DYX8 组织竞单、DYX9 查看竞单结果、DYX10 给虚拟经销商发货、DYX11 给虚拟经销商办理出库并开发票。

(3)月末经营阶段

任务描述:DYX12 收到虚拟经销商货款。

2)经销商采购业务

经销商采购业务工作包括经营准备阶段、月初经营阶段和月末经营阶段,如图 4.15 所示。

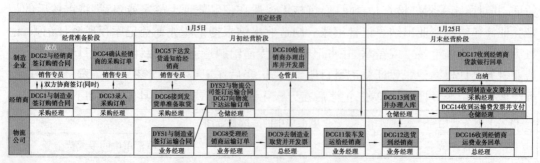

图 4.15   自主经营阶段经销商采购主题

（1）经营准备阶段

任务描述：DCG1 与制造业签订购销合同、DCG2 与经销商签订购销合同、DCG3 录入采购订单、DCG4 确认经销商的采购订单。

（2）月初经营阶段

任务描述：DCG5 下达发货通知给经销商、DCG6 接到发货单准备取货、DYS1 与制造业签订运输合同、DYS2 与物流公司签订运输合同、DCG7 向物流下达运输订单、DCG8 受理经销商运输订单、DCG9 去制造业取货并开发票、DCG10 给经销商办理出库并开发票、DCG11 装车发运给经销商。

（3）月末经营阶段

任务描述：DCG13 到货并办理入库、DCG14 收到运输费发票并支付、DCG15 收到制造业发票并支付、DCG16 收到经销商运费业务回单、DCG17 收到经销商货款银行回单。

3）经销商仓库购买业务

在自主运营环节，经销商会大量购买 6 家制造业企业生产的童车，导致经销商仓库容量不够，需要购买。在仓库购买过程中，交付足够金额即可购买，参照制造业企业仓库购买规则。

任务描述：货物不够存储时进行采购。

经销商仓库购买业务工作包括经营准备阶段、月初经营阶段和月末经营阶段，如图 4.16 所示。

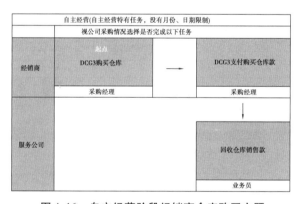

图 4.16　自主经营阶段经销商仓库购买主题

4）经销商人力资源管理业务

（1）经营准备阶段

任务描述：经销商行政经理签订税务同城委托收款协议、社保公积金同城委托收款协议、批量办理个人银行卡、签订代发工资协议。

（2）月初经营阶段

任务描述：DXC2 发放薪酬（每月 5 日月初经营阶段，发放上月薪酬）、DCS2 缴纳个人所得税（每月 5 日月初经营阶段，缴纳上月个税）、DWX1 扣缴经销商五险一金。

（3）月末经营阶段

任务描述：DXC1 核算薪酬（每月 25 日月末经营阶段，核算本月薪酬）、DCS1 申报个人所得税（每月 25 日月末经营阶段，核算本月个税），如图 4.17 所示。

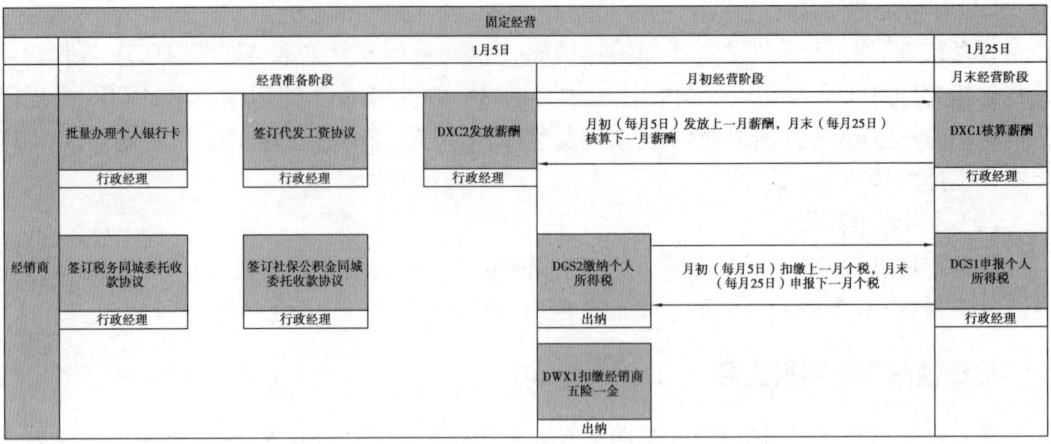

图 4.17 自主经营阶段经销商人力资源管理主题

5）经销商财务业务

（1）经营准备阶段

任务描述：DJK1 企管部借款、DJK2 营销部借款、DJK3 采购部借款、DJK4 仓储部借款、DZZ1 申报企业增值税，如图 4.18 所示。

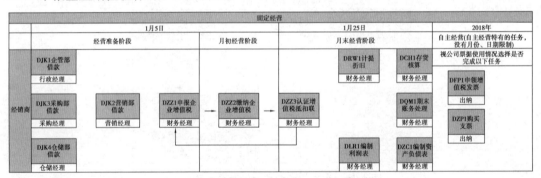

图 4.18 自主经营阶段经销商财务主题

（2）月初经营阶段

任务描述：DZZ2 缴纳企业增值税。

（3）月末经营阶段

任务描述：DZZ3 认证增值税抵扣联、DRW1 计提折旧、DCH1 存货核算、DQM1 期末账务处理、DLR1 编制利润表、DZC1 编制资产负债表。

注：在自主运营环节，经销商根据公司票据使用情况选择是否开展增值税业务。业务包括 DFP1 申领增值税发票、DZP1 购买支票，参照制造业企业购买规则。

4.6.4 工贸企业业务

1)工贸企业采购业务

工贸企业采购业务工作包括经营准备阶段、月初经营阶段和自主经营阶段,如图4.19所示。

固定经营				2018年	
	1月5日			自主经营阶段(自主经营特有任务,没有月份、日期限制)	
	经营准备阶段		月初经营阶段	视公司采购情况选择是否完成以下任务	
工贸企业	起点 TCG下达采购订单 业务经理	TCG2支付虚拟工贸企业货款 业务经理	TCG3到货并办理入库 业务经理	TCK1购买仓库 业务经理	TCK2支付购买仓库款 业务经理
服务公司					TCG3到货并办理入库 业务经理

图4.19 自主经营阶段工贸企业采购主题

(1)经营准备阶段

任务描述:TCG1下达采购订单、TCG2支付虚拟工贸企业贷款。

(2)月初经营阶段

任务描述:TCG3到货并办理入库。

(3)自主经营阶段

任务描述:根据需求开展采购业务。

注:在自主运营环节,工贸企业根据公司物料购买情况选择是否开展仓库购买业务。业务包括TCK1购买仓库、TCK2支付购买仓库款、TCG3到货并办理入库。

2)工贸企业销售业务

工贸企业销售业务工作包括经营准备阶段、月初经营阶段和月末经营阶段,如图4.20所示。

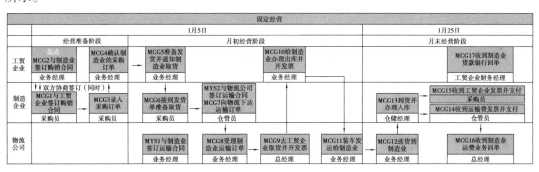

图4.20 自主经营阶段工贸企业销售主题

（1）经营准备阶段

任务描述：MCG1 与工贸企业签订购销合同、MCG2 与制造业签订购销合同、MCG3 录入采购订单、MCG4 确认制造业的采购订单。

（2）月初经营阶段

任务描述：MCG5 准备发货并通知制造业取货、MCG6 接到发货单准备取货、MYS1 与制造业签订运输合同、MYS2 与物流公司签订运输合同、MCG7 向物流下达运输订单、MCG8 受理制造业运输订单、MCG9 去工贸企业取货并开发票、MCG10 给制造业办理出库并开发票、MCG11 装车发运给制造业。

（3）月末经营阶段

任务描述：MCG12 送货到制造业、MCG13 到货并办理入库、MCG14 收到运输费发票并支付、MCG15 收到工贸企业发票并支付、MCG16 收到制造业运费业务回单、MCG17 收到制造业货款银行回单。

3）工贸企业人力资源管理业务

（1）经营准备阶段

任务描述：工贸企业行政经理签订税务同城委托收款协议、社保公积金同城委托收款协议、批量办理个人银行卡、签订代发工资协议、TXC2 发放薪酬（每月 5 日月初经营阶段，发放上月薪酬）。

（2）月初经营阶段

任务描述：TGS2 缴纳个人所得税（每月 5 日月初经营阶段，缴纳上月个税）、TGS1 申报个人所得税（每月 25 日月末经营阶段，核算本月个税）、TWX1 扣缴工贸企业五险一金。

（3）月末经营阶段

任务描述：TXC1 核算薪酬（每月 25 日月末经营阶段，核算本月薪酬），如图 4.21 所示。

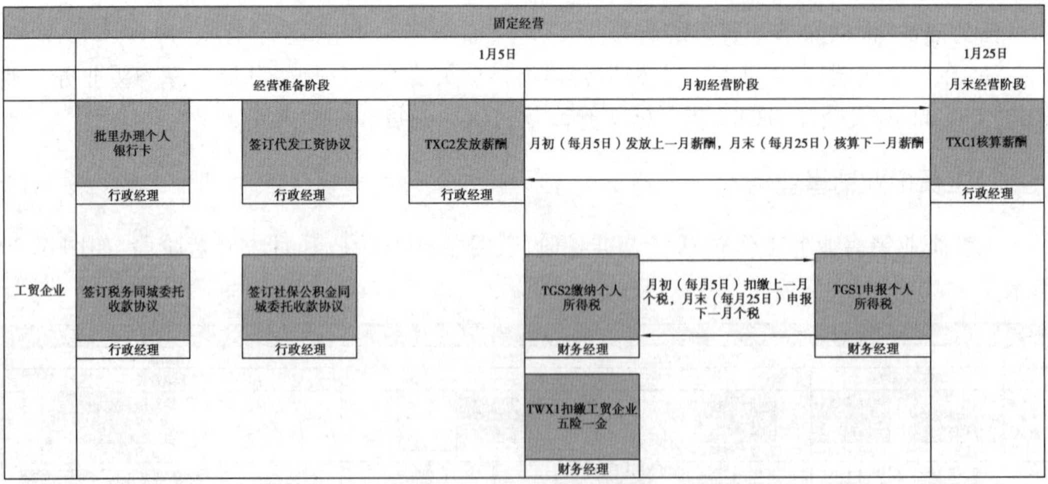

图 4.21　自主经营阶段工贸企业人力资源管理主题

4）工贸企业财务业务

（1）经营准备阶段

任务描述：TJK1 企管部借款、TJK2 业务部借款、TZZ1 申报企业增值税。

（2）月初经营阶段

任务描述：TZZ2 缴纳企业增值税。

（3）月末经营阶段

任务描述：TRW1 计提折旧、TCH1 存货核算、TQM1 期末账务处理、TLR1 编制利润表、TZC1 编制资产负债表，如图 4.22 所示。

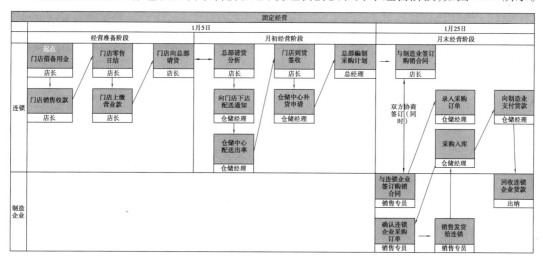

图 4.22 自主经营阶段工贸企业财务管理主题

注：在自主运营环节，工贸企业根据公司票据使用情况选择是否开展增值税业务。任务包括 TFP1 申领增值税发票、TZP1 购买支票，参照制造业企业购买规则。

4.6.5 外围企业业务

1）连锁企业业务

连锁企业业务工作包括经营准备阶段、月初经营阶段和月末经营阶段，如图 4.23 所示。

图 4.23 自主经营阶段连锁企业主题

（1）经营准备阶段

任务描述：门店借备用金、门店销售收款、门店零售日结账、门店上缴营业款、门店向总部请货。

（2）月初经营阶段

任务描述：总部请货分析、向门店下达配送通知、仓储中心配送出库、门店到货签收、仓储中心补货申请、总部编制采购计划。

（3）月末经营阶段

任务描述：与制造业签订购销合同、与连锁企业签订购销合同、录入采购订单、确认连锁企业采购订单、销售发货给连锁、采购入库、向制造业支付货款、回收连锁企业货款。

2）国贸企业业务

国贸企业业务工作包括经营准备阶段、月初经营阶段和月末经营阶段，如图4.24所示。

（1）经营准备阶段

任务描述：贸易洽谈，出口合同签订，催证、审证、改证，开商业发票和装箱单，订舱，出口货物发货。

（2）月初经营阶段

任务描述：商检、投保、支付保险费获得签发保险单、出口收汇核销单申领与备案、报关、装船、支付海运费换取清洁海运提单、制单、货款议付和信用证下一步处理、外汇核销。

（3）月末经营阶段

任务描述：与制造业签订购销合同、与国贸企业签订购销合同、录入采购订单、确认国贸企业采购订单、销售发货给国贸、采购入库、向制造业支付货款、回收国贸企业货款，如图4.24所示。

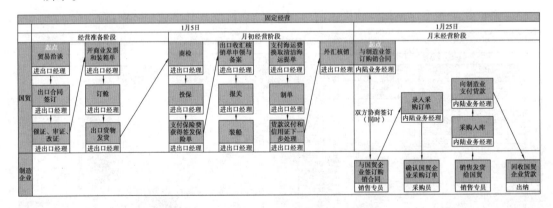

图4.24 自主经营阶段国贸企业主题

3）会计师事务所业务

会计师事务所业务工作包括经营准备阶段、月初经营阶段和月末经营阶段，如图4.25所示。

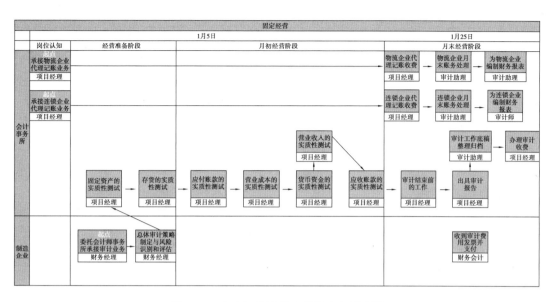

图 4.25 自主经营阶段会计师事务所主题

（1）经营准备阶段

任务描述：承接物流企业代理记账业务、承接连锁企业代理记账业务、委托会计师事务所承接审计业务、总体审计策略制定与风险识别和评估、固定资产的实质性测试、存货的实质性测试。

（2）月初经营阶段

任务描述：应付账款的实质性测试、营业成本的实质性测试、货币资金的实质性测试、营业收入的实质性测试、应收账款的实质性测试。

（3）月末经营阶段

任务描述：物流企业代理记账收费、物流企业月末账务处理、为物流企业编制财务报表、连锁企业代理记账收费、连锁企业月末账务处理、为连锁企业编制财务报表、审计结束前的工作、出具审计报告、工作底稿整理归档、办理审计收费、收到审计费用发票并支付。

4）三局业务

三局包括市监局、税务局和人社局。工作内容包括经营准备阶段、月初经营阶段和月末经营阶段，如图 4.26 所示。

（1）经营准备阶段

任务描述：市场监管员编制虚拟商业社会行政管理制度、开展行政管理检查。税务局税务专员编制虚拟商业社会保障制度，制定税务检查制度和奖惩机制，人社局社保公积金专员开展税务知识讲解、下达社保稽查通知书、开展就业指导-职业规划，制造业、经销商、工贸企业和服务公司、物流企业开展商标制作及注册。

（2）月初经营阶段

任务描述：市场监管员开展行政管理检查，市监局税务专员开展税务稽查；人社局社保公积金专员开展社保稽查，对于未按时足额购买社保的单位开展行政处罚，开展就业指导-职业规划讲座；制造业、经销商、工贸企业和服务公司、物流企业开展企业年度报告公示。

固定经营					
	1月5日			1月25日	2018年
	上岗交接	经营准备阶段	月初经营阶段	月末经营阶段	自主经营阶段
制造业经销商工贸企业		商标制作及注册	企业年度报告公示		银行贷款 自主特有任务
服务公司物流企业		商标制作及注册	企业年度报告公示		
市监局	虚拟商业社会行政管理制度编制 市场监管员	行政管理检查 市场监管员	行政管理检查 市场监管员	行政管理检查 市场监管员	
税务局	虚拟商业社会社会保障制度编制 税务专员	税务检查制度和奖惩机制的制定 税务专员	税务稽查 税务专员		
人设局	税务知识讲解 社保公积金专员	下达社保稽查通知书 社保公积金专员 ／ 就业指导-职业规划 社保公积金专员	社保稽查 社保公积金专员 检查贯穿课堂始终 ／ 行政处罚 社保公积金专员 检查贯穿课堂始终 ／ 就业指导-简历制作 社保公积金专员	就业指导-面试技巧 社保公积金专员	

图 4.26　自主经营阶段三局主题

（3）月末经营阶段

任务描述：市场监管员开展行政管理检查，人社局社保公积金专员开展就业指导-面试技巧讲座，制造业、经销商和工贸企业根据需要到银行进行贷款。

5）招投标业务

招投标工作内容包括经营准备阶段、月初经营阶段和月末经营阶段，如图4.27 所示。

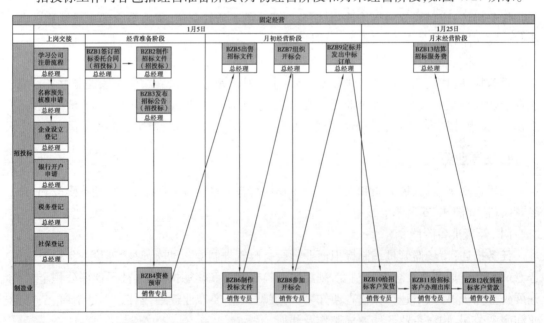

图 4.27　自主经营阶段招投标主题

（1）经营准备阶段

任务描述：学习公司注册流程、名称预先核准申请、企业设立登记、银行开户申请、税务登记、社保登记、BZB1 签订招标委托合同、BZB2 制作招标文件、BZB3 发布招标公告、BZB4

资格预审。

（2）月初经营阶段

任务描述：BZB5 出售招标文件、BZB6 制作投标文件、BZB7 组织开标会、BZB8 参加开标会、BZB9 定标并发出中标订单。

（3）月末经营阶段

任务描述：BZB10 给招标客户发货、BZB11 给招标客户办理出库、BZB12 收到招标客户货款。

第5章

经营策略

根据实训课程运行情况和业务内容,经营策略分为五大策略,分别是市场预测分析、订单选择策略、生产计划策略、采购策略和财务策略。本章将结合供应链业务流程中任务发生的逻辑顺序,以及跨专业综合实训平台提供的任务逐一阐述。市场预测先于其他策略,结合市场预测图展开8天的市场销量规划。根据市场预测开拓市场并选单。在生产能力扩产过程中,需结合企业的资金能力与计划,有序提前逐步扩张,实现采购和财务同步推进的策略。紧急任务除外,详见具体章节。

5.1　市场预测分析

固定经营阶段,制造业各企业还没有开拓中部市场的权限,进入自主经营阶段后,制造业企业可进行中部市场开拓。经销商则进行东、西、南、北市场开拓。在进行市场开拓前,需要依据一定的市场数据进行全面的分析和判断。下面以某一期中部市场的市场数据(2021年1月5日—2021年4月日25月日)为参考,为各制造业做出市场预测分析,如图5.1至图5.3所示。

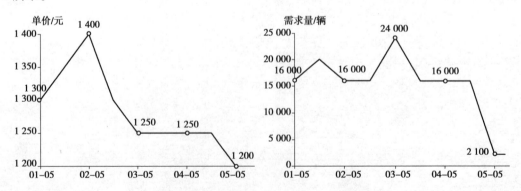

图 5.1　中部市场经济型童车的价格和需求量走势

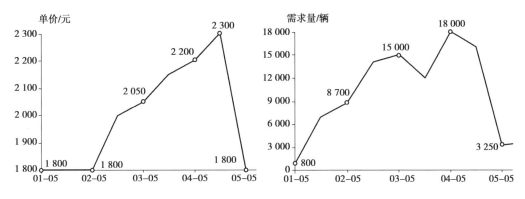

图5.2 中部市场舒适型童车的价格和需求量走势

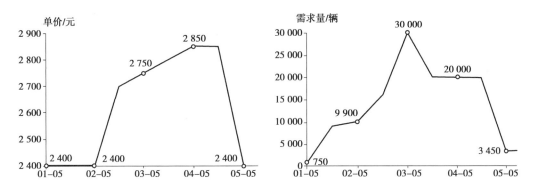

图5.3 中部市场豪华型童车的价格和需求量走势

如图5.1至图5.3所示为某一期实训中部市场三种类型的童车经营数据。从1月5日至5月5日,中部市场经济型童车的价格(自1 400元到1 200元)和需求量(自24 000辆到21 000辆)都呈下降趋势。中部市场舒适型童车的价格(自1 800元到2 300元)和豪华型童车的价格(自2 400元到2 850元)呈上升趋势,中部市场舒适型童车的需求量(自800辆到18 000辆)和豪华型童车的需求量(自750辆到30 000辆)都呈上升趋势。对比中部市场3种童车的价格和市场需求量走势,可以判定中部市场的容量不是很大,经济型童车的价格和需求处于下降趋势,舒适型童车和豪华型童车的价格和市场需求趋于上升趋势,谨慎进入中部市场。经销商可根据其他市场(东、西、南、北)的数据做好市场预测和战略规划。

5.2 订单选择策略

根据课程安排体系,课程总共开展4个月的自主经营,即8个虚拟日。订单选择分为3个业务阶段,分别是市场拓展、市场广告投放及市场订单选择,具体策略分析如下。

5.2.1 市场拓展策略

1)制造业企业

中部市场是制造业自主经营的市场,进入自主经营阶段,各制造业企业根据公司制定的经营战略,如企业需要进入中部市场竞争应在第一个虚拟日尽早进行市场开拓,争取自主市场的营销机会。

2)商贸企业

东部、西部、南部、北部四个市场均归属于商贸企业,在固定经营阶段,商贸企业已经默认开拓好北部市场。在自主经营阶段,东部、西部、南部市场需要进行开拓。在自主经营过程中,在第一个虚拟日应尽早开拓市场,提高市场营销机会。

实训中系统设置的商贸企业一般为两家,在制定市场开拓策略时,各商贸企业要做到以下几点。

①需要参考各市场的经营数据,根据市场经营数据选择市场需求较强和利润较高的市场。如图5.4至图5.9所示为某一期实训东部市场三种类型的童车经营数据。从1月5日至4月5日,东部市场经济型童车的价格(从1 500元到1 350元)和需求量(从40 000辆到27 600辆)都呈下降趋势,尤其在2月5日后下降趋势较为明显。东部市场舒适型童车的价格(从1 800元到2 400元)和豪华型童车的价格(从2 400元到2 800元)呈上升趋势,东部市场舒适型童车的需求量(从1 600辆到40 000辆)和豪华型童车的需求量(从1 500辆到34 200辆)都呈上升趋势,尤其在2月5日后上升趋势较为明显。从1月5日至4月5日,南部市场经济型童车的价格(从1 450元到1 300元)和需求量(从41 400辆到20 000辆)都呈下降趋势,尤其在2月5日后下降趋势较为明显。南部市场舒适型童车的价格(从1 800元到2 300元)和豪华型童车的价格(从2 400元到2 900元)都呈上升趋势,南部市场舒适型童车的需求量(从2 400辆到30 000辆)和豪华型童车的需求量(从2 250辆到51 300辆)都呈上升趋势,尤其在2月5日后上升趋势较为明显。对比两个市场的3种童车的价格和市场需求量走势,虽然整体趋势有很大相同之处,但是东部市场的经济型童车的价格和需求量的增加趋势要高于南部市场,说明东部市场的经济型童车更具竞争优势;南部市场上的豪华型童车的价格和需求量更有优势,因此在南部市场更适合做豪华型童车。

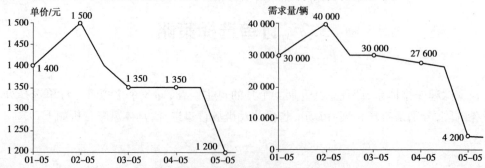

图5.4 东部市场经济型童车的价格和需求量走势

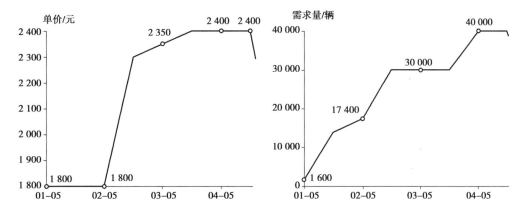

图 5.5 东部市场舒适型童车的价格和需求量走势

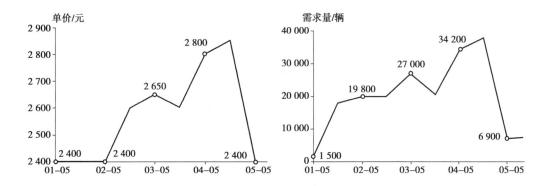

图 5.6 东部市场豪华型童车的价格和需求量走势

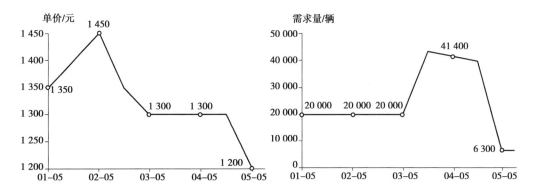

图 5.7 南部市场经济型童车的价格和需求量走势

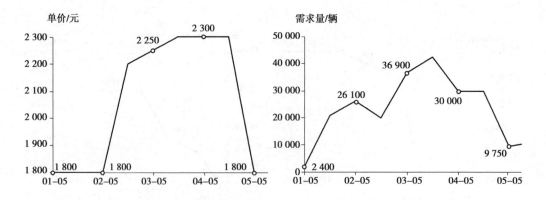

图 5.8　南部市场舒适型童车的价格和需求量走势

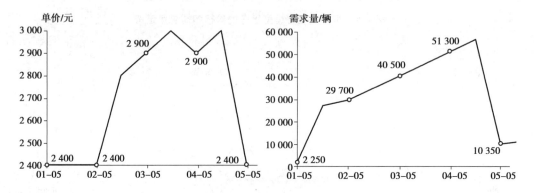

图 5.9　南部市场豪华型童车的价格和需求量走势

②商贸企业在开拓市场前还需要通过协商或者其他方式获取竞争对手市场开拓的想法,尽可能降低由恶性竞争带来的投资浪费。如两个商贸企业可以结合自身战略部署,通过商业洽谈进行有效的市场分割。如华晨商贸主要做经济型童车和豪华型童车,就可以选择只开拓具有优势的东部市场和南部市场,而旭日商贸就可以选择另外两个市场。分市场竞争可以让双方不仅可以节约市场开拓费用,还可以让投入的广告费选单成本最小化。

③商贸企业在进行市场开拓前,除了考虑市场数据、竞争者基本情况,还需考虑战略合作伙伴的情况。战略合作伙伴尤其是供应商的战略与商贸企业的市场开拓策略密切相关。战略合作伙伴的重要性具体体现在以下方面。a.资源互补与优化配置。战略合作伙伴往往能够带来互补性的资源,如技术、资金、市场渠道等,从而优化企业的资源配置,提升运营效率。b.共同开拓市场与提升品牌影响力。通过与战略合作伙伴的联合,企业可以共同开拓新的市场领域,扩大市场份额;同时,双方的品牌影响力可以相互提升,增强消费者对企业的认知和信任,从而提高市场竞争力。c.降低风险与分担成本。战略合作可以降低企业在投资、研发、市场拓展等方面的风险,通过共同承担成本和风险,减轻企业的财务压力。此外,合作还可以减少重复投入和浪费,降低企业的运营成本。d.提升供应链稳定性。对于供应链上的企业来说,战略合作伙伴关系有助于确保供应链的稳定性。合作双方可以共同应对市场波动、供应链中断等风险,确保生产和销售的顺利进行。因此,在进行市场开拓前需与战略合作伙伴做好沟通与交流,可以降低市场风险和开拓成本的分担,最终实现双赢。

3)工贸企业

工贸企业主要销售原材料给制造业企业,不参与产成品在市场上的销售,无须开拓市场。

注:所有的市场开拓一次一年有效,在自主经营阶段无须重复开拓同一个市场。

5.2.2 市场广告投放策略

1)制造业企业

中部市场。

2)商贸企业

东部、西部、南部、北部四个市场。

自主经营阶段,广告费的投放金额是10万元起投,以万元为单位递增,服务公司根据各家单位在同一个市场(中部、东部、西部、南部、北部)、同一款产品(经济型童车、舒适型童车、豪华型童车)投放广告金额排列竞单顺序,从而依次派发订单(一个区域内的虚拟订单派发依据是以投放金额占本区域总投放金额的比例,由高至低依次进行选单,每次选择一笔虚拟订单,直至虚拟订单选完)。广告投放一次有效期限为一个虚拟日,转下一个虚拟日期需要重新投放广告费。

案例:表5.1为2021年3月5日A、B、C三家公司在中部市场经济型童车和舒适型童车的广告费投入金额。分析三家公司的选单顺序和次数。

表5.1 中部市场广告费投入费用表

企业名称	经济型童车(万元)	舒适型童车(万元)
A公司	16	17
B公司	15	21
C公司	14	25

分析:①经济型童车的选单顺序为:根据A、B、C三家公司的中部市场广告费用投入情况,三家公司的广告费都超过10万元,并且广告费投入A>B>C。第一轮选单顺序为A、B、C。若该市场的订单数少于3个,则排在后面的企业无法选单;若该市场的订单数多于3个,则按照以上的顺序进行第二轮选单。

②舒适型童车的选单顺序为:根据A、B、C三家公司的中部市场广告费用投入情况,三家公司的广告费都超过10万元,并且广告费投入C>B>A。第一轮选单顺序为C、B、A。若该市场的订单数少于3个,则排在后面的企业无法选单;若该市场的订单数多于3个,则按照以上的顺序进行第二轮选单。

5.2.3 市场订单选择策略

到自主经营阶段,订单选择非常关键,应考虑可供销售的产品数量、订单中产品的数量、回款时间和交货期等。

1)可供销售的产品数量

可供销售的产品数量是企业选择订单的主要依据。如果少选择了订单,会导致企业产品积压,给企业造成库存成本的浪费。但如果选择过大订单,容易导致没有足够产品交货造成违约,承担赔偿费用。因此,订单选择时需要充分考虑企业的产量。制造业企业的营销经理需要协同生产经理做好销量和产能预算,制作内部的销售预测表,见表5.2。营销经理按照销量预测表可以计算出订单选择的数量。

表5.2 销量预测表

产品	库存	1月5日	1月25日	2月5日	2月25日	3月5日	3月25日	4月5日	4月25日	合计
经济型童车										
舒适型童车										
豪华型童车										

2)订单中产品的数量

(1)虚拟订单

制造业企业的中部市场、商贸企业的所有市场、招投标企业的市场和连锁企业的市场是与虚拟经销商合作。在自主经营环节,大多数情况下,整个市场处于供小于求的状态。因此,企业在选单时要充分考虑产品的固定销售价格和订单数量。

(2)合同订单

制造业与商贸企业、招投标企业和连锁企业在合作过程中,可以根据库存产品数量签订销售合同,价格由合作双方开展商务谈判决定,但不得低于生产成本的75%,不得高于市场平均价的30%。

3)回款时间

回款时间关系到企业现金流的运转,因此,回款时间也是企业需要考虑的因素。一般在其他条件相同的情况下,尽量考虑选择回款时间较短的订单,尤其是在企业资金运转紧张时,更应该考虑当期回款的订单。

4)交货期

交货期是指订单产品的交货时间限制,交货期的限制直接影响到订单的选择。如正常订单要求当前虚拟日完成订单发货,否则造成违约。如果满足不了交货期的要求,企业需要考虑向同行或者下游企业紧急采购产成品完成订单。例如,在1月25日,中部市场有一张经济型童车订单,产品数量为 10 000 台,单价为 1 300 元,A 制造业虽然在 1 月 5 日组装了 5 400 台库存中的经济型童车车架,能够生产 5 400 台经济型童车,可是没有办法满足 10 000 台童车订单的要求,因此不能选择此订单,否则企业就可能面临罚款,或者到其他制造业企业高价购买同类型的产成品。

5)订单选择策略

①产能较小或者库存较少时,一般选择产品单价较高的订单。

②产能中等,但是预计市场竞争会比较激烈时,一般优先选择产品数量较大的订单。

③产能较大或者库存较多时,一般优先选择产品数量较大的订单。

④资金周转比较困难时,一般应该选择回款时间短的订单,以及远期合同交易、期货交易的订单,这样可以减少生产过程中成本的积压。

注:在经营管理综合模拟实训选择订单过程中,尤其是自主经营之前,应先对各个市场需求进行详细了解,以便在选择订单时能够获得更好的订单。在训练中经常发现部分同学在产量不高时大量签订低价销售合同或者竞单,结果到经营中期发现市场单价更高、回款时间更短的订单而后悔。因此,产量有限时,企业应该关注各个市场的订单情况和所在公司的资金周转情况,考虑是否预留部分产品到更优市场销售。

5.2.4 产品认证投资

1)产品研发

固定经营阶段,各制造业企业只拥有经济型童车的生产与销售权利,进入自主经营阶段,各企业需根据自身经营战略进行新产品的认证投资,以获得更大的市场占有率和更高的利润。每一种新型童车的认证只需要一次,无须重复认证,且认证的时间为 1 个虚拟日。各企业在选择产品认证时需要根据市场数据、合作伙伴及竞争对手的情况进行开拓。可以选择同时开拓舒适型和豪华型童车,也可以选择其中一种童车,见表 5.3。

表 5.3 研发费用表

研发类型	价格(元)
舒适型童车	1 000 000.00
豪华型童车	1 500 000.00

2)ISO 认证

当产品研发完成后,制造业企业进行生产前,首先各个产品进行 ISO9000 的资质认证,制造业企业生产计划部需要前往服务公司办理本企业的 ISO9000 资质认证的业务。具体费用为 50 000 元/次,认证一次即可,无须重复认证。(注:经济型童车无须进行 ISO9000 认证。)

3)CCC 认证

制造业企业进行销售出库前,首先进行 CCC 的资质认证,初始默认的生产许可为经济型童车,制造业生产计划部需要前往服务公司办理相应产品的 CCC 认证。具体费用为22 000 元/次,认证一次即可,无须重复认证,见表5.4。(注:经济型童车无须进行 CCC认证。)

表5.4 CCC 认证研发费用表

产品	CCC 认证费用(元)
经济型童车	22 000
舒适型童车	22 000
豪华型童车	22 000

5.3 生产计划策略

根据课程安排体系,课程总共开展4 个月的自主经营,即8 个虚拟日。制造业企业的生产计划策略分为4 个业务阶段,分别是生产计划、产能预算、扩大产能,具体策略分析如下。

5.3.1 生产计划

在自主经营环节,制造业企业开展市场竞单或者与经销商签订购销合同,选择订单。制造业企业根据订单情况和生产设备情况制订生产计划,在满足交货要求的同时做到生产成本最低。生产计划部需要按照生产日期进程,归属车间具体生产计划,同时作为采购部提供物资采购计划的主要依据。

5.3.2 产能预算

生产计划部根据现有生产线和组装线的情况,核算本月初步生产产能,将核算好的产品种类与产量提供给营销经理与采购经理。例如,A 制造业企业2 月5 日有15 台普通机床,每台设备可生产500 台车架;4 台数控机床,每台设备可生产3 000 台车架;3 条组装流水线,每条流水线可组装7 000 台童车,用于生产经济型童车和舒适型童车。经济型童车的市场销售价格为1 240 元/台,舒适型童车的市场销售价格为1 850 元/台。2 月5 日生产线情况见表5.5。

表5.5 原材料情况表

原材料	经济型童车	舒适型童车	资源总量
钢管(根)	2	——	3 000
镀锌管(根)	——	2	42 000
坐垫(个)	1	1	22 000
车篷(个)	1	1	23 000
车轮(个)	4	4	87 500
经济型童车套件(套)	1	——	1 500
舒适型童车套件(套)	——	1	21 000
经济型童车车架(台)	1	——	1 600
舒适型童车车架(台)	——	1	21 000

第一步,根据企业目前生产设备的生产能力和产品加工情况,可以先采用产量计算法来进行产品的产能预估,见表5.6。

表5.6 生产情况表

原材料	经济型童车	舒适型童车	资源总量	经济童车产量预算(辆)	舒适童车产量预算(辆)
普通机床	500 辆/台	500 辆/台	12 台	6 000	6 000
数控机床	3 000 辆/台	3 000 辆/台	4 台	12 000	12 000
组装流水线	7 000 辆/条	7 000 辆/条	3 条	21 000	21 000

第二步,从市场销售价格分析,经济型童车的市场销售价格为 1 240 元/台,舒适型童车的市场销售价格为 1 850 元/台。相同产量的情况下,不考虑其他条件,则应优先生产舒适型童车,扩大销售净利润。

注:车架的生产和组装流水线的加工是独立开展的,可以同时开工生产。产能预算应该充分结合企业经营战略目标,制定分目标落实到每个虚拟日,从1月5日开始预算到4月25日。在大批量生产的产能预算环节常常使用在制品定额法。也就是根据企业的产品生产任务,运用预先制定的在制品生产量,按照反工艺顺序连锁计算确定各虚拟日的生产产量,按照如下公式计算:

$$N_o = N_{HI} - N_S - Z_k$$

式中,N_o 为车架计划产出量;N_{HI} 为童车的计划出产量;N_S 为车架的当期出产量;Z_k 为当期车架的库存。

5.3.3 扩大产能

在企业经营管理综合模拟实训中,一共有两种生产设备,包括普通机床和数控机床。生产设备可以从投资回收期、生产的成本费用、投资净收益、组装流水线的产能匹配、厂房的占位等方面考虑。

1)生产线投资的回收期法

投资回收期法忽略了在投资回收期后的所有好处或不良影响,对总收入不做考虑,只考虑回收之前的效果,不能反映投资回收之后的情况,即无法准确衡量方案在整个计算期内的经济效果。因此,投资回收期作为方案选择和项目排队评价准则存在一定偏差,常作为辅助评价指标。

2)生产线投资的预期净收益法

对于两种生产线投资方案的选择,可以通过以下方法比较选出最优方案。

①投资方案的预期收入相同,但是成本不同,选择成本最低的方案为最优方案。

②投资方案的预期收入不同,但是成本相同,选择预期收入最高的方案为最优方案。

③投资方案的预期收入和成本都不相同,这时应该先求出各个方法的预期净收益(预期收入−预期成本),对比预期净收益,最高的方案为最优方案。

在模拟企业中的生产线投资方案,通过计算预期净收益的方法来选择最优方案。假设经济型童车减去原材料的单位平均收益为300元,舒适型童车减去原材料的单位平均收益为800元,豪华型童车减去原材料的单位平均收益为1 200元。初级工人的人力成本为4 500元/月,中级工人为5 500元/月,高级工人为7 000元/月。预期投资生产线10年,可以核算不同类型的生产线投资10年的预期净收益,见表5.7。

表5.7 生产线经营4个月的预期净收益

单位:元

生产设备	普通机床	数控机床	组装流水线
产品	经济型	舒适型	豪华型
4个月产出经济型 A_1	8×500 台	3 000 台	7 000 台
4个月产出舒适型 A_2	8×500 台	3 000 台	7 000 台
4个月产出豪华型 A_3	—	3 000 台	6 000 台
预期收益经济型 S_{1n}	8×500×300 元	3 000×300 元	7 000×300 元
预期收益舒适型 S_{2n}	8×500×800 元	3 000×800 元	7 000×800 元
预期收益豪华型 S_{3n}	—	3 000×1 200 元	6 000×1 200 元
设备采购成本 B_n	210 000 元	720 000 元	510 000 元
人工成本 H_n	2×4 500	2×7 000	5×4 500+15×5 500
电费 E_n	1 000 元	2 000 元	3 000 元
4月折旧 D_n	(210 000/120)×4	(720 000/120)×4	(510 000/120)×4
利息费用 X_n	210 000×0.58%	720 000×0.58%	510 000×0.58%

续表

生产设备	普通机床	数控机床	组装流水线
小厂房 F_n	4 800 000 元/1 机床位	4 800 000 元/2 机床位	4 800 000 元/4 机床位
净收益经济型	$S_{11}-B_n-H_n-$ $E_n-D_n-X_n-F_n$	$S_{12}-B_n-H_n-$ $E_n-D_n-X_n-F_n$	$S_{13}-B_n-H_n-$ $E_n-D_n-X_n-F_n$
净收益舒适型	$S_{21}-B_n-H_n-$ $E_n-D_n-X_n-F_n$	$S_{22}-B_n-H_n-$ $E_n-D_n-X_n-F_n$	$S_{23}-B_n-H_n-$ $E_n-D_n-X_n-F_n$
净收益豪华型	$S_{31}-B_n-H_n-$ $E_n-D_n-X_n-F_n$	$S_{32}-B_n-H_n-$ $E_n-D_n-X_n-F_n$	$S_{33}-B_n-H_n-$ $E_n-D_n-X_n-F_n$

注:生产线折旧按照 10 年计算。

从表 5.7 可以看出,投资生产 4 个月的各种生产设备预期净收益。当然,生产设备的生产产能需要与流水作业线的产能相匹配,以避免造成产能浪费。因此,采用公式 $C_1X_1+C_2X_2=C_3Y_3$。C_n 表示每台机床的生产能力,X_n 表示机床的数量,Y 表示组装流水线的数量,见表 5.8。

表 5.8　生产设备经营 4 个月的预期投资

产品\生产设备	普通机床	数控机床	组装流水线
公式	C_1X_1	C_2X_2	C_3Y_3
经济型	$500X_1$	$3\ 000X_2$	$7\ 000Y_3$
舒适型	$500X_1$	$3\ 000X_2$	$7\ 000Y_3$
豪华型	—	$3\ 000X_2$	$6\ 000Y_3$
厂房机床位	$1X_1$	$2X_2$	$4Y_3$

3)生产线投资的时机

在跨专业企业运营管理实训过程中,自主经营阶段的舒适型、豪华型童车的研发周期均为 1 个虚拟日。根据企业经营流程,制造业企业首先开展 ISO9000 的认证,当期即可认证完毕,让企业拥有生产童车产品的资格。然后进行 1 个虚拟日的产品研发,在第二个虚拟日研发完成之后就可以开始 1 个虚拟日的车架生产。在第三个虚拟日进行童车的组装,最后在第四个虚拟日开展销售。因此,流水组装线的投资应该晚于机床投资 1 个虚拟日。例如,以 A 企业计划生产 18 000 台豪华型童车为例,从产品研发到产品生产、组装的过程中,假设产品还未研发,同时需要建设新生产线、流水组装线开展业务,则投资周期如图 5.10 所示。

注:ISO 认证和某产品 CCC 认证均只需要开展 1 次。机床同时间只能开展 1 批次产品的生产。在生产线投资过程中,制造业企业应该结合企业资金状况,注意机床与流水线产能的配套扩产,不能盲目扩产造成成本浪费。

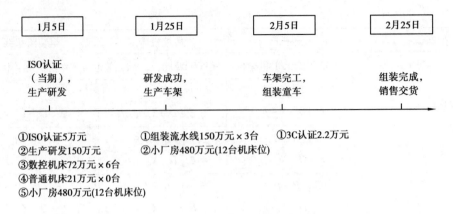

图5.10 生产设备预期投资

4)厂房的投资

根据规则,厂房没有租赁业务,只能购买。制造业企业在经营过程中购买生产线的同时需要配备小厂房。小厂房 1 个机床位可以安装 1 台普通机床,2 个机床位可以安装 1 台数控机床,4 个机床位可以安装 1 台组装流水线。因此,在自主经营过程中,生产线扩产能需要注意厂房的匹配。

5.4 采购策略

根据课程安排体系,课程总共开展 4 个月的自主经营,即 8 个虚拟日。制造业企业的采购计划策略主要是开展采购需求分析、批量采购策略、仓库投资策略,具体策略分析如下。

5.4.1 采购需求分析

1)制造业采购需求分析

采购需求的确定是做好采购计划的关键。对于制造业企业而言,经济型童车、舒适型童车、豪华型童车所需原材料存在不同。在采购过程中,需要按照计划生产车架、组装童车的数量匹配购买。不建议采用一次性大量购进某一款原材料,这样容易导致仓库容量不够,不能再采购其他必需原材料。同时,在企业运营过程中,财务状况比较紧张,资金不足,一次性大量采购单一原材料会导致企业没有资金购买其他类型必需的原材料,妨碍企业正常生产,造成成本的浪费。童车的原材料需求见表 5.9。

表 5.9 童车的原材料需求

车型	生产车架原材料	组装童车原料
经济型童车	车架	钢管 2 根
		坐垫 1 个
	组装	经济型车架 1 台
		车篷 1 个
		车轮 4 个
		经济型包装套件 1 个
舒适型童车	车架	镀锌管 2 根
		坐垫 1 个
	组装	舒适型车架 1 台
		车篷 1 个
		车轮 4 个
		舒适型包装套件 1 个
豪华型童车	车架	镀锌管 2 根
		记忆太空棉坐垫 1 个
	组装	豪华型车架 1 台
		车篷 1 个
		车轮 4 个
		豪华型包装套件 1 个
		数控芯片 1 个

2) 商贸企业采购需求分析

根据规则,商贸企业主要通过虚拟经销商销售童车产品,销售订单物品即期发货,当日到达。在销售过程中,需要结合下游虚拟经销商的销售订单决定向上游提前采购订单。在采购订单下单时,应该充分考虑仓库容量进行分批次采购。

3) 工贸企业采购需求分析

根据规则,工贸企业主要通过虚拟经销商采购原材料,采购物品即期发货,当日到达。在采购过程中,需要结合下游制造业企业的销售订单决定提前采购订单。在采购订单下单时,应该充分考虑仓库容量进行分批次采购。

5.4.2 批量采购策略

在企业模拟经营过程中,按照规则,合同签订双方可以商讨确定合同条款。因此,采购方可以谈判协商付款时间,通常采用批量采购延迟支付原材料款项,形成一定账期的应付款,从而减少贷款,提高利润。在采用这个规则时需要注意原材料平均用量、订购批量和应付款账期的问题。一般情况下,利用这个规则需要满足以下条件:

$$虚拟日原材料平均用量 \leqslant 订购批量 \div (应付账款账期-1)$$

由于企业经营之初,常常采用贷款的方式维持企业的资金运转,因此,企业可以充分利用应付账款的付款周期,在一段时间内无息使用这笔货款。如果企业采购规模较大,通过应付款账款无息使用的货款资金量就会非常庞大,应付账款节省的利息费用就能够产生巨大的利润和效用。如苏宁、国美等连锁企业,运用这部分资金快速扩张,为企业创造更多利润。但是在采用这个规则时需要注意原材料平均用量很小的情况下,到了需要支付采购货款时,企业还有较多的库存,下一个虚拟日的资金压力更大。

5.4.3 仓库投资策略

在期初交接的时候,制造业、商贸企业、工贸企业拥有一座普通仓库,普通仓库用于存放产成品、半成品、原材料。企业需要按照制造业存货占用存储单位计算仓库存放货物数量,进而确定仓库的购买时间和数量。在货物存储过程中,仓储应先出库后入库,以便于恢复仓库容量。

5.5 财务策略

5.5.1 财务预算

在本课程安排中,工贸企业、商贸企业、制造业所有企业都制定了自身战略,需要根据战略制定具体的财务预算,防止资金链断裂或资金闲置等问题,由此可见,财务预算能够帮助企业实现战略目标、提高经营效率、节约成本,并促进资源的有效配置。具体预算编制过程如下。

1)销售预算

预算编制的起点有两种:以产定销、以销定产。在市场容量充足的时候以产定销,比如在自主经营阶段,2月份舒适型和高端型童车市场需求旺盛,一般能产多少就能卖多少,这适合"以产定销"。当3月份企业产能扩大后,市场竞争加剧,此时适合"以销定产"。企业需要根据市场预测来确定预测起点。以销定产,需要预测销量和单价,从而预测出销售收入,并根据自己的信用政策推算出每月企业大致的现金流入量。以产定销是以产量确定销量。以销定产举例,当月收到60%货款,剩下的下月收到。销售预算见表5.10。

表 5.10　销售预算表

季度	一月	二月	三月	四月	全部
预计销售量(辆)	100	150	200	180	630
预计单位售价(元)	200	200	200	200	200
销售收入(元)	20 000	30 000	40 000	36 000	126 000
预计现金收入					
上年应收账款(元)	6 200				6 200
第一季度(销货 20 000)(元)	12 000	8 000			20 000
第二季度(销货 30 000)(元)		18 000	12 000		30 000
第三季度(销货 40 000)(元)			24 000	16 000	40 000
第四季度(销货 21 600)(元)				21 600	21 600
现金收入合计(元)	18 200	26 000	36 000	37 600	117 800

2)生产预测

根据"以销定产"来看,需要根据销量、期初库存、期末留底库存确认各期产量。

本期产量=销量−期初库存+期末留底库存

留底库存的安排是为了防止企业紧急缺货导致市场份额被蚕食,企业可以根据情况考虑是否设安全库存。

例如,当月安全库存为下月的 10%,见表 5.11。

表 5.11　生产预算表

单位:辆

季度	一月	二月	三月	四月	全部
预计销售量	100	150	200	180	630
加:预计期末存货量	15	20	18	20	20
合计	115	170	218	200	650
减:预计期初存货	10	15	20	18	10
预计生产量	105	155	198	182	640

3)生产成本预算

根据生产预算需编制人工成本预算、材料预算、制造费用预算。工贸企业、商贸企业不需要生产,则不存在生产成本中的人工成本预算。制造业企业需要根据预算的车架和童车数量,进行机加车间和组装车间人员安排,为生产人员支付的应发工资、计提的五险一金均属于人工成本。

直接材料预算,工贸企业、商贸企业不存在生产,但它们涉及材料采购。对于工贸企业、商贸企业而言需要根据产量预测进行材料预算。

$$材料采购成本 = 产量预测数量 \times 采购单价$$

并根据信用政策确定各期经营活动现金流出量。

直接材料预算,对于制造业而言,应按照不同产品类型分别进行材料预算,如经济型车架需要钢管和坐垫;经济型童车需要车篷、车轮、车架、套件。具体预算公式为:

$$每种产品各期材料预算 = (当期生产所需用量 + 期末留底数量 - 期初库存量) \times 采购单价$$

并根据信用政策确定各期经营活动现金流出量。举例如下,假设材料采购的货款有50%在本月内付清,另外50%在下月付清,见表5.12。

表5.12 直接材料预算表

季度	一月	二月	三月	四月	全部
预计生产量(辆)	105	155	198	182	640
单位产品材料用量(千克/件)	10	10	10	10	10
生产需用量(千克)	1 050	1 550	1 980	1 820	6 400
加:预计期末存量(千克)	310	396	364	400	400
合计(千克)	1 360	1 946	2 344	2 220	6 800
减:预计期初存量(千克)	300	310	396	364	300
预计材料采购量(千克)	1 060	1 636	1 948	1 856	6 500
单价(元/千克)	5	5	5	5	5
预计采购金额(元)	5 300	8 180	9 740	9 280	32 500
季度	一	二	三	四	全年
预计现金支出					
上年应付账款(元)	2 350				2 350
第一季度(销货5 300)(元)	2 650	2 650			5 300
第二季度(销货8 180)(元)		4 090	4 090		8 180
第三季度(销货9 740)(元)			4 870	4 870	9 740
第四季度(销货9 280)(元)				4 640	4 640
现金支出合计(元)	5 000	5 740	8 960	9 510	3 210

直接人工预算也是以生产预算为基础编制的。其主要内容有预计产量、单位产品工时、人工总工时、每小时人工成本和人工总成本。"预计产量"数据来自生产预算。单位产品人工工时和每小时人工成本数据,来自标准成本资料。人工总工时和人工总成本是在直接人工预算中计算出来的。由于人工工资都需要使用现金支付,所以,不需另外预计现金支出,可直接参加现金预算的汇总,见表5.13。

表5.13 直接人工预算表

季度	一	二	三	四	全年
预计产量(辆)	105	155	1 987	182	640

续表

季度	一	二	三	四	全年
单位产品工时(小时/辆)	10	10	10	10	10
人工总工时(小时)	1 050	1 550	1 980	1 820	6 400
每小时人工成本(元/小时)	2	2	2	2	2
人工总成本(元)	2 100	3 100	3 960	3 640	12 800

制造费用预算主要包括折旧费、人工费、水电费,按核算原则确认各种产品类型的各期制造费用。

注:生产成本预算主要针对制造业而言,而对于安排生产的车架和童车来看,其最主要的成本是材料成本,人工成本和制造费用相对而言占比很小,建议简化生产成本预算,以材料成本预算为主,人工成本与制造费用考虑定额预算,根据历史经验确定定额数从而减少预算工作量。例如,假设1架经济型车架的人工成本与制造费用为定额10元,1辆经济型童车的人工成本与制造费用为定额20元。

4)期间费用预算

期间费用主要指销售费用和管理费用,销售费用中重点关注各期的广告投放、销售折扣、折旧费、人员工资福利等带来的费用;管理费用重点关注研发支出、ISO认证、折旧费、人员工资福利等带来的费用。一般而言各期的费用相对稳定。

5)现金收支表预测

现金收支表预测主要在于发现是否存在资金短缺问题,及时进行资金筹集安排,防止资金链断裂。

总体而言,现金流入量-现金流出量,如果大于0则表明企业在预测期内的现金净流入为正,如果小于0则需要及时进行资金筹措。

6)利润表预测

利用销售预测确定营业收入、生产成本与销量,来确定营业成本;根据销售收入进行税金及附加预测;结合三大期间费用,确定企业的营业利润,并根据营业利润计算利润总额与净利润。

7)资产负债表预测

以上全部预测皆会影响资产负债表金额。销售预测部分各期未收到的货款将影响应收账款,生产预算中期末留存的车架和童车将使存货增减变动,应付而未付的货款、人工费将影响到资产负债表中的应付账款和应付职工薪酬等,现金收支表中资本性支出将影响资产负债表中的固定资产、无形资产;净利润的增加将影响所有者权益部分的利润分配。

5.5.2 融资策略

公司融资方式包括债务融资和股权融资。本课程所涉及的公司均属于中小型公司,融资难度较大,需要根据自身特点选择合适的融资方式,充分考虑融资规模、融资速度、融资成本、融资难度和融资风险等重要因素。

1)债务融资

债务融资主要采取抵押贷款,固定资产做抵押进行短期融资,一般为固定资产账面价值的60%。抵押贷款成本较低,但一旦无法按期还款将陷入财务风险,故需要权衡风险与收益。

在本课程中,企业可以通过银行、服务公司、物流公司等资金雄厚部门取得借款,企业根据风险与收益及成本因素考虑具体的融资渠道、融资方式、融资成本等。

例如,城科童车制造有限公司,账上固定资产账面价值为600万元,去工商银行办理抵押贷款,贷款额度为360万元,假设银行年利率为4.5%,以按月付息、到期还本方式,则每月需要还利息1.35万元。

2)股权融资

本课程中股权融资往往需考虑战略性合作视角下的交叉持股,达成战略合作,增强企业在产业链中的核心竞争力。股权融资资本成本较高且会在一定程度上分散企业的控制权,但相对而言财务风险较小。

例如,制造业资金缺口较大,而工贸、商贸公司相对而言资金较为充裕,从整合产业链达成战略合作角度,制造业可与工贸、商贸公司达成战略合作,并通过股权融资、交叉持股等方式夯实合作基础。

总体而言,企业在制定融资策略时,应综合考虑自身特点、发展阶段、市场需求和外部环境等因素,选择最适合自己的融资方式和策略,同时注意风险管理,以促进企业的健康发展。

5.5.3 成本核算

1)工贸、商贸企业产品成本核算

对于工贸、商贸企业而言,不存在产品生产,采购过程中发生的成本费用即为产品成本。根据采购台账按照全月一次加权平均法核算销售成本。

例如,本月经济型套件起初余额为数量500套,金额10 000元;本期第一次采购1 000套,金额为25 000元,第二次采购1 000套,金额为20 000元;本期销售2 000套。按照全月一次加权平均法,平均单价为:

$$(10\,000+25\,000+20\,000) \div (500+1\,000+1\,000)=22(元/套)$$

已销产品成本为：

$$2\ 000 \times 22 = 44\ 000(元)$$

2）制造业企业产品成本核算

参照第4章相关内容。

5.5.4 利润核算

1）利润核算过程

利润核算过程是一个复杂且多步骤的过程，涉及从收入和费用的确认与计量到利润的形成、结转及分配等多个环节。可以将利润核算过程分解为以下几个主要步骤。

①收入和费用的确认与计量。利润是企业全部收入超过全部费用和损失的余额。这一过程需要正确地确认与计量企业的收入和费用，以确保利润的准确性。这包括对营业外收入和营业外支出的会计处理。

②利润的形成。利润形成是指企业全部收入与费用配比形成净利润的过程。这一过程不仅涉及收入和费用的确认与计量，还包括对利得和损失的会计处理。

③利润的结转。新会计制度规定，企业期末结转利润（亏损）时，可以采用表结利润的方法或账结利润的方法。这一过程涉及将损益类各科目的余额转入到"本年利润"账户。

④利润的分配。利润分配是对企业净利润的分配，这涉及企业有关各方的利益分割。税后利润的分配可能包括上交国家的部分和按国家核定的留利水平留给企业的部分。此外，未分配利润的核算方法也需要改进，以解决现有方法中存在的问题。

总体而言，利润的构成是利润核算的基础。利润通常分为营业利润、利润总额和净利润三个层次。营业利润是指主营业务收入加上其他业务收入减去主营业务成本、税金及附加、其他业务支出、销售费用、财务费用、管理费用后的金额。利润总额和净利润则分别在此基础上加上投资收益（减去投资损失）和其他相关收益或损失。

2）利润核算结果分析

利润表的分析是理解企业获利能力的重要手段。通过利润表分析，可以了解企业的获利能力，并结合资产负债表分析，编制企业的现金流量表。这种分析有助于揭示企业的偿债能力、盈利能力和营运能力的大小及发展趋势。

在利润表的分析中我们应重点关注利润质量分析，关注利润的真实性和持久性，这包括短期和长期的利润质量。短期利润质量是指企业短期内实现会计利润的能力，而长期利润质量则关注企业各期利润持续、稳定发展的能力。此外，盈利质量还涉及盈利的真实性，即利润是否能够给企业带来真实的现金流量增量，以及报告收益与企业业绩之间的相关性，确保利润主要来源于企业自身的主营业务。

5.5.5 盈亏平衡分析

盈亏平衡分析是一种用于评估企业或项目经济可行性的方法,也被称为保本点分析或本量利分析法。它主要是通过盈亏平衡点(BEP)来分析项目成本与收益的平衡关系。

在实际操作中,盈亏平衡分析考虑了各种不确定因素(如投资、成本、销售量、产品价格、项目寿命期等)对项目经济效果的影响。当这些因素的变化达到某一临界值时,会影响方案的取舍。盈亏平衡分析的目的就是找出这种临界值,即盈亏平衡点,从而判断投资方案对不确定因素变化的承受能力,为决策提供依据。

$$\text{EBIT} = P \times Q - V \times Q - F$$

式中,EBIT 为息税前利润;P 为销售单价;V 为单位变动成本;F 为固定成本总额;Q 为销售量。

当 EBIT=0 则表示不盈也不亏,这时的 Q 值则为保本销售量,超过保本销售量则会产生盈余。

$$0 = (P-V) \times Q - F$$

单价、变动成本、固定成本都已预测出,未知变量为 Q。

$$Q = (\text{EBIT} + F) \div (P - V)$$

举例:对于制造业而言,通过财务预算得出该公司的固定成本 F(固定的生产成本+固定的非生产成本)假设为 100 000 元,变动成本总额 $V \times Q$(变动的生产成本+变动的非生产成本)假设为 50 000 元,经济型童车销售单价为 $P = 1\,000$ 元。

则保本点为$(1\,000 \times Q) - 50\,000 - 100\,000 = 0$,则保本点 $Q = 150$ 辆。

当销售量超过 150 辆,则产生盈余。同时,公司可借助盈亏平衡公式进行敏感性分析,判断各个参数的敏感系数,从而帮助进行销售谈判、销售决策。

(1)单价敏感系数

$$\text{单价敏感系数} = (\Delta\text{EBIT} \div \text{EBIT}) \div (\Delta P \div P)$$

式中,ΔEBIT 表示息税前利润的变化量;EBIT 表示基期的息税前利润;ΔP 表示产品价格的变化量;P 表示基期的产品价格。

这个系数衡量了产品价格变动对息税前利润的影响程度。

(2)销量敏感系数

$$\text{销量敏感系数} = (\Delta\text{EBIT} \div \text{EBIT}) \div (\Delta Q \div Q)$$

式中,ΔQ 表示销售量的变化量;Q 表示基期的销售量。

这个系数反映了销售量变动对息税前利润的影响。

(3)单位变动成本敏感系数

$$\text{单位变动成本敏感系数} = (\Delta\text{EBIT} \div \text{EBIT}) \div (\Delta V \div V)$$

式中,ΔV 表示单位变动成本的变化量;V 表示基期的单位变动成本。

这个系数衡量了单位变动成本变动对息税前利润的影响。

(4)固定成本敏感系数

$$\text{固定成本敏感系数} = (\Delta\text{EBIT} \div \text{EBIT}) \div (\Delta F \div F)$$

式中,ΔF 表示固定成本的变化量;F 表示基期的固定成本。

这个系数反映了固定成本变动对息税前利润的影响。

需要注意的是,这些敏感系数都是基于一定的假设和条件计算得出的,因此在实际应用中,需要根据具体情况进行调整和修正。此外,敏感系数的计算还需要结合企业的实际情况和市场环境进行综合分析,以得出更为准确和有效的结论。

通过销售敏感性分析,企业可以更好地了解各因素变动对销售业绩的影响,从而制定相应的销售策略和措施,优化销售效果,提高盈利能力。

5.5.6 资产负债表分析

资产负债表分析是一种关键的财务分析手段,它涉及对企业资产、负债和所有者权益的详细审视,以揭示企业的财务状况、运营效率和偿债能力。资产负债表的分析一般包括三大模块:资产负债表质量分析、资产负债表趋势分析、资产负债表结构分析。

1)资产负债表质量分析

资产负债表质量分析就是对企业财务状况的质量进行分析,即指资产负债表上数据反映企业真实财务状况的程度。

首先,我们需要关注资产的真实性。资产负债表上的资产项目应能够真实反映企业的经济资源和实际价值。这包括货币资金、存货、固定资产等各类资产项目。通过检查这些项目的计价和核算方法,我们可以评估其真实性,并警惕可能存在的虚增资产或低估负债的情况。

其次,资产的流动性也是质量分析的重要方面。流动性强的资产意味着企业具有更好的短期偿债能力和应变能力。因此,我们需要关注流动资产与流动负债的比例关系,以及存货、应收账款等流动资产的周转率。如果流动资产占比高且周转率高,那么企业的资产流动性较好,财务状况相对稳健。

再次,负债的结构和质量同样重要。负债结构反映了企业的资金来源和偿债压力。我们需要分析流动负债与长期负债的比例,以及负债的到期分布;同时,还需要关注负债的利率水平和偿还条件,以评估企业的债务负担和偿债风险。

所有者权益方面,我们需要关注实收资本、资本公积和留存收益等项目。这些项目反映了企业的资本实力和增值能力。通过比较不同时期的所有者权益变化,我们可以了解企业的资本积累情况和盈利能力。

最后,在资产负债表质量分析中,我们还需要注意会计政策和估计方法的影响。不同的会计政策和估计方法可能导致数据解读的差异。因此,我们需要了解企业采用的会计政策和估计方法,并在分析过程中进行适当调整。

2)资产负债表趋势分析

比较连续多年的资产负债表,观察资产、负债和所有者权益的变化趋势,从而识别出企业财务状况的真实发展情况。

①资产变化分析。资产是企业运营的基础,其变化趋势反映了企业的生产经营情况和盈利能力。通过对资产总额、流动资产、长期资产等项目的比较,可以了解企业资产的增减变化及其原因。例如,流动资产增加可能意味着企业销售规模扩大或应收账款回收加快,而长期资产增加可能反映企业正在进行扩张或投资活动。

②负债变化分析。负债是企业资金来源的重要组成部分,其变化趋势反映了企业的债务规模和偿债能力。通过对负债总额、流动负债、长期负债等项目的比较,可以评估企业的债务风险。如果负债总额持续增加,而资产增长不足以支撑,可能导致企业偿债压力增大,财务风险上升。

③所有者权益变化分析。所有者权益反映了企业的净资产和股东权益。通过对所有者权益的分析,可以了解企业的盈利能力和股东权益的变动情况。如果所有者权益持续增加,说明企业盈利能力较强,股东权益得到保障;反之,则可能意味着企业盈利能力下降或股东权益受损。

3)资产负债表结构分析

资产负债表结构分析是财务分析的关键组成部分,它涉及对企业资产、负债和所有者权益各组成部分的深入剖析,以揭示企业的财务状况、运营效率和风险水平。以下是对资产负债表结构分析的一些主要内容。

首先,我们需要明确资产负债表的基本结构。资产负债表分为左右两方,左方列示企业的资产,右方则分为上下两段,上段反映企业的负债,下段反映所有者权益。这种结构体现了"资产=负债+所有者权益"的基本会计等式,确保了报表的平衡性。

接下来,我们将详细分析资产结构。首先,资产结构分析关注的是各类资产在总资产中的占比情况。这包括流动资产、长期投资、固定资产、无形资产及递延资产等。通过分析这些资产项目的比例关系,我们可以了解企业的资产分布情况和运营效率。例如,流动资产占比较高可能意味着企业具有较好的流动性和变现能力;固定资产占比较高则可能表明企业正在进行大规模的固定资产投资,这可能影响企业的现金流和未来的盈利能力。

其次,我们转向负债结构分析。负债结构分析主要关注流动负债、长期负债和所有者权益在总负债中的占比情况。流动负债包括短期借款、应付账款等,而长期负债则包括长期借款、应付债券等。通过分析负债结构,我们可以评估企业的债务风险、偿债能力及资金来源的稳定性。例如,如果企业的流动负债占比较高,那么企业可能面临较大的短期偿债压力;而如果长期负债占比较高,那么企业需要关注长期的还款能力和资金成本。

最后,我们还需要关注所有者权益结构。所有者权益结构反映了企业的资本结构和股东权益的变化情况。通过分析股本、资本公积、留存收益等项目的比例关系,我们可以了解企业的盈利积累能力、股东权益保障情况及未来的发展潜力。

除以上提到的分析方法外,我们还可以结合行业平均水平和其他企业的资产负债表数据进行对比分析。通过对比不同企业之间的数据,我们可以更好地评估企业在行业内的竞争地位和财务状况。

第6章

各企业经营运行单据与报表（附录）

　　跨专业企业运营管理综合实训以模拟真实企业运营为参训者重现仿真的操作步骤,仿真性不仅体现在 VBSE 教学平台中的框架构建和运行机制,很大程度上也需要依赖线上线下的业务融合。线下单据的仿真性和填写的规范性都是保证实训效果的重要因素,因此在本章节将制造业企业、经销商、工贸企业和外围企业在各个经营阶段需使用的线下单据进行罗列。单据罗列的顺序遵循以下原则:一是本书以制造业为核心开展业务内容,因此在重现时依次罗列制造业、商贸企业、工贸企业和外围企业;二是按企业内业务发展的时间顺序进行,一般顺序分为经营准备阶段、月初经营阶段和月末经营阶段;三是根据业务地图上每笔具体业务内容所需的单据,即根据 VBSE 系统中业务地图上代码出现的顺序进行罗列(注:所有单据的版权归新道科技股份有限公司所有,单据编码为新道公司编制)。具体的单据内容可根据业务需要进行扫码查找或下载。

参考文献

[1] 李爱红. VBSE 财务综合实训教程：V2.0 版[M]. 北京：高等教育出版社，2017.

[2] 苏敬勤，单国栋. 本土企业的主导逻辑初探：博弈式差异化：基于装备制造业的探索性案例研究[J]. 管理评论，2017，29(2)：255-272.

[3] 张璐，闫红月，苏敬勤，等. 从"锁定"到"进阶"：如何突破主导逻辑的路径依赖：基于战略认知视角的案例研究[J]. 南开管理评论，2021，24(1)：86-96,117-118.

[4] 陈国正. 基于企业战略规划的营销运营管理体系建设分析[J]. 老字号品牌营销，2024(2)：27-29.

[5] 杨怀珍，韦锦豪，傅贵琳，等. 产出双重不确定下考虑 CSR 的供应链协调策略[J]. 工业工程，2024(3)：1-10.

[6] 李东进，秦勇，陈爽. 现代企业管理：理论、案例与实践：微课版[M]. 北京：人民邮电出版社，2020.

[7] 舒辉. 企业战略管理[M]. 3 版. 北京：人民邮电出版社，2023.

[8] 孔繁森. 生产计划与管控[M]. 北京：清华大学出版社，2021.

[9] 邓文博，姜庆. ITMC 企业经营沙盘模拟实训教程[M]. 北京：清华大学出版社，2023.

[10] 罗箫娜，李安兰，唐清泉. 减少财务指标分析判断偏见与决策误区的方法[J]. 财会通讯，2019(11)：94-98.

[11] 孙国芳. EVA 基础上的企业财务绩效评价研究[J]. 财会学习，2018(14)：11-13.

[12] 李志学，崔瑜. 基于 EVA 视角的我国新能源上市公司绩效评价分析[J]. 吉首大学学报(社会科学版)，2017，38(S2)：1-5.

[13] 李鹏飞，王元月. 营运资金管理策略选择研究[J]. 财会通讯，2016(14)：59-61.

[14] 温素彬，张自东. 管理会计工具及应用案例：本量利分析模型的决策指标及应用[J]. 会计之友，2016(6)：130-133.

[15] 王满，王越. 价值链战略成本管理[J]. 财务与会计，2015(7)：16-18.

[16] 梁益琳. 创新型中小企业成长、融资约束与信贷策略研究[D]. 济南：山东大学，2012.

[17] 张新民，钱爱民. 财务报表分析：简明版·立体化数字教材版[M]. 北京：中国人民大学出版社，2020.

[18] 李秀娟，王琴. 财务管理学[M]. 北京：清华大学出版社，2021.